轻松学国学

国学院推荐读本

桂墨釜◎编著

中国人应该知道的国学常识
一本书读懂中国国学史

当代世界出版社

图书在版编目（CIP）数据

轻松学国学 / 桂墨崟编著． -- 北京：当代世界出版社，2011.6
ISBN 978-7-5090-0714-3

Ⅰ．①轻⋯ Ⅱ．①桂⋯ Ⅲ．①国学—通俗读物 Ⅳ．①Z126-49

中国版本图书馆 CIP 数据核字(2011)第 040813 号

书　　名：	轻松学国学
出版发行：	当代世界出版社
地　　址：	北京市复兴路4号（100860）
网　　址：	http://www.worldpress.com.cn
编务电话：	（010）83908400
发行电话：	（010）83908410（传真）
	（010）83908408
	（010）83908409
	（010）83908423（邮购）
经　　销：	新华书店
印　　刷：	三河文通印刷包装有限公司
开　　本：	710×1000毫米　1/16
印　　张：	18
字　　数：	380千字
版　　次：	2011年6月第1版
印　　次：	2011年6月第1次
书　　号：	ISBN 978-7-5090-0714-3
定　　价：	35.00元

如发现印装质量问题，请与承印厂联系调换。
版权所有，翻印必究；未经许可，不得转载！

前言

中国人应该知道的国学常识

最轻松的国学常识

社会的进步，推动了"国学"的浪潮，"国学"在我国经历了一段复杂的转型期，至九十年代又变成了一个热门学问，一直被有关国学家们议论传颂。它是中国传统文化的一块巨大宝藏，也是历史发展到现在的一个必然产物。

如今中国经济、文化的快速发展以及国际地位的显著提高，让中国扬眉吐气地走向了全世界，引起了全世界人们对中国的关注与重视。我们作为中国文化的接班人，为使中国更富更强，掌握更多的国学知识是我们不可推卸的责任。而"国学"又是我们了解中国文化的前提。

学习国学，还可以让我们丰富内涵，开阔眼界，巩固学识，培养文化素质，提高道德修养。

但是，广义的国学，其内容覆盖着中国几千年的历史，每一个时期的文化都会有着众多的历史问题与解释，面对这庞大的历史体系，纷繁复杂的内容，你还会有兴趣去了解或学习吗？

为此，前辈的国学家们呕心沥血，对国学进行了总结、精简、再总结，为我们提供了最经典的见解，保留了最有意义的部分，也为我们的进一步研究提供了非常有利的途径。我们的编辑人员也在不断的学习与归纳中，共同编著了这一本《轻松学国学》。这本国学书，内容精简，包罗万象，涵盖了礼仪民俗、称谓由来、饮食起居、官场典制、学制科举、国学经典、曲艺国粹、器皿用具、神话传说、哲学宗教、字词涵义、文学艺术共十二大章的经典国学常识。我们竭力以最轻松的语言，最简单的话语，最通俗易懂的道理，为你讲述国学的文化内涵。

如果你要挖金，在这里我们已经给你摘选了最精华的部分；如果你只想休闲娱乐，在这里我们也给你提供了很多活泼有趣的历史生活故事。

在这里，你不用读万卷书，行万里路，梦想那遥不可及的事情；在这里，你也不用因工作繁忙又抽不出时间汲取传统文化的营养而担忧。你只需要每天抽出几分钟时间，就可以快速、方便、轻松地学习到更多的国学常识。

当然，我们在编著本书时也会不可避免地出现一些不足，希望您在阅读此书的过程中能够给我们提出宝贵的意见和建议，以便我们进一步地改正和完善。让我们共同努力，为中国的传统文化贡献一份微薄的力量。

目 录

第一章 礼仪民俗

古人为何设立宗庙？ →2
古人重视出生礼的用意何在？ →2
行过冠礼之后对男子意味着什么？ →3
"仁"与"仁政"是何关系？ →4
如何理解"义"与"仁"的关系？ →4
古人为什么重礼？ →5
为什么在儒家思想中"智"属于"德"的范畴？ →5
"信"有什么重要意义？ →6
为什么说孝是中国传统文化的根本？ →6
儒家思想为何"悌"与"孝"并重？ →7
孔子的"忠"是如何演变成"愚忠"的？ →7
"三纲五常"是封建礼教的核心吗？ →8
为什么说"三从四德"是对妇女的压制？ →8
"孔门三戒"中蕴含着怎样的人生哲理？ →9
"内圣外王"出自何处？ →10
"节烈"在男权社会是怎样形成的？ →10
为什么说中国古代是宗法社会？ →11
什么是五礼？ →12
历代君王为何要"封禅"？ →12
"五服之内是亲戚"一说来自何处？ →13
为什么说"夺情"是对"丁忧"的延伸？ →14
女子行"笄礼"后意味着什么？ →14
"长跪"为什么不是长时间地跪？ →15
古人是如何谦称自己的？ →15
古人是如何尊称别人的？ →16
古人在什么情况下要避讳？ →16
谥号是对死者的"盖棺定论"吗？ →17
"三教九流"起源于什么？ →17
孔子为什么被称为"素王"？ →18
孔子获得过哪些封号？ →18
"天干地支"的作用是什么？ →19
"黄道吉日"从何而来？ →20
以"叩手礼"表示尊敬和致谢这个习俗是怎么来的？ →21
为什么会有"福"字倒贴这种习俗？ →21
为什么春节时长辈给晚辈压岁钱？ →22
过年"贴门神"的习俗是怎么来的？ →23
古人为什么要折杨柳送别亲友？ →24
民间端午节是怎样驱除"五毒"的？ →24
洞房花烛夜为何成了婚嫁仪式的象征？ →25

姓氏是如何起源的？ →25
古人用什么来计时？ →26
十二生肖是怎么来的？ →27
农历和阴历是一回事吗？ →28
你知道清明节是由寒食节演变而来的吗？ →28
七夕为什么被称为中国的情人节？ →29
中元节为何称为"鬼节"？ →30
中秋节为何要扮兔儿爷？ →31
腊月初八人们为何要熬腊八粥？ →32
元旦究竟是哪一天？ →33

第二章 官场典制

古代官府为何被称为"衙门"？ →36
为什么皇帝下诏要称"奉天承运，皇帝诏曰"？ →36
"三军"都指代哪些军队？ →37
古代官员的薪酬是什么样的？ →37
"官"与"吏"有何区别？ →38
将军一职是如何产生的？ →38
古代六部都是干什么的？ →39
什么是禅让制度？ →40
诸侯等同于君王吗？ →40
历代都有哪些有名的宰相？ →41
御史大夫的职责是什么？ →43
尚书是一个什么样的官职？ →43
锦衣卫是"特务"吗？ →43
清王朝的"内阁"军机处有什么作用？ →44
南书房是不是军机处的前身？ →45
理藩院是处理什么事务的机构？ →45
刺史的权力是如何演变的？ →46

节度使制度与安史之乱有何关系？ →46
顶戴花翎象征着什么？ →47
"绍兴师爷"是个什么职位？ →48

第三章 称谓由来

荔枝之名缘何而来？ →50
"皇帝"之称始于何时？ →50
腊味、腊肉与腊八中的"腊"源自于哪？ →51
四子王旗是否与王子有关？ →51
"替罪羊"中的羊是为谁替罪？ →52
古人何时称妻子的父亲为"丈人"？ →52
古人为何又称妻子的父亲为"泰山"或"岳父"？ →52
为何古人把妻子称为"老婆"？ →53
"傻瓜"与"瓜州"有什么关系？ →53
为什么称再嫁妇的子女为"拖油瓶"？ →54
"两面派"的说法是怎样来的？ →54
"丫头"是用来称呼什么样的女子的？ →54
古人为何用"黄花"修饰"闺女"？ →55
"孺子牛"为什么蕴寓着心甘情愿、默默奉献之意？ →55
"二百五"称呼什么样的人？ →56
"溜须拍马"为何与奉承讨好扯上了关系？ →57
形容老师的学生多为何用"桃李满天下"？ →57
衣冠禽兽本指官服，后来为何成了贬义词？ →58

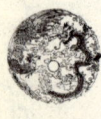

两个人斗嘴缘何叫"抬杠"→58
"敲竹杠"为何等同于敲诈钱财?→59
"食言"是怎么和说话不算数联系在一起的?→59
"马虎"最早出自什么朝代?→60
古人是如何使用"纸老虎"一词的?→60
古人为何将丧尽天良的人称为"狼心狗肺"?→61
"高山流水"为何成了知音的代名词?→62
"不管三七二十一"有何含义?→62
"三十年河东,三十年河西"为何被用来形容变化无常?→63
古人为什么说"糟糠之妻不下堂"?→64
"上下其手"是什么意思?→65
"借光"借的是什么?→66
第一次见面出难题为何叫"下马威"→66
古人为何不走前门而"走后门"?→67
不通文理、胡乱编撰的文章为什么叫"杜撰"?→67
"小巫见大巫"究竟是什么意思?→68
古人为什么用"盘缠"指代出门在外所需的花费?→69
古代妇女为何称自己的丈夫为"老公"?→69
"老表"都指什么亲戚?→70

第四章 饮食文化

为什么中秋节要吃月饼?→72
你知道饺子背后深厚的文化寓意吗?→72

"北京烤鸭"起于何时?→73
天津名吃"狗不理"包子为何得此恶名?→74
你知道名字诙谐的"驴打滚"从何而来吗?→74
"宫保鸡丁"这道菜名为何如此奇怪?→75
"豆腐脑"这道美食是如何诞生的?→75
名不见经传的"炒疙瘩"缘何盛行?→76
武汉名吃"热干面"是怎样产生的?→77
什么才是正宗的"炸灌肠"?→77
"豌豆黄"是因慈禧而闻名的吗?→78
你知道"麻辣烫"与江边船工、纤夫的关系吗?→78
你知道关于"烧饼"的典故吗?→78
气味难闻的"臭豆腐"为什么让人趋之若鹜?→79
口感细腻丰富的"糍粑"是如何做成的?→80
陕西凉皮与秦始皇有关吗?→80
"粽子"的由来是什么?→81
云南过桥米线中的"过桥"缘何而来?→81
"油条"是怎么来的?→82
山东煎饼为什么要卷着大葱吃?→82
"烧卖"一词是如何得来的?→83
"锅贴"是因为节俭而来的吗?→84
"春卷"和春天有关吗?→85
人们为什么把桂林米粉做成面条状?→85
"冰糖葫芦"是一剂药方吗?→86

地道的"小笼包"是如何做的?→87
"汤圆"起源于什么朝代?→87
"年糕"为何又叫"年年糕"?→88
古代就有"盖浇饭"吗?→89
"夫妻肺片"是用什么做成的?→90

第五章 学制科举

汉朝时的选官制度——察举制度→92
魏晋时期的选官制度——九品中正制→92
影响中国历史走向的科举制度→93
秀才从这里走出来——院试→94
什么是会试?→95
皇帝做主考官的考试——殿试→95
中国古代考试的最高荣誉——状元→96
最低级别的读书人——秀才→97
"中国式门徒"——门生→97
你知道什么是贡生吗?→98
国子监的学生为什么被称为监生?→98
最"冷僻"的选官方式——征辟→99
秀才是这样考中的——童试→99
让范进发疯的职位——举人→100
最后一级科考中的获胜者——进士→100
中国古代考场的奇迹——连中三元→101
古代的道德模范——孝廉→101
你所不知道的朝考→101
将军是从这里走出来的——武科→102
什么人可以进入国子监学习?→102
孔子的讲坛——杏坛→103
古代的私立学校——私塾→103

中国古代文学艺术的摇篮——鸿都门学→104
中国古代的大学——太学→105
传承华夏文明的圣地——书院→105
中国古代翻译学校——同文馆→106
中国古代医学院——太医署→107
北京大学的前身——京师大学堂→107
读书人思想的摧残——八股文→108
什么是科举四宴?→108

第六章 国学经典

第一节 经部——儒学经典

儒学"圣经"——《四书五经》→112
孔子一生的言论集——《论语》→112
儒家又一经典——《孟子》→113
儒家典籍——《大学》→115
从《中庸》中探求古人的修身养性之道→115
华夏历史上的第一本诗歌总集——《诗经》→117
上古之书——《尚书》→117
中华民族的第一本礼仪书——《礼记》→118
中国历史上最玄奥的书——《周易》→119
帮你了解春秋历史的书——《春秋左氏传》→120
什么是《春秋公羊传》?→121
什么是《春秋谷梁传》?→121
中国历史上的第一部词典——《尔雅》→122
"三流"之一的《仪礼》→122

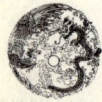

百善孝为先——《孝经》→123
世界上最早、最完整的管制记录——《周礼》→124

第二节 史部——
各种体裁历史著作

什么是正史？正史为什么"正"？→124
什么是野史？野史为什么"野"？→125
什么是杂史？杂史为什么"杂"？→126
什么是别史？→127
什么是纪传体？→127
何谓编年体？→127
什么是纪事本末体？→128
《史记》为什么是二十四史之首？→128
《汉书》为何写了四十年？→129
《后汉书》是怎么写成的？→130
真实版的《三国演义》——《三国志》→131
我国第一部编年体通史——《资治通鉴》→132
记录战国风云史的《战国策》→133
研究晋代历史的第一手资料——《晋书》→133
《宋书》是一本什么书？→134
什么是《南齐书》？→134
什么是《梁书》？→135
什么是《陈书》？→135
讲述少数民族政权的正史——《魏书》→136
东魏与北齐的兴衰史——《北齐书》→136
为何《周书》记载的是北周而不是东西两周？→137

《隋书》是由"诤臣"魏征编写的吗？→137
读懂宋、齐、梁、陈"四国演义"——《南史》→138
与《南史》相对应的是《北史》→138
梦回大唐从《旧唐书》开始→139

第三节 子部——
诸子百家及释道宗教著作

"太上老君"的专著——《老子》→139
风靡几千年的哲学著作——《庄子》→140
主张兼受非攻的《墨子》→140
中国儒家文化的代表作——《孟子》→141
中国最早的法学著作——《韩非子》→141
开创了以赋为名的《荀子》→142
仅次于《论语》和《老子》的道教经典——《列子》→142
富国强兵之道——《管子》→142
你知道《尹文子》这本古代典籍吗？→143
《公孙龙子》是一部什么样的书？→143
中国的伊索寓言——《淮南子》→144
中国的"雅典神话"——《山海经》→144
你知道什么是《艺文类聚》吗？→144
佛家"圣经"——《金刚经》→145
韦小宝曾经搜集过的书——《四十二章经》→145

第四节 集部——

诸子百家及艺术、谱录

爱国诗人屈原创造的诗体——《楚辞》→146

诗教圣典——《全唐诗》→146

古代文学的巅峰之作——《全宋词》→147

中国文学史上最美的篇章——《乐府诗集》→147

中国古代的文学理论典籍——《文心雕龙》→147

"诗仙"李白的毕生成果——《李太白集》→148

"诗圣"杜甫的传世之作——《杜工部集》→148

唐代大诗人柳宗元的诗集——《柳河东集》→148

"香山居士"白居易的作品集——《白香山集》→149

明代修身养性大典——《菜根谭》→149

纪晓岚一生的最大贡献——《四库全书》→150

记述怪异故事的《阅微草堂笔记》→150

中国古代演义小说之最——《三国演义》→151

中国历史上最棒的神魔小说——《西游记》→151

中国古代白话文小说之最——《水浒传》→151

中国古代小说的巅峰之作——《红楼梦》→152

第五节 蒙学——

中国古人的启蒙读物

中国古代儿童的第一本启蒙读物——《三字经》→152

中国古代著名儿童读物——《百家姓》→153

中国古代学生守则——《弟子规》→153

中国古代儿童的习字书——《千字文》→153

中国古代儿歌集——《小儿语》→154

中国古代儿童的声律读物——《声律启蒙》→154

第七章 曲艺国粹

明代四大声腔是什么？→156

京剧是怎样形成的？→156

京剧的三个鼎盛期是什么时候？→157

中国著名京剧剧目有哪些？→157

中国传统戏曲的表演特点是什么？→158

京剧生行共有几类？→159

旦行是怎样分类的？→160

净行是怎样分类的？→162

丑行是怎样分类的？→163

戏曲中文武场指的是什么？→163

戏曲中最为神奇的技艺——变脸→165

脸谱分为几种基本类型？→166

板式变化体是什么？→168

旧时的戏曲界为何被称为梨园行？→168

菊部为什么代指梨园行？→169

"跑龙套"为什么叫"跑"? →169
"水袖"是怎么表演的? →169
什么算是折子戏? →170
什么是"六场通透"? →170
相声中的贯口是怎么一回事? →171
倒口为什么又叫"变口"? →171
相声按人数怎么分类? →171
为什么刻印章也是艺术? →172
宋代绘画革新为什么是必然的? →173
元朝的山水"四大家"都有谁? →174

第八章 器皿用具

封建势力权威的象征——惊堂木→178
贫苦百姓的发明——火柴→178
祖先智慧的结晶——算盘→178
青花瓷为什么是坚贞爱情的象征?
→179
你知道多少古代的酒器? →179
你知道毛笔的来源吗? →180
"百褶裙"与赵飞燕有什么关系? →180
为什么说胎发笔是新生命的纪念?
→181
中国古代女子都有什么饰品? →181
我国古代儿童都有什么玩具? →182
你知道床的由来吗? →183
世界上第一把锯子是由谁发明的?
→183
古代人的雨衣是用什么材料做的?
→184
古代的铜镜是怎样走入人们生活的?
→184
古代四大发明家是谁? →185

何为我国古代的"四大发明"? →185
弩是由谁发明的? →186
为什么说唐三彩是风格独特的中国传统艺术品? →186
陶灯是中国最早的灯吗? →186
宫灯为什么被称为"古灯公主"? →187
瓷灯为什么被称为"古灯王子"? →188
"宫灯"的说法源自何处? →188

第九章 神话传说

盘古为何要开天辟地? →190
女娲为何要造人? →190
女娲为什么要补天? →192
神农氏是否就是炎帝? →192
刑天为何舞干戚? →193
为什么精卫是"锲而不舍"精神的源头?
→194
后羿为什么射日? →194
中秋节人们为什么要摆设香案? →195
夸父为什么要追日? →196
孟姜女为什么能哭倒长城? →197
愚公为什么要移山? →197
除夕为何又称"过年"? →198
吴刚为何伐桂? →198
凤凰为什么被百鸟朝拜? →199
杜鹃是望帝的化身吗? →199
"与虎谋皮"的典故出自哪里? →201
共工为何怒撞不周山? →201
神农为什么要尝百草? →202
为什么要拜土地神? →203
雷公和电母是什么神? →203
癞蛤蟆能吃到天鹅肉吗? →204

鲤鱼为什么要跳龙门？→206
孟母为什么要三迁？→207

第十章 哲学宗教

佛教中"大乘"与"小乘"有何不同之处？→210
佛家有哪"三宝"？→210
为什么说"无事不登三宝殿"？→211
人们所处的环境为何又称"大千世界"？→211
佛家的"唯心"与哲学的"唯心"是一回事吗？→212
什么是佛家的"十二因缘"？→212
佛教中的"因果报应"有什么内涵？→213
何为"六道轮回"？→213
"如来"从哪里来？→214
佛教中的"四大金刚"都是谁？→215
佛家中的"十八罗汉"指的都是哪些人？→215
"菩萨"的主要职责是什么？→216
"鸠摩罗什"是什么人？→216
"达摩祖师"是何方人士？→217
"唐僧"是什么样的人？→218
"八戒"有什么佛教含义？→218
"口头禅"都是骂人的话吗？→219
什么是"天人合一"？→219
人之初性本善还是性本恶？→220
"人性本恶"是谁提出的？→221
人与天是什么关系？→222
"道"字有什么哲学内涵？→222
"庄周梦蝶"有什么哲学内涵？→223
"朝三暮四"与"花心"有什么关联？→224

有人说你"呆若木鸡"吗？→224
文人为什么喜欢称"居士"？→225
什么是"濠梁观鱼"？→226
为什么说"魏晋风流"？→226
为什么说"只可意会，不可言传"？→227
"无为而治"的实质是什么？→228
"天人感应"是怎么来的？→228
"鹅湖之会"是什么会？→229
为什么说"祸兮福所倚"？→230
为什么说"天行有常"？→231
"道家"是怎么自我修炼的？→231

第十一章 字词涵义

"明日黄花"为什么被用来形容过时的事物？→234
"点心"有什么含义？→234
东施为什么要效颦？→235
"九牛一毛"为什么表示"微不足道"？→236
"坟"与"墓"有什么区别？→237
怎样以血缘划分家族？→237
"足下"是如何成为对他人的尊称的？→238
"一丝不挂"就是裸体吗？→238
"格物致知"是怎样成为社会上普遍流行的观念的？→239
"萧墙"与"家族内部"有什么关系？→239
谁在"金屋藏娇"？→240
"沐雨栉风"与大禹有什么关系？→240
何谓"一字千金"？→241

"三姑六婆"都是指什么人？→242
为什么说是"买东西"而不是"买南北"？→242
"老鼠"为何被称作"耗子"？→243
"马后炮"有什么意义？→244
"太太"为什么是对已婚女子的尊称？→244
为何"工资"被称为"薪水"？→245
"埋单"和"买单"是一回事吗？→245
"一问三不知"的典故出自哪里？→246
"冷板凳"的典故与梨园行有什么关系？→247
"闭门"与"羹"有什么关系？→247
"籍贯"中的"籍"和"贯"各是什么意思？→248
"三百六十行"是怎么得来的？→248
"分道扬镳"为何被用来形容分离？→249

第十二章 文学艺术

"竹林七贤"都是哪七贤？→252
什么是"楚辞"？→253
"风骚"指的是什么？→253
章回体小说有什么特点？→254
"工笔"与"写意"有什么区别？→254
文学艺术的起源是什么？→255
为什么"先天下之忧而忧，后天下之乐而乐"？→255
敦煌壁画中的"飞天"有什么意义？→256
你知道"连环画"是怎么来的吗？→257
你知道什么是"拉洋片"吗？→257
"报纸"是怎样诞生的？→258

"相声"是怎么形成的？→258
"小品"是一种什么艺术品？→259
"谜语"是怎样形成的？→259
"秧歌"是怎样产生的？→260
什么是"三寸金莲"？→260
"木偶戏"与"木"有关系吗？→261
"岁寒三友"为什么是文人高洁品质的象征？→261
"图腾"为什么是古人心中的守护神？→262
"扬州八怪"指的是哪八怪？→263
舞蹈为什么说是古人表达感情的方式？→263
你对"绘画"认识多少呢？→264
"诗歌"在古代是如何表现的？→264
"戏剧"的艺术特征是什么？→265
对于"散文"你了解多少？→265
"传奇"是怎么发展而来的？→266
"字母"是怎么形成的？→267
古代的"酒令"是怎么形成的？→267
"杂技"是怎么形成的？→268
"小说"经历了怎样的发展历程？→268
中国的"书法"是怎么形成的？→269
"文人画"有什么独特的艺术风格？→270
"音乐"是如何起源的？→271
"打油诗"起源于什么朝代？→272

第一章

礼仪民俗

古人为何设立宗庙？

　　中国古代的宗庙是帝王将相遗留下来的产物。后人为先祖在阳间建立的寄托场所就是宗庙。在古代，统治阶层对宗庙制度有严格的规定：普通庶人不准设庙，只有天子或诸侯才有权力设立宗庙，在宗庙的数量上曾经有天子七庙、诸侯五庙的规定。宗庙中供奉有历朝历代先帝的灵位。为先祖设立宗庙，体现了我国儒家文化以孝为先的为人之本，他们认为，为先祖建立宗庙是对亡灵的一种寄托，让后代认识到，先祖的灵魂不会消散，而是可以保佑他们的。就这样，后人不断为先祖设立宗庙，并一代代延续下去。

　　宗庙中的祭品各有不同。规定：天子用诸如牛、羊、猪，而普通庶民只能用一些植物如小麦、高粱等作为祭品使用。从根本上讲，宗庙是古代帝王将相为了维护其宗教统治地位而为先祖设立的祭祀场所，通过这样的方式使统治阶层和普通庶民有尊贵与卑微之分，也是封建社会等级的体现。

　　我国古代著名的宗庙有位于河南省安阳市的殷墟宫殿宗庙，这个宗庙距今有3300多年的历史，并被入选世界文化遗产。北京太庙是明清两朝皇帝的宗庙，现已被列入全国重点文物保护单位。

古人重视出生礼的用意何在？

　　生儿育女一直是古代人非常重视的事情。古人认为，新生命的降临是一件非常值得高兴的事情。他们会及时把这个消息告诉亲戚朋友，并按照传统的礼仪对新增添的人口进行庆祝。

　　新生命诞生之际，家人会向亲戚、朋友、邻居等报喜。在报喜的时候，告知新生命的性别、长相等基本情况。报喜一般都是由新生命的直系亲属来做，这也体现出新生命诞生的重要意义以及对亲戚朋友的重视。当新生命诞生的时候，主人会在自己家大门口张贴喜讯，上面有新生命出生的情况，这也在一定程度上起到了报喜的作用。但是孕妇和生病的人应当回避这些。

　　由于自古以来就有重男轻女的观念，新生命如果是男孩的话，会配上一块玉佩，寓意是长大以后像玉一样出人头地；而如果新生命是女孩的话，会配上一块丝绸，寓意是女孩长大以后能心灵手巧、相夫教子。

行过冠礼之后对男子意味着什么？

冠礼起源于原始社会，距今已经有几千年的历史，它具有浓郁的中国文化特点。当男性生长发育到可以谈婚论嫁的时候，人们会通过举行成人礼的方式，正式把这个男性当成一个可以负责任的男人看待。在参加活动的时候，由氏族首领对他们进行授权与承认。

冠礼的举办地点都选在宗庙里。古代在实行冠礼的时候，会在十天之前就占卜好良辰吉日。如果这十天中没有良辰吉日的话，就会把日期推移到后面，直到出现良辰吉日为止。选好良辰吉日以后，举办冠礼的家庭会及时把这个消息向亲戚朋友传达。他们会在亲戚朋友当中选出一名男性来担当冠礼主持。行礼的时候，一般都是由最亲密的人为被冠礼者穿礼服，并为他带上帽子。在佩戴帽子的时候，也非常有讲究，每次加冠完，都会为被冠礼者送上祝福的话语，人们会纷纷举起手中的酒，一同为他干杯。祝词大意是：在这个祥和的气氛中，祝你在今后发展道路上越走越远，真正承担起男人应负的责任。

最后男子还要向其父母叩拜，感谢他们的养育之恩，并由来宾为这个男子起名字。冠礼仪式接近尾声的时候男子的父母要起身送来宾一程，把他们送到大门口后，目送他们渐渐离去。自宋代以来，某些地区的冠礼仪式开始变得简单起来，不再宴请亲戚朋友，只是在其家中进行冠礼。

《礼记》中的"冠者礼之始也"是说冠礼仪式是华夏文化的缩影。华夏礼仪分为"吉礼、凶礼、军礼、宾礼、嘉礼"五种类型，冠礼是其中的一种形式。也可以把冠礼理解成为是华夏礼仪文明的起始，《礼记》中的"二十而冠，始学礼"，讲的就是男子二十岁，是践行华夏文明的开始，也是他们成长的新阶段。男子行过冠礼之后，获取了新的思想与行为规范，在冠礼的指引下，他们能快速成长起来，真正融入到社会的规范中去。

周代实行了嫡长子继承制，不论嫡长子年纪大小都可以继承正统，但继位的前提是必须要行冠礼，如果没有举行冠礼仪式的话，要等到举行冠礼仪式以后才能正式继位。周成王年幼的时候就继得王位，可等他举行完冠礼仪式以后才真正掌握实权。汉朝非常重视冠礼，对行冠礼的人员大加赏赐、减免税赋。魏晋时天子的冠礼被安排在正殿里面，举行冠礼的时候配有乐曲。发展到宋代的时候，行冠礼的年龄被放开，男子在十二岁至二十二岁之间都可以行冠礼。到了明朝的时候，礼仪制度又重新恢复，冠礼再次得到了复兴，上到天子，下

到普通庶民都实行冠礼。

随着时间的发展,冠礼已经被逐渐遗忘,但是它却是中华民族的一项重要礼仪传统,也体现了华夏文明的深厚底蕴。

"仁"与"仁政"是何关系?

"仁"字最早是孔子提出的。孔子把"仁"作为最高的思想道德准则,提出了一套以"仁"为核心的儒家学说,并把"仁"定义为"爱人"。如"夫仁者,己欲立而立人,己欲达而达人","己所不欲,勿施于人"。这些话的意思是说人与人之间要相互亲爱,互帮互助。

"仁"的内容包涵甚广,包括孝、弟(悌)、忠、恕、礼、知、勇、恭、宽、信、敏、惠等。其中孝悌是仁的基础,是"仁"学思想体系的基本支柱之一。孔子提出要为"仁"的实现而献身,也就是"杀身以成仁"的观点。

后来,孟子在孔子的思想基础上,把"仁"的学说施之于政治,提出了著名的"仁政"说。

孟子提出的"仁政"主张是为了改善百姓的生活。他强调以"仁政"统一天下,进而治理天下,提倡以德服人的"王道"政治,反对以力服人的"霸道"政治。这也是他所提倡的儒家仁政思想的最基本观点。

如何理解"义"与"仁"的关系?

孔子最早提出了"义"。在古代,"义"字是一个较广的道德范畴。孔子在《论语·为政》中说:"见义不为,无勇也。"意思是说见到合乎道德的事而不去做,就是没有勇气。这里的"义"是指应该遵循的道德准则。孔子还提倡"见得思义"、"义然后取"等。

孟子在《孟子·公孙丑上》中讲到:"其为气也,配义与道,无是,馁也。"他在这里说的"义"就是正道的意思。在孟子的思想里,"义"同"仁"是结合在一起的。"仁义"是孟子儒家思想的核心范畴。《孟子》一书中,"义"出现了108次之多。它的基本内涵是"尊敬长辈",但是范围不限于此。如他在《孟子·告子上》中说"仁,人心也;义,人路也。"《孟子·离娄上》中的"仁,人之安宅也;义,

人之正路也。"又如"君子喻于义,小人喻于利。"在《孟子·离娄下》中的"大人者,言不必信,行不必果,唯义所在。"等。这些都是"义"的重要理论。

当然,孔孟之后,"义"字派生的词及其本身的涵义也更多了。如诸葛亮《出师表》中的"引喻失义",王安石《答司马谏议书》中的"度义而后动"等。

古人为什么重礼?

在中国古代,"礼"是一种社会典章制度和行为规范。最初,"礼"所指的只是宗教祭祀仪式上的一种仪态。在阶级社会出现后,人类开始有等级之分,"礼"逐渐发展为统治阶级的礼节约束、身份制度等。

封建社会的"礼"有作为政治的等级制度和伦理道德两个方面的属性。"礼"作为等级制度,主要指的是"名位";而从伦理道德上讲,则包括孝、慈、恭、顺、敬、和、仁、义等。

"礼"与"仁义"是儒家思想的核心。"礼"在孔子的思想体系中与"仁"是分不开的,孔子说:"人而不仁,如礼何?"他主张"道之以德,齐之以礼",打破了"礼不下庶人"的限制。孟子也把"礼"作为基本的道德规范,他认为"礼"应该有"辞让之心"。荀子认为"礼"使得社会上每个人在贵贱、长幼、贫富等级制度中都有其恰当的地位。

随着时代的发展,"礼"的思想内容也逐渐发生了变化。旧时代的"礼"虽然有很多弊端,约束性太强,但是它对人们的道德规范起了十分重要的作用,也使得人类有了素质修养。沿袭至今,"礼"作为中华民族优秀的传统美德,仍然是至关重要的,只不过,今天的礼则变得更加灵活。

为什么在儒家思想中"智"属于"德"的范畴?

"智"在先秦儒家的道德规范体系中,是最基本最重要的道德规范之一,也是儒家提出的理想人格的重要品质之一。

在古代,人们就有着崇尚智慧的美好愿望。如《书》、《诗》中就有"既明且哲"、"知人则哲"、"明作哲,聪作谋,睿作圣"等言辞,而"哲"就是明智的意思。后来孔子就提出把"智"作为一种道德规范、道德品质或者道德情操来使

用。他认为"智"是衡量一个人的重要标准。

孔子还把"智"、"仁"、"勇"这几个道德规范并举,定位为君子之道,即所谓"知(智)者不惑,仁者不忧,勇者不惧。"

而孟子又将"仁义礼智"归纳到一个理想的高度,他从人的道德思想和智慧等方面来确立这四个字的意义。

"信"有什么重要意义?

在儒家的学说里,"信"是实现"仁"这个道德原则的重要条件之一,也是道德修养的内容之一。

"信"作为儒家的伦理范畴,就是说人要诚实、讲信用、不虚伪。儒家认为,"信"不但是立国、治国的根本,也是人与人之间交往的最基本的原则。

孔子告诫弟子:人要有"信"。也就是要求人们相互守信用。这也起到了调整统治阶级与被统治阶级之间的矛盾的作用。如《论语·学而》中的"曾子曰:吾日三省吾身,为人谋而不忠乎?与朋友交而不信乎?传不习乎?"孔子的弟子曾子就说,我每天多次反省自己,替别人谋划办事是不是尽力了?同朋友交往有没有做到诚实守信?老师传授给我的学业我是不是复习了?他又说道"近于义,言可复也。"就是说所许的诺言如果符合于义,那么就能够兑现。反复告诉人们"信"作为一种道德规范的重要意义。

汉代儒家又把"信"列入"五常"之中,证实了"信"在人生道德体系中的重要地位。

为什么说"孝"是中国传统文化的根本?

"孝"自古以来就是中华民族提倡的传统美德。孝是子女对父母应尽的义务,包括尊敬、抚养、顺从、送终、守灵等。

古代就有"父母在,不远游"的训教。"父在观其志,父没观其行,三年无改于父之道"的训条就是要让子女懂得父母的养育之恩,体恤父母的用心良苦。

《十三经》中的《孝经》把"孝"当做天经地义的准则。后来北宋张载的《西铭》,在《孝经》的基础上,融忠孝为一体,从哲学本体论的高度,把伦理学、政

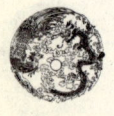

治学、心性论、本体论组成一个完整的关于"孝"的体系。

孔子提出"孝",认为"孝"是仁义的根本,如"生,事之以礼;死,葬之以礼,祭之以礼"等。汉代主张"以孝治天下",也就是说"孝"是立足的根本,没有"孝"是不行的。当时选拔官员,也要以"孝"为前提,如"孝廉"就是选拔官吏的科目之一。"孝"是一种道德,但是古时对于"孝"的理解也是有偏激的,还有人"卖身葬父",这种"孝"是不可取的。

李隆基隶书《石台孝经》

儒家思想为何"悌"与"孝"并重?

"悌"是属于儒家的伦理范畴,儒家教育人们要敬爱兄长,顺从兄长。"悌"的提出,就是为了维护封建社会的宗法关系。

"悌"与"孝"常常是并列在一起的,称为"孝悌"。"孝悌"在儒家思想中,占据了非常重要的位置,他们认为"孝悌"是实行"仁"的根本条件。没有尊重长辈、爱护兄长这一最基本的伦理道德,也就不会爱护别人。《论语·学而》中就讲道:"其为人也孝悌,而好犯上者鲜矣。不好犯上,而好作乱者,未之有也。君子务本,本立而道生。"意思是说做人既要孝顺父母也要尊敬兄长,喜好冒犯长辈和上级的,是很少见的;不喜好冒犯长辈和上级,而喜好造反作乱的人,是没有的。君子要致力于根本,根本确立了,治国、做人的原则就产生了。所以说,要培养"仁"之心,就应该首先遵守"孝悌"。

孟子对"孝"与"悌"提出了基本要求,如《孟子·滕文公下》中的"于此有焉:入则孝,出则悌。"简单地说,就是在家要尊敬爱护父母,在外也要尊重兄长。由此可见,"悌"与"孝"在儒家思想中是并重的。

孔子的"忠"是如何演变成"愚忠"的?

自古以来,"忠"就是一个非常重要的人格标准。孔子把"忠"作为儒家的道德规范。"忠"是指人与人之间的一种关系。如孔子门徒曾每天要三次反省自己,第一省就是"为人不谋而忠乎?"就是为人做事要尽心尽力的意思。又如《论

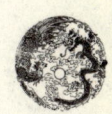

语·子路》中说:"居处恭,执事敬,与人忠,虽之夷狄,不可弃也。"这里孔子是说,在生活起居方面要恭谨庄重,做事要严肃认真,和人交往要忠心真诚,即使去到文化落后的地方,这些原则也不可离弃。

孟子也把"忠"看做是最重要的行为准则。他认为要把好的道理教给别人。如《孟子·滕文公上》说:"教人以善谓之忠,为天下得人者谓之仁。"说的就是这个道理。

到了汉代,"忠"逐渐演变成了臣民对君王的绝对服从关系。如韩非子说:"人臣不要称赞尧舜禅让的贤德,不要赞誉汤武弑君的功绩,尽力守法,专心事主,这才是忠臣。"后来又出现了"三纲"之说。其中"君为臣纲",提醒人们王权的至高无上的地位,"忠君"就变成了天经地义、永恒不变的伦理教条,由此,"忠"便演变成了"愚忠"。

"三纲五常"是封建礼教的核心吗?

"三纲"、"五常"这两个词是在西汉董仲舒的《春秋繁露》一书中出现的。他从孔子最早提出的一套理论中总结出三纲五常论,目的是为了维护封建等级制度,是为统治阶级服务的。"三纲"、"五常"联用是从宋代朱熹开始的。这也是旧时代封建礼教准则的一个典范。

"三纲"是指"君为臣纲"、"父为子纲"、"夫为妻纲"。要求为臣、为子、为妻的必须绝对服从于君、父、夫,同时也要求君、父、夫为臣、子、妻作出表率。它反映了封建社会中君臣、父子、夫妇之间的一种特殊的道德关系。

"五常"是指"仁、义、礼、智、信"。是用以调整、规范君臣、父子、兄弟、夫妇、朋友等人伦关系的行为准则。"五常"是封建礼教中的五条准则,它和"三纲"常连起来说,即"三纲五常",一般不说成"三纲五伦"。

为什么说"三从四德"是对妇女的压制?

"三从四德"是古代礼教对妇女在道德、行为、修养方面提出的规范要求。古代有"内外有别"、"男尊女卑"的原则,这是一项很严格的规范。

"三从"是指未嫁从父、既嫁从夫、夫死从子。这个词源于儒家经典《仪礼丧

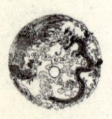
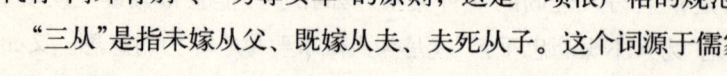

服·子夏传》中的"妇人有'三从'之义,无'专用'之道,故未嫁从父,既嫁从夫,夫死从子"。这里说没有婚嫁之前应该听从父亲的,结婚后就应该随从自己的丈夫,如果丈夫死了就应该服从自己的儿子。这是一种歧视妇女的行为。在当时妇女的地位是很低下的,妇女屈从由来已久。"女"字在商代甲骨文中就是屈身下跪的形象。

《周易》中有主张妇女顺从专一、恒久事夫的卦辞。后来要求妇女殉夫守节,限制寡妇改嫁等。

"四德"是指妇德、妇言、妇容、妇功。这个词源于《周礼天官内宰》。内宰是教导后宫妇女的官职,负责逐级教导后宫妇女。"掌妇学之法,以教九御妇德、妇言、妇容、妇功"。"四德"本来是宫廷妇女教育门类,后来与"三从"连称,成为妇女道德、行为、能力和修养的标准,即"三从四德"。

"孔门三戒"中蕴含着怎样的人生哲理?

"孔门三戒"出自《论语·季氏》。孔子说:"君子有三戒:少之时,血气未定,戒之在色;及其壮也,血气方刚,戒之在斗;及其老也,血气既衰,戒之在得。"意思是说君子有三个方面需要戒备:年少的时候,身体发育还不成熟,要戒备因美色而产生的感情和欲望;等到壮

孔门弟子

年的时候,发育成熟、精力旺盛时,要戒备自己情绪的变化,避免与人争斗;等到年老的时候,精力已经衰弱,要戒备贪得无厌。

这三戒分别是戒色、戒斗、戒贪。"戒之在色"是针对年轻人说的,要保持自己年轻的本色,抵制美色、诱惑,要不受外界影响,从年轻的时候就要修身养性;而"戒之在斗"是针对成年人,这个时候是男人顶天立地的关键时期,要为社会创造价值,而不能过分争强好斗,踏踏实实地做事情,才能保证自己有良好的心态,使身体健康。"戒之在得"是针对老年人,要容易满足,才会避免

自己的身心受到压力，才会快活自如。

孔子的"三戒"是根据人的生理变化规律得出的。他认为人要注重修养，在人生的各个阶段要有不同的警戒。孔子在儒家思想中以理服人，他在教育别人的同时，也在不断地约束自己，树立自己的修养。

"内圣外王"出自何处？

"内圣外王"的意思是只有自身具有圣人的贤德，才能对外施行王道。

"内圣外王"这个词源自《庄子·天下篇》。书中说："圣有所生，王有所成，皆原于一。此即'内圣外王之道'。"孔子根据庄子的一套理论把"内圣外王"作为儒家的重要思想，来阐释儒学的基本理论。

在庄子看来，"内圣外王"是天下治道之术。"内圣"是一种人格理想，它表现为："不离于宗，谓之天人；不离于精，谓之神人；不离于真，谓之至人。以天为宗，以德为本，以道为门，兆于变化，谓之圣人；以仁为恩，以义为理，以礼为行，以乐为和，熏然慈仁，谓之君子"。"外王"是对于自身的一种政治理想，它表现为："以法为分，以名为表，以参为验，以稽为决，其数一二三四是也，百官以此相齿；以事为常，以衣食为主，蕃息畜藏，老弱孤寡为意，皆有以养，民之理也"。

由此看来，"内圣"是应该具备的道德修养，"外王"就是齐家、治国、平天下。"内圣外王"是儒家学者们追求的最高境界。

"节烈"在男权社会是怎样形成的？

"节烈"是指古代的封建礼教要求妇女坚守节操，至死不渝。"节"指女子守贞操，不能跟从两个丈夫，丈夫死了，也不能改嫁。"烈"是指在丈夫死后，女子要自杀以守住贞节。"节烈"是男权社会的产物。

在宋代以前，"节烈"并非是严格的要求。宋代以前的卓文君、蔡文姬等都曾经改嫁，唐代的杨贵妃先前也是玄宗之子的妃子，后来成为玄宗的妃子。到了宋朝，才开始有了"节烈"的雏形。

宋代的欧阳修在《新五代史·冯道传》中，写过这样一个故事：有个叫王凝

的官员,在北方上任时得病去世。他的妻子李氏带着孩子以及自己丈夫的遗骨从北边回来,路过开封时,到一家客店投宿。店主看到她带了一个孩子,感到疑惑不解,拒绝接待。由于天色已经很晚,李氏没有离开。店主见她不离开,硬是扯着她的手臂,把她拉到了门外。李氏很气愤地说自己身为妇人,不能守住贞节,竟被别的男子触摸了手臂,不能容忍那只手玷污自己的全身。于是就把自己的手臂砍断了。这件事传到了开封府,还上奏到朝廷。李氏因此得到了恩待,而店主人却被处以严重的刑罚。

从这个故事可以看出"节烈"被社会重视的程度。士大夫阶层对妇女贞节的重视,也导致了很长一段时间对妇女的严酷约束。

为什么说中国古代是宗法社会?

"宗法"是古代以家族为中心,按血统、嫡庶来组织、统治社会的法则,是用来调整家族关系的一种等级制度。它源于氏族社会末期的家长制,依血缘关系分"大宗"和"小宗",强调这种支配与服从的关系。

在周初的"宗法"里便已出现了"宗子"、"大宗"等名称。《诗经·大雅·板》中有:"大宗维翰……宗子维城",这里的"大宗"和"宗子"都是指周代贵族中根据血缘关系对族人拥有管辖和处置权的人。这表明当时已经出现了"宗法"制度。在有关商代历史的文献中,也有类似的记载。如《左传》所记的周初商朝遗民的"宗氏"和"分族",可能就是指"宗法"制度下的血缘团体。

根据《礼记》的记载,周代天子或诸侯的男性后裔中,除继承君位的一人外,其他人都将成立把自己作为始祖的宗族,表示在血缘关系上与代表国家权力的天子或诸侯有所隔断。这些宗族以专属自己所有的"氏"为标志,因而在礼书中群公子被称为"别子"。

在以"别子"为始祖的宗族中,"别子"的继承人拥有对整个宗族的管理统治的权利,是整个宗族的首领,被称为"大宗"或"宗子"。

宗族的每个成员除对"大宗"有尊奉和服从的关系外,还对一定近亲范围内的某些亲属有尊奉和服从关系。

《礼记》指出,一个因不是嫡长子而不能作为其继承人的人,必须尊奉父亲的继承人为"小宗"。因为有对"小宗"的尊奉关系,以"大宗"为首的宗族又划分为许多较小而更具凝聚力的近亲集团。

什么是五礼？

"五礼"是中国古代的五种礼制。指的是吉礼、凶礼、军礼、宾礼、嘉礼。

"吉礼"是五礼之冠，主要是对天神、地祇、人鬼的祭祀典礼，也属于一种礼仪活动。主要内容有三种：其一是"祀天神"，即昊天上帝；祀日月星辰；祀司中、司命、雨师。其二是"祭地祇"，即祭社稷、五帝、五岳；祭山林川泽；祭四方百物，即诸小神。其三是"祭人鬼"，即祭先王、先祖；禘祭先王、先祖；春祠、秋尝、享祭先王、先祖。

"凶礼"是哀悯吊唁忧患之礼，是用于吊慰家国忧患方面的礼仪活动。它包括："以丧礼哀死亡；以荒礼哀凶札；以吊礼哀祸灾；以禬礼哀围败；以恤礼哀寇乱。"

"军礼"是师旅操演、征伐之礼，即国家有关军事方面的礼仪活动。

"宾礼"是接待宾客之礼，即邦国间的外交往来及接待宾客的礼仪活动。如天子受诸侯朝觐、天子受诸侯遣使来聘、天子遣使迎劳诸侯、天子受诸侯国使者表币贡物、宴诸侯或诸侯使者。此外，内个王公以下直至士人相见礼仪，也属宾礼。

"嘉礼"是和合人际关系、沟通、联络感情的礼仪。即国家具有喜庆意义及一部分用于亲近人际关系、联络感情的礼仪活动。如君主登基、册皇太子、策拜王侯、节日受朝贺、天子纳后妃、太子纳妃、公侯大夫的婚礼、冠礼、宴飨、乡饮酒等。有时特指婚礼。

历代君王为何要"封禅"？

"封禅"是古代帝王祭祀天地的一种大型典礼。"封"为"祭天"，多指天子登上泰山筑坛祭天；"禅"为"祭地"，多指在泰山下的小丘除地祭地。

"封禅"一说最早出现于《管子·封禅篇》的"……昔无怀氏封泰山，禅云云；虙羲封泰山，禅云云；神农封泰山，禅云云……"。

"封禅"的起源与古时候低下的社会生产力和人们对于自然现象的有限认知有很大的关系。古人没有把握自然界各种现象的能力，于是就产生了崇拜、向往。尤其是被日月山川、风雨雷电等自然灾难袭击的时候，会产生很大的恐惧，继而对这种天地现象产生了敬畏。于是就"祭天告地"。从最开始的郊野之

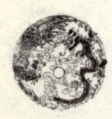

第一章 礼仪民俗

中国人应该知道的国学常识

东方白诗词《泰山封禅》（末两句）

泰山顶上一棵松，莫笑松枝枯峥嵘。多少惊天地事，千里迢迢为一封。

祭，逐渐发展到对名山大川的祭祀，而对名山大川的祭祀则以"泰山封禅"最具代表。

中国古代帝王为了巩固自己的统治地位，大力宣传"君权神授"的理论，为了使这种理论得以证明，便有了"封禅泰山"的活动，使"泰山祭天"的作用得以延续。封建统治者的这种行为让泰山在人们心中的神山地位进一步强化，后来就成了每代帝王一生必做的大事之一。

在中国古代政治制度中，"封禅"可以说是最盛大的，但也是争议最多的一项典礼。

"五服之内是亲戚"一说来自何处？

"五服"是古代统治阶级的五等服式。如《汉书·地理志》中的"尧遭洪水，怀山襄陵，天下分绝，为十二州，使禹治之。水土既平，更制九州，列五服，任土作贡"。

"五服"之说最早见《尚书·禹贡》。"甸服"、"侯服"、"宾服"（汉书作"绥服"）、"要服"、"荒服"为"五服"。

"五服"也可以指礼仪中的"吉服"与"凶服"。"吉服"之"五服"指"天子"、"诸侯"、"卿"、"大夫"、"士五"等五种服式。"凶服"之"五服"是中国封建社会礼制中规定的为死去的亲属服丧的制度，它规定，血缘关系亲疏不同的亲属间，服丧的服制不同，据此把亲属分为五等，由亲至疏依次是："斩衰"、"齐衰"、"大功"、"小功"、"缌麻"。

"五服"后来也指五辈人。比如在胶东半岛一带,有"五服之内为亲"的说法,即从高祖开始,高祖、曾祖、祖父、父、自己,凡是血缘关系在这五代之内的都是亲戚,从高祖到自己是五代,就成为"五服"。五服之后则没有了亲缘关系,也可以通婚。一般情况下,家里有婚丧嫁娶之事,都是五服之内的人参加。

为什么说"夺情"是对"丁忧"的延伸?

官员遇到父母丧葬,应弃官在家守制,称"丁忧",服满再行补职。朝廷大臣的父母死去,有时会让他们继续任职,有的官员被诏令不用丢掉官位、离开职务,但是不能穿公服,要以平时的穿着来处理国家的事务。庆贺、祭祀、宴会这样的事情都不用自己准备,而是由辅助人员替其操办。

"夺情"也有"夺情起复"的说法,它是中国古代"丁忧"制度的延伸。是说为国家夺去了孝亲之情,可不必去职,以素服办公,不参加吉礼。

中国古代规定"自闻丧日起,不计闰,守制二十七月,期满起复"。就是一旦遇到祖父母、亲父母的丧事,必须请假二十七个月,回乡下为死去的人守孝,完事后再恢复自己的官职。但是为了应对各种局势,"夺情"可以合法地不守礼制,如《周书·王谦传》中的"朝议以谦父殒身行阵,特加殊宠,乃授谦柱国大将军。以情礼未终,固辞不拜,高祖手诏夺情,袭爵庸公"。唐代已经建立起较为完备的"夺情起复"制度,但在唐玄宗后,"夺情"就比较少见了。

女子行"笄礼"后意味着什么?

"笄礼"是中国古代汉族女孩的"成人礼",也是古代"嘉礼"的一种。俗称"上头"、"上头礼"。笄是"簪子"的意思。

古代"笄礼"的年龄一般要比"冠礼"的年龄小。如《礼记·曲礼》中就有:"男子二十冠而字……女子许嫁,笄而字"。《礼记·内则》中有:"女子……十有五年而笄,二十而嫁。"

自周代起,规定贵族女子在订婚以后出嫁之前行"笄礼"。一般在十五岁举行,如果一直待嫁没有许配给他人,也可以到二十岁行"笄礼"。

"受笄"就是在行笄礼的时候改变幼年的发式,将头发绾成一个髻,然后用一块黑布将发髻包住,以簪插定发髻。主行笄礼者为女性家长,由约请的女宾为少女加笄,表示女子成年可以结婚。贵族女子受笄后,一般要在公宫或宗室接受成人教育,授以"妇德、妇容、妇功、妇言"等,作为媳妇必须具备的待人接物及侍奉舅姑的品德礼貌与女红劳作等技巧本领。后世改为由少女之母申以戒辞,教之以礼,称为"教茶"。女子十五岁,则称为"及笄"。

"笄礼"是建立在男尊女卑的基础上的,也反映了当时社会对成年女性的约束。

"长跪"为什么不是长时间地跪?

古代人挺直腰身跪在地上这个动作就是"长跪"。臀部离开脚后跟的姿势是"跪",而臀部靠着脚后跟的姿势是"坐"。臀部离开脚后跟且耸身直腰的姿势叫"跽",也叫"长跪"。

"长跪"是古代一种表示尊重的礼节。这个词出自《战国策·魏策》中的"秦王色挠,长跪而谢之"。古代没有椅子凳子,都是以双膝跪地的姿势坐在席上。秦王"长跪"表示一种强烈的感情。"长跪"并不是我们现在所讲的长时间地跪在地上。又如《孔雀东南飞》中的"府吏长跪告,'伏唯启阿母,今若遣此妇,终老不复取!'"这里表示的是对长辈的尊敬,也反映了当时这种礼节的内涵、修养。

"长跪"一词还见于明代王铎《太子少保兵部尚书节寰袁公神道碑》一书:"公营别墅于牟驼岗,以娱两尊人。偕夫人长跪,柔旨酒奉以为寿,旦夕善事之。"可见古时候"长跪"是以一种礼节的形式出现的,而不是我们现在所说的长时间地跪。

古人是如何谦称自己的?

谦称是对自己以及与自己有关的人与事的称呼习惯,主要是表示谦逊的自称。比如君主自称"寡人"、"不穀(gǔ)"、"孤"、"朕";一般人自称"愚"、"臣"、"小人"、"仆"、"鄙人"、"小可"、"不才"等;女子自称"妾"、"奴";对他人称自己的妻子一般为"拙荆"、"贱内"、"内人"、"山荆";称自己的儿子为

"小儿"、"愚儿"、"犬子";称女儿为"息女"、"小女"等;对朋友,则称"愚兄"、"劣弟"、"小弟"等;老人自称"老朽";对比自己小的亲属,称"舍弟"、"舍侄"等;对别人说自己的长辈和兄长,称"家父"、"家母"、"家兄"等,这些都是谦称。

另外自称其名,也是一种谦称。如《论语·季氏》中的"丘也闻有国有家者,不患寡而患不均,不患贫而患不安。"句中的"丘"是孔子的名,这是孔子对自己的一种谦称。古人说自己的姓称"贱姓";住处称"敝乡";年岁称"贱庚";住宅称"寒舍";自己的作品称"拙稿";自己的观点称"拙见"、"愚意"等。

古人是如何尊称别人的?

"尊称"也叫敬称,是对对方表示尊敬的称呼。针对不同的对象,称呼可有多种。称呼帝王时,一般有"陛下"、"大王"、"王"、"上"、"君"、"天子"、"万乘"、"圣主"、"主上"、"元首"、"九重天"等等。对一般人,则有"公"、"君"、"足下"、"子"、"先生"、"夫子"、"丈人"、"阁下"、"长者"、"台端"、"孺人"、"大人"、"兄台"等等。古代对对方的父亲称"令尊"、"尊公"、"尊大人",对对方母亲称"令堂"、"太君",对对方的妻子称"令正",对对方妻父称"泰山"、"冰翁",对对方兄弟称"昆仲"、"昆玉"、"令兄(弟)",对对方的儿子称"令郎"、"令嗣"、"哲嗣"、"少君"、"公子",对对方的女儿称"千金"、"玉女"、"令爱"等等,多见于口语。

古人在什么情况下要避讳?

历代避讳的范围并无统一规定,但总的原则是"为尊者讳,为亲者讳,为贤者讳"。就是说,凡是尊者、亲者、贤者的名字,都要考虑避讳。尊者,主要指帝王(包括帝王的父、祖)及高官的名字;亲者,主要指直系亲属中的长辈,特别是父、祖的名字;贤者,主要指师长的名字。

避讳的方式较多,主要是"改字法"。就是用同音字、同义字、近音字、近义字来代替应避讳的字。例如秦王嬴政统一天下之后,规定全国不得用"政"字及其同音字。正月或改称为"端月",或改读"正"音(zhèng)为"征"(zhēng),

这种习俗,一直保持了下来;又如西汉刘邦的妻子吕后名雉,因此不能用"雉"字,而以野鸡代之;唐朝李世民登基后,"民"改为"人",柳宗元《捕蛇者说》中的"以俟夫观人风者得焉",其中的"人风"就是"民风";为避晋朝司马昭的讳,王昭君就被称做"明君",以"明"代"昭";《红楼梦》中林黛玉的母亲叫贾敏,为避讳,黛玉凡是遇到"敏"字都读作"密",书写时少写一笔;还有古人的墓碑上经常撰写"先考某(姓)公讳某某(名)",用一个"讳"字表示父亲的"名"是避讳的。可见,我国古代避讳的方式很多。避讳也是古代人重视礼仪的一种表现。

谥号是对死者的"盖棺定论"吗?

"谥号",是在我国古代,统治者或有地位的人死后,给他另起的称号,如"武"帝,"哀"公等。古代帝王、诸侯、卿大夫、高官大臣等死后,朝廷根据他们的生平行为给予一种称号以褒贬善恶,这种称号称为谥或谥号。"谥者,行之迹也;号者,表之功也;车服者,位之章也。是以大行受大名,细行受细名。行出于己,名生于人。"帝王的谥号,由礼官议上;臣下的谥号,由朝廷赐予。

其实,谥号就是用一两个字对一个人的一生做一个概括的评价,算是盖棺定论吧。谥号有褒的美谥,怜的平谥,贬的恶谥三种。美谥如文、武、明、睿、康、景、庄、宣、懿,都是好字眼;恶谥如厉、灵、炀,都含有否定的意思;平谥如怀、悼、哀、闵、殇有点同情的意味;另外也有一些比较特殊的谥号,如孙权的谥号是"大皇帝"。

由于恶谥是对死者的批评,这在古代是比较令人反感的事情,所以北宋做出规定:不立恶谥,只作美谥和平谥。

"三教九流"起源于什么?

现在我们说的"三教九流"泛指社会上各行各业的人。这个词出自宋代赵彦卫《云麓漫钞》卷六中的"(梁武)帝问三教九流及汉朝旧事,了如目前"。汉代之后,人们把宗教、学术中的各种流派统称之为"三教九流"。

"三教"的说法起源于三国时代。孙权和中书令阚泽的谈话中就提到三教指儒教、道教、佛教这三种教派。这"三教"从古至今,一直未变。

"九流"的说法,最早见于《汉书·艺文志》,指的是春秋战国时代的儒家、墨家、道家腹为婚、法家、名家、杂家、农家、阴阳家、纵横家等学术流派。"九流"的说法争议颇多,莫衷一是,后来演化到了27种职业,被详细地分成了"上九流"、"中九流"、"下九流"三等。而且在不同的时期,各自的划分也是不一样的。但总体上,"上九流"主要是指的古代领导阶层;而"中九流"主要是指古代的中级阶层;"下九流"则是指古代社会地位比较低下的阶层。元朝的时候,也有划分为"十流"的。不过,后来,人们仍然习惯使用"三教九流"这个说法。

孔子为什么被称为"素王"?

在孔子的所有称呼中,"素王"是出现最多的一个,有"千年礼乐归东鲁,万古衣冠拜素王"的说法。

孔子为什么叫"素王",有一种说法是这样解释的:古代帝王,一般都是方脸盘,鼻如悬胆,两眼外侧微微上吊,状如飞燕。从汉朝开始,人们认为,当皇帝的人一定都是这个外形。他们还发现孔子的相貌很像汉朝的第一个皇帝刘邦,是个皇帝脸,所以称孔子为"素王"。"素王"是虚龙假凤的意思。

在民间传说中,孔子降生的当天晚上,有麒麟降临孔府,并吐玉书,上面有"水精之子孙,衰周而素王,徵在贤明"的字样。这也是告诉人们孔子并非凡人,而是自然造化的子孙,虽没有当上帝王,却具备帝王的一切美德,堪称"素王"。孔子家人将一彩绣系在麟角上,以示谢意。周敬王末年,有人在曲阜掘土犁田时,竟挖出了那条当初系于麟角的彩绣。以后,人们又引申出玉书三卷,孔子精读玉书三卷后成为圣人的传说。

冯友兰的《中国哲学简史》在叙述修《春秋》时,也提到有儒学家认为孔子修《春秋》是代王者立法,有王者之道,而无王者之位,故称"素王"。

孔子获得过哪些封号?

孔子是教育家,也是政治家。孔子去世后,历代帝王为彰显对孔子的尊崇,不断追封追谥。

西汉元始元年，汉平帝刘衎追封孔子为"褒成宣尼公"，古人认为"褒成"是国名，"宣尼"是谥号，"公"是爵位。

北魏太和十六年（公元492年），魏孝文帝元宏称孔子为"文圣尼父"。"文圣"是尊号，"尼父"是敬称。

北周大象二年（公元580年），北周静帝宇文衍追封孔子为"邹国公"，"邹"是国名，"公"是爵位。

隋开皇元年（公元581年），隋文帝杨坚称孔子为"先师尼父"。

唐贞观二年（公元628年），唐太宗李世民尊孔子为"先圣"。"先师"、"先圣"都是尊称。

贞观十一年（公元637年），改称孔子为"宣父"，"宣"为谥号，"父"是美称。

乾封元年（公元666年），唐高宗李治称孔子为"太师"，"太师"为官位。

天绶元年（公元690年），武则天封孔子为"隆道公"。"隆道"是封号，"公"是爵位。

唐开元二十七年（公元739年），唐玄宗李隆基封孔子为"文宣王"。"文宣"为谥号，"王"是爵位。这里的"王"不是后世皇帝以下的侯王的王，而是周天子"武王"、"成王"的王。

西夏仁宗三年（公元1146年）三月，西夏仁宗颁布诏令："尊孔子为文宣帝，令州郡悉立庙祀，殿庭宏敞，并如帝制。"这一封号是历朝历代最高级别的。

元朝大德十一年（1307年），元成宗封孔子为大成至圣文宣王。

明朝嘉靖九年（1530年），明世宗封孔子为至圣先师。

清朝顺治二年（1645年），清世祖封孔子为大成至圣文宣先师。

清朝顺治十四年（1657年），清世祖封孔子为至圣先师。

中华民国二十四年（1935年），国民政府封孔子为大成至圣先师。

"天干地支"的作用是什么？

"天干地支"简称"干支"。在中国古代的历法中，共有"十天干"和"十二地支"。"十天干"是甲、乙、丙、丁、戊、己、庚、辛、壬、癸。"十二地支"是子、丑、寅、卯、辰、巳、午、未、申、酉、戌、亥。

"十天干"和"十二地支"依次相配，组成六十个基本单位，两者按固定的顺序互相配合，组成了"干支纪年法"。从殷墟出土的甲骨文来看，"天干地支"在

我国古代主要用于纪日,此外还曾用来纪月、纪年、纪时等。

"天干地支"产生于汉代,它以立春作为一年的开始,而不是农历的正月初一。《辞源》里说,"干支"取义于树木的"干枝"。

"天干地支"是古人建历法时,为了方便做60进位而设出的符号。后来古人开始把这些符号运用在地图、方位及时间(时间轴与空间轴)上,所以这些数字被赋予的意思就越来越多了。

天干地支五行八卦图

古人观测朔望月,发现两个朔望月约是59天。12个朔望月大体上是354天(与一个回归年的长度相近似),因此就得到了一年有12个月的结论。再搭配日记法(十天干),产生阴阳合历,发展出现在的"天干地支"。较为成熟时应该是在夏、商、周三代。

"黄道吉日"从何而来?

如今"黄道吉日"是指适合结婚、嫁娶、订婚、约会、开张、开市或者搬家的好日子。在过去,"黄道吉日"则是一种迷信。人们用星象来推算吉凶,青龙、明堂、金匮、天德、玉堂、司命六个星宿是吉神。六辰值日之时,诸事皆宜,不避凶忌,他们把这个称作是"黄道吉日"。

"黄道吉日"这个词出自元代无名氏《连环计》第四折的"今日是皇道吉日,满朝众公卿都在银台门,敦请太师入朝授禅。"关于"黄道吉日"的说法还有这样一个典故。

据说,在唐宣宗年间,有一个叫吉日的书生,在学堂念书时认识了一个姓陈的姑娘。吉日二十岁的时候,让媒人到陈家说合,表达自己的爱慕之情。陈家见吉日人不错,就很爽快地答应了。吉日知道后非常高兴,并把这件事情告诉了好友黄道,通知他结婚的日子。可是黄道却说这个日子不好,因为当天刚好皇帝派兵挑选美女。他还劝吉日带上陈姑娘到外边躲避几天。吉日不听相

劝,硬是要在这一天办喜事。新娘还未上轿,皇帝兵马见她美貌无比,立即就抢走了新娘子,还将吉日打昏在地。重情重义的黄道奋不顾身地冲上去想救回新娘,官兵一把拦下,黄道并不妥协,终于救回了新娘。他自己却被残忍地打死。大家万分悲痛,隆重地安葬了黄道。

几年后,吉日考中了状元。宣宗皇帝又一次派兵到民间选美女,吉日知道后,去阻拦。宣宗非常愤怒,便将吉日当场处死了。人们为了纪念吉日把他埋在了黄道墓旁。从那以后,百姓办喜事,都到黄道和吉日墓前举行。再后来,就直接选择黄道和吉日的日子了。

以"叩手礼"表示尊敬和致谢这个习俗是怎么来的?

古代有"三跪九叩首"之礼,以"手"代"首",二者同音,这样,"叩首"为"叩手"所代,三个指头弯曲即表示"三跪",头轻叩九下,表示"九叩首"。

如今的"叩手礼"就是由此演变而来。

关于"叩手礼"还有一个典故。据说乾隆微服下江南,有一次,路过松江,与跟随的几个大臣在附近一家茶馆坐下歇脚。茶馆的伙计端上了茶碗,又退后到离桌子不远的地方,拿起大铜壶往碗里倒茶。他手艺非常熟练,不偏不倚,不溅不洒。乾隆好奇地走上前,从伙计手里拿过大铜壶,也站在离桌子不远的地方,学着伙计倒茶的姿势,向其余的茶碗里倒起茶来。大臣们看见皇上为自己沏茶,吓得都直哆嗦,他们又怕暴露了乾隆的身份。情急之下,一个聪明的大臣不慌不忙地屈起手指,不停地在桌子上叩击。其他人也一并叩起了桌子。

这件事过后,乾隆心里满是疑问,质问这些大臣:"你们为什么要用手指叩击桌子呢?"他们都齐声回答:"万岁爷给奴才倒茶,万不敢当,以手指叩击桌子,既可以避免泄漏皇上身份,也是代表叩头致谢。"

这个故事被传到了民间,人们开始用手指叩桌来表示尊敬。

为什么会有"福"字倒贴这种习俗?

"福"字倒贴,是我国民间的一种传统习俗。每年春节,人们都要在自己的门上或者墙壁上倒贴大大小小的"福"字。

"福"字在过去代表一种福气、福运。春节贴"福"字,寄托了一种对幸福生活的向往和对美好未来的祝愿。人们把"福"字倒过来贴,表示幸福已到,福气已到。

据说"福"字倒贴的习俗来自清代恭亲王府。有一年春节前夕,大管家为讨好主子,写了许多个"福"字,派人贴在库房和王府大门上,有个人误将大门上的"福"字贴倒了。恭亲王福晋十分恼火。能言善辩的大管家立即跪在地上说:"奴才常听人说,恭亲王寿高福大造化大,如今大福真的到(倒)了,乃吉庆之兆。"福晋听了后,十分高兴,便重赏了管家和那个贴倒"福"字的人。

乾隆78岁时书写的"福"字

"福"字倒贴在民间还有一则传说。明太祖朱元璋当年用"福"字作暗记准备杀人。为消除这场灾祸,马皇后命令全城的人天明之前在自家门上贴上一个"福"字。其中有户人家不识字,竟把"福"字贴倒了。皇帝大怒,想要把那家人满门抄斩。马皇后灵机一动,对朱元璋说:"他们知道您今日来访,故意把福字贴倒了,这不是'福到'的意思吗?"皇帝一听有道理,便下令放人,一场大祸终于消除了。从此人们便将福字倒贴起来,除了表示吉利以外,也表示对好心的马皇后的感激之情。

为什么春节时长辈给晚辈压岁钱?

每到春节,小孩子们都会得到长辈给的"压岁钱"。据说"压岁钱"可以压住邪祟,因为"岁"与"祟"谐音,得到压岁钱就可以平平安安度过一岁。

关于"压岁钱",在古代流传着几个故事。传说,有一个叫"祟"的小妖,每年都要在大年三十夜里出来摸孩子的头,孩子就会得怪病,变成傻子。人们都非常担心,于是点着灯火,坐着不睡,为的就是"守祟"。

还有一种说法是"压岁钱"来源于古代的"压惊"。太古时,有一种凶兽叫"年",每到年夜,都要出来害人。小孩子害怕,大人就用燃放竹炮的响声驱赶

"年",给小孩食品吃,为他们"压惊"。后来就演变为以货币代食物,到宋朝就有了"压惊钱"。据史载,王韶子南陔,被坏人背走,在路上大声喊叫,被皇车所救,宋神宗赐给了他"压惊金犀钱"。

到了明清,"以彩绳穿钱编为龙形,谓之压岁钱。尊长之赐小儿者,亦谓压岁钱"。所以一些地方把给孩子"压岁钱"叫"串钱"。到了近代则演变为用红纸包一百文铜钱赐给晚辈,寓意"长命百岁"。对已成年的晚辈红纸包里则放一枚银元,寓意"一本万利"。货币改为纸币后,长辈们还经常到银行兑换票面号码相连的新钞票给孩子,祝愿孩子"连连高升"。

总之,春节时长辈给晚辈"压岁钱"代表着一种吉利。当然,现在"压岁钱"的含义已发生改变。

过年"贴门神"的习俗是怎么来的?

每年春节前,在我国各地都有"贴门神"的习俗。在农村,旧时都是一对门,人们分别在左右两边贴上秦叔宝、尉迟恭,他们被尊为门神。贴上门神就可以保护一家人安宁,避免鬼魂骚扰。

最初的"门神"是用桃木刻成人形,挂在门的旁边,后来是画成门神人像张贴于门上。传说中的神荼、郁垒兄弟二人专门管鬼,有他们守住门户,大小恶鬼不敢入门为害。唐代以后,又有画猛将秦琼、尉迟敬德二人像为门神的,还有画关羽、张飞像为门神的。门神像左右各一张,后来常把一对门神画成一文一武。

为了祈求一家的福寿康宁,许多地方还保留着贴门神的习惯。据说,大门上贴上两位门神,一切妖魔鬼怪都会望而生畏。在民间,门神是正气和武力的象征,所以,我国的门神永远都怒目圆睁,手里拿着各种传统的武器,随时准备同上门来的鬼魅战斗。

唐朝以前有无门神目前尚不得确知,如果有,大概就该是神荼、郁垒。这两位神人相貌十分怪异凶狠。古人认为,相貌出奇的人往往具有神奇的禀性和不凡的本领。他们虽然相貌狰狞,但是心地正直善良,捉鬼擒魔不仅是他们的责任,而且是他们的天性。

唐朝以后,人们又把秦叔宝和尉迟恭两位唐代武将当做门神。相传,唐太宗生病,听见门外鬼魅呼号,彻夜不得安宁。于是他让这两位将军手持武器立

于门旁镇守，第二天夜里就再也没有鬼魅骚扰了。后来，唐太宗让人把这两位将军的形象画下来贴在门上，从此这一习俗开始在民间流传。

古人为什么要折杨柳送别亲友？

"折杨柳"是在我国古代送别亲友的一种习俗。关于"折杨柳"的渊源，说法不一。有的说是源于《诗经·小雅·采薇》中"昔我往矣，杨柳依依"的名句。也有人说因为"柳"和"留"发音相似，所以就常常用"折柳"作为赠别或送别的代称。

柳树被称作"杨柳"，来自一个典故：据说在公元605年，隋炀帝杨广下令开挖通济渠，并在大堤两岸栽植柳树，还御笔亲书把自己的姓赐了柳，柳树由此而得名"杨柳"。

唐代诗人李白在《春夜洛城闻笛》中就有"此夜曲中闻折柳，何人不起故园情"的名句。孤灯之下，作者听到这首《折柳》曲，伤离惜别之情油然而生。晋太康末，京洛流行《折杨柳》歌，有"兵革苦辛"之词。北朝乐府《鼓角横吹曲》中有《折杨柳枝》，歌词曰："上马不捉鞭，反拗杨柳枝；蹀坐吹长笛，愁杀行客儿。"大概就是根据折柳之情所填的歌词。古时折柳赠别的诗词还很多，说明"折杨柳"送别亲友在古代是比较流行的。

民间端午节是怎样驱除"五毒"的？

民间传说的"五毒"是指"蝎子"、"蛇"、"马蜂"、"蜈蚣"、"蟾蜍"。也有说"蜘蛛"属于"五毒"而"蛇"不属于"五毒"的。无论是哪几种，总的来说，人们认为"五毒"是在五月出现，而五月初五端午节驱除"五毒"的用意是提醒人们防害防病。如民谣说："端午节，天气热，'五毒'醒，不安宁。"

每到端午节时，人们都在屋中贴"五毒图"。用红纸印画这五种毒物，再用五根针刺在被印的"五毒"之上，意思是说这五种毒物被刺死，再不能横行了。民间还在衣饰上绣制"五毒"，在饼上缀"五毒"图案。有的地方用彩色纸把"五毒"剪成图像，也就是"剪纸"，或贴在门、窗、墙、炕上，或系在儿童的手臂上，以避诸毒。

驱除"五毒"的方法还有很多。在端午节这天，人们要饮黄酒驱蛇虫，要早

第一章 礼仪民俗
中国人应该知道的国学常识

起收集露水洗眼,小孩要佩戴藏有朱砂、雄黄、草香的香囊,用以预防某些传染病,而且还要插艾叶和菖蒲。直到现在,我国很多地方还有驱除"五毒"的这些习俗。

洞房花烛夜为何成了婚嫁仪式的象征?

洞房在中国由来已久,古代人们为了破除群婚制度而实行了结婚礼。随着时间的演变,在举行结婚礼的时候,要求新娘和新郎在没有外界干扰的情况下到山洞中居住一段时间,以此来培养双方的感情。随着社会的不断进步,新人结婚已经不再去住山洞,而是居住在更加宽敞明亮的房间里,但是对洞房的称谓一直没有改变过,它已经成为新人新居的另外一种含义。

由于古时候的娶亲仪式在夜晚举行,需要有足够的光照。周代人们还只能用火把来照明,随着社会的进步,出现了蜡烛,因此蜡烛就成为婚礼最重要的光源。人们将婚礼上的吉祥图案和蜡烛很好地融合在一起,便成了具有无限美好意义的花烛。而洞房花烛夜成了新婚之夜的代名词,这一刻是人一生中最美丽难忘的。

在我国,洞房花烛夜的时候,还有闹洞房的习俗,是对新人的祝福,也是一种表达情感的方式。直到现在,洞房花烛夜仍然是婚嫁仪式的象征。

姓氏是如何起源的?

姓氏文化是中华文化智慧的结晶,是国学重要的研究对象。而姓氏是怎么由来的呢?

早在氏族时期,姓是部落的标志符号。在母系氏族社会中,经常会出现以"女"字旁为原型的姓,这些姓氏随着时间的发展便演变成为今天的类似于"姚"、"姜"等姓氏。在春秋战国时期出现的诸侯国,如燕、齐、鲁、楚、魏、赵等现在都已经演变成为姓氏,也都名列百家姓中。

下面从百家姓中的"赵"说起。赵姓形成于西周,始祖是西周能熟练驾驶马车的造父。周穆王得知造父能熟练驾驶马车,便让他训练马匹,并陪同周穆王一同去郊外打猎。有一次,周穆王玩得兴致很高,忘记了回宫,而此时宫中发

生了大火,周穆得知后急得像是热锅上的蚂蚁。就在这个关键的时刻,造父驾着马以日行千里的速度及时赶到王宫,大火才被及时扑灭。周穆王非常高兴,决定重赏造父,周穆王便把赵国赏赐给了造父,造父也以赵国为基础,改称赵氏。

据《清朝通志氏·族略》记载,钱姓始祖是有长寿之美誉的彭铿的后裔彭孚。彭孚在西周时期是掌管钱财的官员,于是以官名为姓,开创了钱。孙氏来源于卫国后代。卫国国君康叔九世孙叫惠孙,后人以惠孙的字重新命名姓氏,也就是后来的孙氏。李姓出自于嬴姓,尧时,皋陶担任了刑狱方面的官员,他的儿子因为聪明伶俐而被赐为姓嬴,在其后的发展中,子孙后代都世袭了大理刑狱官员,随即以官命名的方式改为理姓。随着时间的发展,"理"姓演变成为更便于记忆的"李"姓。关于姓氏来历的故事很多,在此不一一举列。

世界各地都有关于姓氏的文化与故事,但是其他国家的姓氏文化远远没有中国姓氏文化深远而有内涵,这不是偶然现象,而是在历史发展长河中的必然现象。

古人用什么来计时?

我们智慧的先祖在不同的历史时期发明了各种计算时间的仪器,这些仪器是先祖们智慧的结晶,也体现了中华民族的文化底蕴。那么古人究竟是用什么仪器来记录时间的呢?

要说计时仪器就不得不说一种古老的仪器——圭表。圭表是我国使用最为久远的一种计时仪器,圭表是利用太阳光照所产生的投影距离的长短来对时间进行分析判断。圭表由圭和表两部分组成,用于测太阳光照的标杆称为表,而南北方向测定表影长短的石板叫圭。古人通过细心观察发现,有些物品在受到太阳照射的时候会折射出影子,而这些影子的变化也有一定规律,古人得出这样的结论:正午时分的表影最短,此时它会在正北方向;一年中夏至时节正午的表影最短,而冬至时节的正午,表影最长。古人反复推测,可以很容易通过表影的长短来判断时间与节气。测定表影的长度出现相同的情况,这两次测定时间间隔的天数就是一年的时间天数,我们不得不惊呼古人早就知道一年有365天。而这些都是通过判断表影的长度与持续的时间得出结论来的。圭表作为我国最早出现的测算时间的仪器,在当时为人们测算时间提供了依据。

第一章　礼仪民俗

中国人应该知道的国学常识

古代的人们在观测时间方面已经形成独具特色的方式，他们日出而作，日落而息，根据太阳照射的变化情况，来判断时间的变化，这种观测方式是古人智慧的结晶。日晷也是一种通过日影来判断时间的仪器，随着太阳在天空中的运行情况，其指针的变化也会随之变化。

古人对计时的要求越来越迫切，于是便出现了漏刻。漏刻是用水从容器中流出的量来计量时刻的。

在实际应用过程中古人发现，漏壶中的水充足的时候，水的流出速度会加快；而当漏壶中的水减少的时候，从漏壶中流出的水速便会减慢，这将直接影响到对时间测定的准确度。因此古人想出一个办法，就是在漏壶下面多安装几个漏壶，这样可以有效分担由于漏壶中的水减少而造成对时间判断的误差，水流从第一个漏壶流出以后，可以有规律地流向其余漏壶，从而可以获取到相对精确的时刻。

漏刻解决了日晷在阴雨天不能显示时间的问题，但其本身也出现了新的问题。很多时候，当漏壶中的水消失以后，要通过人工的方式来对漏壶中的水进行添加，这给人们带来诸多不便。此时一种机械计时器便应运而生。张衡在公元前117年制造了水运浑天仪，这个计时仪器用一个机械系统来取得与天球旋转相同的机械运动，因此它从根本上实现了我国在计时领域向机械性的转变，同时也把我国计时仪器的发展推向了一个新的高度。

十二生肖是怎么来的？

十二生肖代表了中国传统文化的精髓，是中华民族智慧的结晶。十二生肖起源的一个主要原因是古人对于动物的崇拜。关于十二生肖来历的说法很多，我们只列举以下一些作为参考。

十二生肖的排列顺序是根据动物们的起居时间来定的。汉代的时候，我国就开始采用十二地支记录一天的十二个时辰。夜晚十一时到凌晨一时为子时，老鼠此时最为活跃。凌晨一时到三时为丑时，牛在这个时间段正在反刍。三时到五时为寅时，老虎在这个时候是最为凶猛的，到处觅食。五时到七时为卯时，月亮高高地挂在天上，玉兔在月宫忙着捣药。上午七时到九时为辰时，神龙在这个时候行雨。九时到十一时为巳时，蛇外出爬动起来。上午的十一时到下午的一时为午时，马儿在奔跑。下午一时到下午的三时为未时，羊悠闲地啃

着草。下午三时到五时为申时,猴子在树上嬉戏。五时到七时为酉时,鸡陆续进窝。晚上七时到九时为戌时,狗肩负起守夜的职责。夜深人静的亥时,猪在熟睡,此时是晚上九时到十一时。

农历和阴历是一回事吗?

农历在我国有悠久的历史,它是一种具有中国特色的历法形式。在不同时期也被称为夏历和旧历等等,人们习惯上称为阴历。农历是古代根据太阳和月亮的运动情况而制定的历法。

农历在中华民族发展过程中已经沿用了很长时间。它指引着中华民族春种秋收,是广大华夏子孙认识自然的智慧结晶,承载了延绵不绝的国学文化。随着古代社会的进步,农历发展成为社会上最常用的历法形式。

从农历发展的历史来看,它最早被使用于夏朝,故有人将它称为"夏历",但是有专家认为,农历和阴历之间存在一定的距离。因为农历不是只参考月亮为时间周期而做的计时单位,而是采用了日相和月相相结合的办法,并设置闰月来平衡二者之间存在的天数差异,闰月是农历的特色。而阴历是主要按月亮的月相同期来安排的历法。因此农历和阴历还是有一定差别的。

你知道清明节是由寒食节演变而来的吗?

清明是二十四节气之一,也是中华民族最重要的传统节日之一。清明来临的时候,气温升高,雨量增多,适合庄稼的播种。

说起清明节不能不说与之非常相关的寒食节。寒食节源于古代的钻木取火,古人在不同的季节用不同的树木枝干取火,每次取火之后,都要随着季节的变化更换新火,这也就规定了古人在新火未至之时禁止生火。在禁火之时,人们不约而同地准备一些冷食,以便食用,这样慢慢就演变成为一种风俗习惯。寒食节按照时间来计算的话,和清明节相差不过一天或者两天。从字面意思就可以了解到,这个节日就是要禁止生火,只能食用冷食。

寒食节时有给死者上坟的习俗,后来人们逐渐把寒食节这天定为上坟的时间。而由于寒食节和清明节距离很近,随着时间的推移,清明节逐渐代替了寒

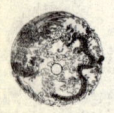

第一章 礼仪民俗

中国人应该知道的国学常识

食节。寒食节中的相关习俗都被清明节所传承下来。

清明扫墓的风俗有一定的历史渊源，扫墓本身就是对先祖的缅怀与敬重。《清通礼》云："岁，寒食及霜降节，拜扫圹茔，届期素服诣墓，具酒馔及芟剪草木之器，周胝封树，剪除荆草，故称扫墓。"清明扫墓一般都会去墓地，但是由于个体存在差别，祭扫方式就会出现了不同。"烧包袱"是清明祭扫最重要的形式，民间所说的包袱是祭之人从阳间寄往阴间的邮包，这个邮包里面装有冥钱。烧包袱祭扫先祖的行为不分贫富贵贱，在自家门口把包袱放在正中，旁边配有糕点、香烛等贡品，口中会默念亡灵的名字，一切准备完毕后，在包袱的四周划上一个圆圈，并按照亡灵坟墓的方向开一个豁口，点燃圆圈中的冥币后，在圈外再次点燃一些冥币，也就是所谓的打发外祟。家境宽裕的人，会带上亲人亲自到亡灵的墓地祭拜。对于破坏严重的坟墓要及时修复，或者给坟头添土，并在坟头上面放些花或者冥币，以表示亡灵后继有人。

清明节的习俗是丰富多彩的，除了传统的上坟扫墓以外，还有插柳、踏青和荡秋千等诸多娱乐活动。有些地区，人们会把采来的柳枝整齐地插在自家的窗户下面，通过观察柳枝的变化情况来预报天气。"有心栽花花不发，无心插柳柳成荫"是人们经常说的一句话。关于清明节插柳的习俗还有一个故事：古时候，清明节是鬼魂四处游荡之时，人们为了避免不让鬼魂打扰自己的生活，就在院落中各个角落插上柳枝，他们认为这样可以驱赶鬼魂，人们也把柳枝视为辟邪的利器。清明的时候，男女老少会把柳条编织成一个圆圈戴在头上，并在圆圈上点缀一些花朵。《怀安县志》曾经这样描述当时的情景："清明，插柳于门，男女亦各戴之。谚云：清明不戴柳，红颜成白首。"

除此之外，清明节还有踏青的习俗，踏青就是郊游。清明正值春回大地之时，此时世间万物呈现出一片春意盎然的景象，正是人们饱览自然界的大好时光。踏青之外，古人还在清明时植树。现在我国把每年的3月12日定为植树节，此时全国各族人民都会参与到植树造林的运动中去。此外，清明节也有放风筝的习俗。

七夕为什么被称为中国的情人节？

农历的七月初七是我国传统的七夕节，这一节日颇具浪漫色彩。节日的当晚，女孩子们会穿针乞巧，陈列女红和各式各样的花果。随着社会的进步，在

我国，七夕节已经被称为中国的"情人节"。

七夕节中的主角是牛郎和织女。自古以来就有"七夕遥看牛郎会织女"的风俗。每当这个夜晚来临的时候，牛郎和织女都会相见。织女是一个聪慧美丽的仙女，相传七夕这天，女孩会向织女乞求一段美好的婚姻和浪漫甜美的爱情，所以七夕节又被称为"乞巧节"。

关于牛郎织女的传说有不同版本，其中的一则是这样的：牛郎是个非常孝顺的孩子，父母却过早地离开了他。留下一只温驯的老牛。孤苦伶仃的牛郎含着泪和这只老牛生活着。这天夜里，牛郎做了个梦，梦中老牛化成仙人的模样告诉他必须要找到心灵手巧的织女，并娶她为妻。牛郎醒了以后，便去寻找织女。当他路过一条河的时候，他看到美丽的织女在水中嬉戏。牛郎想起老仙人对他说的话，于是冲到河边拿走了织女的衣服，其他仙女受到惊吓后走了，只剩下貌美的织女在河边哭泣，牛郎上前向织女诉说着自己的遭遇，并向织女道了歉，织女被牛郎的坦诚所打动，于是不计前嫌答应了嫁给牛郎。就这样，牛郎和织女在世外桃源般的山林中过起了男耕女织、相亲相爱的生活。牛郎和织女结合的消息传到了王母娘娘的耳中，王母娘娘非常气愤，命令天神下凡，趁牛郎外出的时候，他们把织女抓了回来。牛郎回来后发现自己的爱妻不见了，非常难过，于是向天庭追去。就要快追上织女的时候，王母娘娘把两个人用一条大河分隔开来，牛郎根本无法跨越这条大河，只能与织女隔河相望，此时两个人的心都要碎了。虽然两个人被一条大河阻隔了，但是丝毫没有影响他们之间的感情，他们在河的一边和对方天长地久地相望着。王母娘娘也对他们产生了恻隐之心，准许他们每年农历七月初七，到天河相会。每当七月初七这一天，成群结队的喜鹊会从四面八方飞来，为牛郎织女搭建鹊桥，实现他们鹊桥相会的愿望。

牛郎织女坚贞不渝的爱情令人赞叹，因此现代人将七夕，也就是七月初七这天定为中国的情人节。

中元节为何称为"鬼节"？

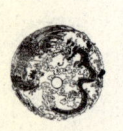

中元节也叫盂兰盆节或鬼节。为何把中元节叫做鬼节？相信很多人都想弄明白这个节日的来历。

中元节在大多数情况下是每年农历的七月十五这天。传说每年农历的七月

一日开始,阎王实行特赦令,那些在地狱中经受长时间禁锢的冤魂得到短时间的自由,可以尽情地到人世间进行游荡,鬼由此而来。人们通常认为这个月是不吉利的,在这个月中会停止嫁娶、迁居等活动。很多人都会祭祀先祖,也会准备一些酒、饭菜、烧纸之类的到路边祭祀死去的鬼魂。

每到中元节,民间都会举办非常隆重的仪式,其中以放河灯最为隆重。中元节这天夜里,在江河湖海之中会漂满类似于荷花状的灯,任其在河面上漂流。放河灯是为了让孤魂野鬼能够得到暂时的归依。民俗学家曾经对放河灯这样诠释:每当七月十五鬼节这天,很多孤魂野鬼在地狱中找不到托生的路,使他们非常痛苦,如果此时在河中能有个河灯做引导的话,这些孤魂野鬼就会随着河灯而飘荡,摆脱痛苦。放河灯也被认为是子孙后代对先祖的一种思念与寄托。

在民间习俗中,中元节这天都要上坟扫墓,一些人会在街道口或家门口焚烧纸钱。民间普遍进行祭祀鬼魂的活动,凡是有新入葬的灵魂,在这天都要重新上坟,可见,中元节是以祭祀鬼魂为主的节日,可以说中元节是中国民间最大的鬼节。

中秋节为何要扮兔儿爷?

俗话说:"七月十五中元节,八月十五中秋节。"中秋节是我国重要的传统节日。中秋节有很强的寓意,预示着对人团圆、月亮圆的美好期待。所以有人又把中秋节称为"团圆节"。从古代历法来看,每年农历的八月十五日,正值秋季的八月中旬,故名为中秋,一年有四个季节,每个季节又分为孟、仲、季三个阶段,而中秋属于仲秋。最早关于中秋节的记载是出自《新唐书·卷十五志第五·礼乐五》一书,书中详细记载了当时举行中秋活动的隆重场景。

中秋节祭月的习俗已经有一定的历史,也是中华民族一项非常古老且传统的活动。除此之外,古代中秋节还有扮兔儿爷的习俗。

明末清初出现了兔儿爷,此时兔儿爷已经是孩子们最喜欢的中秋节玩物,兔儿爷会被孩子们随意装扮,装扮成头戴铠甲、骑马或骑虎、或躺或坐等各种造型。孩子们会和大人们一起玩兔儿爷,此时大人们也会把自己扮成兔儿爷的样子,和孩子们一起嬉戏。最初的兔儿爷其实是用黄土捏的,在很多地方都有专门出售兔儿爷的商贩。随着时间的发展,民间艺人对兔儿爷的形象进行了改

造，改造以后的兔儿爷就是孩子们嬉戏时候的形象。古时老北京街头巷尾随处可见出售兔儿爷的摊位，这些摊位也是中秋节上最引人注意的。

现在，中秋节已经没有扮兔儿爷的习俗，但兔儿爷的形象，偶尔也会在工艺品商店出现。我们不妨也在中秋节的时候，请个兔儿爷吧。

腊月初八人们为何要熬腊八粥？

我国传统的腊八节是每年的农历腊月初八，腊月又称为十二月，腊八具有非常悠久的历史。腊八这天，全国各族人民都有吃腊八粥的习俗。

在十二月初八这天，人们会用杂粮等熬制成腊八粥，并把腊八粥撒在自家的院落中，以祭祀五谷之神，祈求来年有个好收成。虽然现在人们大都不信奉亡灵，但是某些地区一直还沿用古代腊八的习俗。

关于喝腊八粥的故事有很多版本。有人说腊八粥最初由古印度传入。释迦牟尼本是印度北部净饭王的养子，由于他不忍心看到民众饱受痛苦的折磨，于是决心修道以普度众生，后来终于在菩提树下悟道成佛。释迦牟尼在修行的过程中，饱受了很多苦难，信徒们为了纪念他把腊八这天作为庆祝节日，并以喝腊八粥作为纪念的方式。佛教每年都会举行盛大的庆祝腊八的活动，腊八当天，众僧侣们会用五谷熬制成粥，并把这些粥赠送给信徒们喝。在喝粥的时候还会诵读经书，他们认为，这样能得到佛祖的保佑。有些地方的寺庙还会把剩饭晒干并积攒起来，等到腊月初八这一天把这些剩饭熬制成腊八粥，喝了这些粥可以添福添寿。

另有一种传说和朱元璋有关。朱元璋在打江山的时候，被敌人追杀。这天下着大雨，朱元璋跑到一处破庙中，由于长时间奔波，体力不支，昏死了过去。当他醒来的时候，发现身边有位衣衫褴褛的乞丐，朱元璋下意识地对乞丐伸出了双手。乞丐意识到朱元璋可能是过度饥饿，于是在旁边的角落中刨出一些小米、绿豆等杂粮，把这些杂粮熬成了粥给朱元璋喝了下去。朱元璋喝完以后，逐渐恢复了精神，这天恰逢是腊月初八。朱元璋平定天下后，为了纪念这个特殊的日子，决定在腊月初八这天熬制腊八粥喝。

虽然以上说的只是传说，但腊八节喝腊八粥的习俗一直保留到现在。

元旦究竟是哪一天？

元旦也被称为"阳历年"，是中国传统节日之一。元旦指的是以公历纪元的1月1日，也就是一年的第一天。如今很多国家和地区都已经把元旦定为法定节假日。

从我国历代的记载来看，元旦在历朝历代的日期都不一样。在夏朝的时候为正月初一，商代为十二月初一，而秦始皇统一中国的时候把元旦定在十月初一。司马迁效仿夏朝的做法把元旦定在了正月初一，一直沿用到辛亥革命。1911年孙中山推翻了清朝的统治，把阳历1月1日定为元旦，不过并没有正式向外公布。到了1949年的时候，决定采用公元纪元法，并在第一届政治协商会议上把阳历1月1日定为元旦。

元旦这个词最早出自《晋书》。该书这样记载："颛帝以孟春正月为元，其时正朔元旦之春。""元"是最初、第一的意思，而"旦"上半部分的"日"可以理解成太阳，下半部分的"一"可以看出是海平面，太阳从海平面升起意味着新一天的来临。由此，元旦就被理解成为新年第一天的开始。

第二章

官场典制

古代官府为何被称为"衙门"?

在古装电视剧或者古装电影中,只要是与朝廷有关系,都能听到"衙门"一词,那么,衙门又是怎么来的呢?

"衙门"在古代也称为"六扇门"。古代战事频频,打仗守城完全凭借武力,因此军队是各国首要发展的,而对领军打仗的人的需求更加迫切。受到重用的军事长官往往将猛兽的爪、牙放在办公场所中。后来嫌麻烦改以木头刻画的大型兽牙代替,营中还出现了牙旗。之后营门被形象地称为"牙门"。后来转化为"衙门"。

在《武瓦闻见记》中有记载:"近俗尚武,是以通呼公府为'公牙',府门为'牙门',字稍讹变转而为'衙'也。"唐朝以后"衙门"一词开始盛行,到了南北朝之后,人们基本上只知道有"衙门"而不知有"牙门"了。

衙门升堂

为什么皇帝下诏要称"奉天承运,皇帝诏曰"?

古代每当皇帝诏书宣召时,都会有内臣拿着皇榜诏书高喊:"奉天承运,皇帝诏曰。"为什么每次都要高声喊这八个字呢?

"奉天承运,皇帝诏曰"最早起源于秦朝。《史记》中有记载:"秦始皇既并天下而帝,或曰:'黄帝得土德,黄龙地螾见,夏得木德,青龙止于郊,草木畅茂。殷得金德,银自山溢。周得火德,有赤乌之符。今秦变周,水德之时。昔秦文公出猎,获黑龙,此其水德之瑞。'于是更命河曰'德水',以冬十月为年

首，色上黑，度以六为名，音上大吕，事统上法。"所以，"奉天"是说"奉天命"，"承运"是说承"五德"的运行。后来封建社会的帝王便用其虚构，自称"奉天承运皇帝"。真正用于帝王诏书，则是在明朝时期。《万历野获编》中记载："皇帝也被称为'奉天承运皇帝'，皇帝颁布的诏书前面也都会加上'奉天承运皇帝'的称呼。'奉天承运皇帝'这个称号再加上'诏曰'这两个字，重新断句为'奉天承运，皇帝诏曰'。"到了清朝，清承明制，诏书同样以"奉天承运，皇帝诏曰"开头。诏书以外还有制辞（即制书），其开头一般是"奉天承运皇帝制曰"等。《金瓶梅词话》第九回有记载"奉天承运皇帝制曰：朕闻文能安邦，武能定国……"等词句。

"三军"都指代哪些军队？

现代社会，"三军"普遍都指的是"陆"、"海"、"空"三种不同的军种。但是，古代的三军却与现代相去甚远。

春秋时期，"三军"的称谓就各不相同：晋国称中军、上军、下军；楚国称中军、左军、右军；齐国、鲁国和吴国都称上、中、下三军；魏国称前军、中军、后军。后来各种称呼都被前军、中军、后军所代替。唐宋时期，其编制已经固定：前军为先锋部队，由先锋队长统帅；中军是主力部队，由主帅统领；后军是掩护和警戒部队。到了现代，完全被陆、海、空三军所替代。

古代官员的薪酬是什么样的？

古代官员会领到朝廷支付的薪酬，这个薪酬在古代叫做俸禄。俸禄是伴随官员一生的。俸禄也是官员谋生的经济来源。从我国历史发展来看，官员的俸禄每个时期都不一样，存在的形式也不同。

古代的官吏根据政绩的大小领取朝廷赏赐的俸禄。一般而言，古代官吏的俸禄主要有分田、赏地或给予金钱奖励等方式。商朝中央政府对官员实行分田或采邑，简单来说，就是以封地的方式给予他们奖励。这些官员拿到土地以后，会把土地租出去以获取租金，从而作为生活和经济来源。一般根据官职大小进行分地等，由于诸侯的地位至高无上，所以他们能分得很多土地。

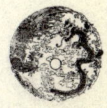

春秋时期官员的俸禄以粮食谷物为主。社会的发展、人口的不断增加，使土地越来越少，土地资源被少数人所掌控。此时国家已经没有能力向官员们分发土地资源，只能用另外一种新的俸禄形式来代替，而谷禄的出现弥补了这一情况。谷禄简单来说就是政府以发放粮食的方式作为官员的俸禄。很多文人墨客为了生存下去，都积极地在仕途道路上进取，在他们看来，只要踏入仕途就可以解决温饱问题。谷禄在当时作为一种新的俸禄制度迅速发展起来，从秦汉到隋唐时期，谷禄都是中央政府向官员发放俸禄的主要形式。

到汉代的时候，出现了以货币为主的俸禄形式。在其发展初期，会配合谷禄一起发放。但是随着社会经济的进步，以及商品流通性不断增强，到了唐朝的时候，以货币为主的俸禄形式已经演变成为政府向官员发放俸禄的最主要的形式。

"官"与"吏"有何区别？

从字形上就可以看出，官是保护人民、庇护人民的人。但从历史发展来看，官一直是治人的而不是治于人的角色。人民对官寄予了很高的期望，都希望能得到官的庇护，但是，这种期望换来的却是失望，因为某些官不会去为百姓谋福利，也根本不会考虑普通民众的安危。究其原因就是缺少一套完整的制度来监督和约束他们，这就使官员高高在上，成为特权的拥有者。

与官相对的就是吏，有人喜欢把官吏合在一起叫，其实官和吏是两个不同的概念。它们都是通过政府任命的，都是为民众办事的公仆。在上古文字中，"吏"与"史"、"使"含义相同，最初的意思都是拿着笔记录的官员，他们的地位没有官高，从我国历史发展来看，吏的地位都不算太高，只是政府中最低级的官员。很多人更愿意把吏称为在政府中处理低级事务、跑腿的杂役，吏与真正意思上的官僚还存在一定的差距。

将军一职是如何产生的？

春秋时期，把统领军队的大将称为卿统将军，但是此时并没有对其进行册封，只不过是一个名号而已。到了战火纷飞的战国时代，卿统将军得到了足够

第二章 官场典制
中国人应该知道的国学常识

的重视,很快便被朝廷授予了官职。此时的将军分别以前、后、左、右命名,这种命名方式一直持续到秦朝。东汉年间设立的骠骑大将军与当朝丞相一个级别,而车骑将军、前后左右将军位列骠骑大将军之后,官拜上卿。可见,此时大将军的地位得到了巩固。西汉年间,出现了中将军。

将军名目众多的时期是在晋朝,此时不仅有骠骑大将军、卫将军,还有都护、中军、四征、四镇等众多将军的称号。唐王李世民期间,上将军、大将军权位不一,官职也不断发生变化。明朝以后的朝代中,对将军的选拔更加规范,被选拔的将军都是武状元出身,必须要能习武,当有战事的时候,朝廷会临时任命他们为大将军,等到战事平息以后,会被调回,这也就注定了在选拔这些将军的时候要全面考核他们的总体素质,只有这样才能胜任大将军这一职位,才能在战事中取得胜利。

古代六部都是干什么的?

古代有六部之分,六部是古代中央政府机构的六个核心管理机构,相当于如今的各大部委。古代的六部分为户部、礼部、兵部、刑部、工部和吏部。六部的职责各不相同,各个部门之间的分工非常明确,但存在一定的关联,都是为巩固中央集权而服务。

户部管理全国疆土,统计居民户籍,负责苛捐杂税等相关财政方面的事务;礼部是掌管国家礼仪、司仪、学校和教育制度的机构;兵部是统管全国兵卫招募,操练国防等军事事务的机构;刑部是主管全国刑罚以及法令颁发的机构,与大理寺、稽查院等决定重大刑事案件的复核和审理。刑部会根据社会发展情况制定出一些法律法规,不断完善社会法律法规;工部是掌管全国工程事务的机构。新建的建筑和沟渠都属于工部的管辖范围。兴建水利工程、厂房建设、武器装备的制造等都隶属于工部的管理;对全

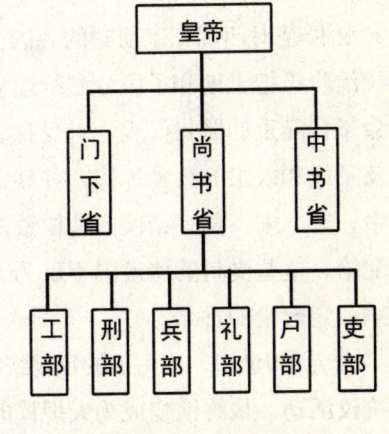

唐朝的三省六部制

国官员的管理和其他事务都归属于吏部管理。人才选拔、人事任免方面都由吏部执行。此时的吏部下设有验封司、文选清吏司、稽勋司和考功司。这四个司虽然各自的职责有一定的不同,但是总体都是为官员的任免而设立的。

什么是禅让制度?

禅让制度在我国由来已久。简单来说,禅让就是把王位让给别人,这些人可以是自己的后人,也可以是自己最信赖的人。

尧在年老的时候在部落中召开会议,通过考察决定把舜推选为接班人,舜在实际考察中得知大禹治理水患而赢得了人们的信任,也效仿尧的做法把王位传给了禹。

古代很多权利都是通过禅让的方式实现的,这种方式是最和平的政权交接方式,可以使统治阶层在不流血的情况下保持国家的稳定和经济的发展,并在很大程度上促进了社会的和谐。在禅让过程中,受让者穿上高贵的衣服,以增加他们的地位和威严,这些都是历代人所热衷的,在他们看来,只有让受让者穿上高贵的衣服,才能更加清楚地和其他人加以区分,才能彰显出高贵的气质。

诸侯等同于君王吗?

诸侯是对西周王室册封的各国国君的称谓。周代把诸侯分为公、侯等。周代统治阶级把土地和子民分配给建立功勋的大臣,让他们建立诸侯国。此时天子会举行隆重的册封仪式,对受封者发布册封令,规定了他们拥有土地的面积以及子民和奴隶的数量等等,并规定了他们管理诸侯国的方式。在众多的册封国中,齐、宋、燕等诸侯国地位最高,他们不仅拥有广域的疆土,还拥有大量的配给,这些受封的诸侯国不仅为天子分担守护疆土的任务,还要定期向天子缴纳一定数量的贡品。

公元前9世纪,周厉王的残暴统治招致了很多子民的不满,于是各地纷纷发起抗议活动,最终演变成为大规模的暴动。此前周厉王册封的诸侯国都非常效忠他,一直对他百依百顺,可是发生暴动以后周厉王逐渐失去了对这些诸侯国

的控制能力。

"烽火戏诸侯"是大家所熟悉的典故。周幽王十分喜欢美色,朝中大夫劝他要把朝政放在第一位,不料周幽王勃然大怒,把这位大夫革了官职并发配边疆,朝中一名叫做褒响的元老为大夫求情,周幽王却把他关进了牢房。褒响府上一名长相出众的女子为了救褒响出来,决定把自己献给周幽王。于是周幽王放过了褒响。这名女子到了周幽王身边以后,没有一丝笑容,周幽王为了博取她的一笑,听取了手下大臣的建议,点燃烽火,召唤各路诸侯。烽火点起来,周幽王眯着眼睛,拍手称好。各路诸侯们一看烽火被点燃,赶紧带着兵马跑到京城。但是他们没有发现一个敌人,只是听到莺歌燕舞的声音,大家面面相觑。周幽王派人传话,告诉他们根本没有敌人,这些诸侯非常气愤,而周幽王却暗中窃喜。殊不知,这为他埋下了走向灭亡的恶果。

没过多久,果然有敌人进犯周幽王的领地,周幽王赶快派人点燃烽火,等待各路诸侯的援兵。可是等了好久也没有见到援兵,最后他被敌人的骑兵团团包围住,被乱箭射死了。周幽王被杀以后,中国进入到一个混乱的时代。直到秦国统一六国以后,废除了诸侯制度,把天下分成郡县,朝廷钦定官员去治理。

历代都有哪些有名的宰相?

古代中国最高行政官员被称为宰相。"宰"字从字面意思上可以理解成主宰事务。早在商朝的时候,宰就是管理事务的官员,到了周朝宰成了主持国政事务的官员。"相"有辅佐国君之意,所以宰相可以理解为辅佐国君的高级行政官员。

宰相一词在各朝各代有不同的称谓,夏商时期被称为巫史,春秋时期被称为公卿,战国时期便开始称为宰相。《韩非子·显学》中的"明主之吏,宰相必起于州部,猛将必起于卒伍",本意是对朝中掌握政权的高官的简称,后来发展成为辅佐皇帝的高级行政官员。秦汉时期的三公、相国、丞相,明清时期的大学士都是宰相的同义词。

据记载,对宰相的称谓有很多种。随着时间的推移,先后出现的称谓有:相国、大司徒、侍中、内阁大学士、军机大臣等众多称谓。其实早在商周时期,宰相开始辅佐天子治理国家,此时宰相也被称为太师,并没有被编制到国

家官僚体制中去。春秋战国时期，一些国家开始重视对宰相的选拔与培养，此时赵国便出现了像蔺相如一样贤良的宰相。随着六国被秦国统一，宰相作为官僚编制正式确立下来，通过宰相的力量来帮助天子处理日常政务。宰相之名正式被确认下来，并伴随着封建王朝一直发展并持续了两千多年。

据统计，我国历朝历代宰相主要有：春秋战国时期齐国有管仲、孟尝君、田单等人；鲁国有季武子、季康子、臧孙辰等人；晋国有赵盾、士会、魏舒等人；卫国有孔达；宋国有华亥、华合比、向戌等人；郑国有祭足、子驷、子产等人；吴国有伍子胥；越国有范蠡、文种；楚国有子孔、子重、昭鱼等人；赵国有蔺相如、廉颇、公仲连等人；韩国有公仲朋、韩侈、韩辰等人；魏国有范座、田蠕、公孙衍等人；燕国有子之、公孙操；秦国有商鞅、吕不韦、李斯等人。

西汉高帝朝有萧何；惠帝朝有曹参、陈平、王陵；高后朝有审食其；文帝朝有周勃、陈平、灌婴等人；景帝朝有周亚夫、卫绾、刘舍等人；武帝朝有赵周、公孙贺、公孙弘等人；成帝朝有王音、王根、王莽等人；哀帝朝有师丹、傅赏、王嘉等人。

三国时期主要宰相有诸葛亮、蒋琬、董允、陆逊、诸葛瞻、夏侯惇、王朗、贾诩、曹仁、曹休、曹真、司马懿、高柔、司马师、司马昭、何曾、司马炎等人。

西晋时期主要有贾充、司马亮、刘毅、杨骏、王浑、崔随、司马伦、高光、傅祗、曹馥等人。

南北朝时期主要有王景文、王通、刘祎、刘义恭、何尚之、王莹、王志、到仲举、傅亮、徐羡之、李安民、刘祎、褚渊、王延之、萧钧、高湛、高长恭、尉迟迥、高演、胡长仁、唐邕、杨宽、周惠达、宇文俭、长孙览、宇文盛、元赞、于谨等人。

隋朝主要有高颎、李德林、杨素、杨文思、李渊、王世充、段达、郭文、裴矩等人。

唐朝主要有陈叔达、李元吉、杜如晦、房玄龄、魏征、崔仁师、杨恭仁、许敬宗、高季辅、杨武、薛元超、崔知温、郭正一、王圭、马周、张行成、魏元同、侯君集、李靖、上官仪等人。

南北宋时期主要有文天祥、黄潜善、张浚、陈康伯、沈该、赵鼎、留正、赵雄、梁克家、黄祖舜、京镗、钱象祖、史弥远、乔行简、丁大全、程元凤、

贾似道、留梦炎、江万里、陈宜中、李庭芝、范质、薛居正、李昉、张齐贤、毕士安、王钦若、李迪、吕夷简、陈执中、庞籍、曾公亮、吴充、司马光、范纯仁、刘正夫、张邦昌、章惇、蔡京、唐恪、欧阳珣等人。

御史大夫的职责是什么？

秦代设立了一个官名——御史大夫。御史大夫主要代表天子接见文武百官，并接受他们的奏折，还负责监察他们的行为。在天子的授权下负责对国家图书、典籍等的保管和编纂。在西汉的时候，御史大夫与太尉和丞相是同一个等级，都是皇帝身边的重臣，其地位也非常高。晋朝取消了御史大夫的职位。唐王李世民继位期间，又重新恢复了御史大夫这个职位，此时的御史大夫权利更大一些，他们专门负责对官员的监察和管理。明洪武年间，御史大夫改为监察院，随即御史大夫这个官职被废除。

尚书是一个什么样的官职？

尚书最早始于战国，是一种执掌朝中事务的官员。随着时间的发展，尚书的地位也越来越高。到了东汉时期，尚书已经成为协助天子处理事务的高级别官员。魏晋时期，尚书公务繁忙，整日处理朝中事务，抽不出身来。从隋唐开始，中央统治机构分为三省，尚书省是最重要的职权部门。宋朝以后三省归一，尚书省负责处理全权事务。到了清代，还一直延续这种制度。

锦衣卫是"特务"吗？

锦衣卫源于朱元璋时期设立的御用拱卫司这一机构。1369年，设大内亲军都督府，锦衣卫成为皇帝的贴身侍卫。朱元璋为了巩固统治地位，放大了锦衣卫的权利范围，使其具有掌管刑狱和缉捕不法官员的权利。

锦衣卫可以在皇帝的授权下对任何有不法行为的官员，包括皇亲国戚进行抓捕。锦衣卫的权利越来越大，不断捕杀文武大臣，使人们陷入恐慌之中。朱元璋看出了锦衣卫存在的弊端，决心废除锦衣卫。于是在1387年的时候，朱元

璋烧毁了刑具,并宣布废除锦衣卫。而朱棣继位以后,又把废除已久的锦衣卫制度重新推行开来,从而使锦衣卫制度又得到了进一步的加强。

随着权利的进一步扩大,个别野心大的锦衣卫就借助手中的权力不断地制造事端,打击与自己存在异议的官员,接受其他官员的贿赂等。他们不仅对皇室成员加以监控,还会对普通百姓进行打压,稍有人反抗,就会遭到他们的镇压。

总体来说,锦衣卫都是为统治阶级服务的,虽然锦衣卫的出现帮助统治阶级巩固了其统治地位,但是从长远来看,锦衣卫制度对明王朝的影响还是消极的。

清王朝的"内阁"军机处有什么作用?

清朝出现的军机处又被称为总理处,是清朝核心的权利机构,相当于明代的内阁。1732年,把设在隆宗门内的军机房称为军机处,军机处负责处理紧急军务,辅佐皇帝打理日常军事与其他政治方面的事务。

早期的军机处主要以处理国家的军务为主,但是统治阶级为了自身的地位不受动摇,并不断增加其组织构成,使其占据的地位越来越高。在军机处任职的官员被称为军机大臣,这些军机大臣中,很大一部分都是由皇帝在尚书、侍郎等重要官职中选拔。

1791年乾隆年间,凡是机密大事都交由军机处处理。此时军机处已经成为朝廷的核心行政机构,掌握了统治的大权,是国家最高的执政中心。虽然军机处是国家权利的中枢,但是其办公场所并没有像现在国家机关一样有明显的招牌,军机处办公场所称为值房。

军机处最大的好处就是可以直接向皇帝启奏事务,这样不仅节省了时间,还提高了办事效率,而且,军机处当天的事情不能推延到第二天。一般情况下,军机大臣每天早上都会早早地进宫觐见皇帝,向皇帝反馈完问题,得到皇帝的许可后,才可以离开。如果有紧急事务要禀奏,恰巧皇帝出巡,军机大臣们会自行处理并书写"军机大臣密寄"等字样等皇帝回来查阅。这样一来,军机处省去了很多中间不必要的环节,大大提高了工作效率。

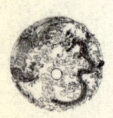

南书房是不是军机处的前身？

南书房最初是康熙帝研读书籍的地方，又被称为南斋。南书房位于北京故宫西南方位。

早在1677年，便开设了南书房，经过200多年的发展，于1898年光绪年间正式取消。南书房一直被人们当成是皇帝从事文学活动的场所。很多人都把能进入到南书房侍学作为至高的荣誉。皇帝会挑选品德兼优者入值南书房，这些人被称为在南书房行走，他们主要是陪同皇帝作诗绘画，起草皇帝的旨意。一般情况下，南书房对外是不开放的，它是完全由皇帝掌握的严密机构，只有得到皇帝的约见才可以进入到南书房中。

自雍正年间，朝中大事都归由军机处办理，南书房的官员地位有所下降。但是由于经常能觐见到皇帝，这些官员在朝廷中的话语权没有降低，仍然具有一定的影响力。直到1898年，光绪皇帝才正式将南书房撤销，存在200年之久的南书房就这样退出了历史的舞台。

理藩院是处理什么事务的机构？

在清朝时期，把统治西藏和蒙古等少数民族的行政机构称为理藩院。1636年，首先在蒙古设立了衙门，目的就是要对其实行统一的管理。不久后，便把衙门改名为理藩院，并被纳入礼部的管辖范围。理藩院从建立之初就对蒙古实行管理。随着时间的发展与清政权在全国的巩固，在其他一些少数民族地区，如新疆和西藏地区也设立了理藩院，对他们进行管理，在管理过程中，加强这些地区和中央之间的联系。中央政府为此还制定了对这些地区统治的条例和措施，并多次修改，逐渐完善。

1644年，扩大了理藩院的人员配置。1662年，中央决定把理藩院提升到与六部同等的地位，并设立了录勋、宾客、柔远、理刑四司。乾隆年间又把徕远列为理藩院中的一司，使理藩院机构组成更加完善。每个司会各尽职责，他们会对这些少数民族地区的经济、文化、人口、教育、医疗、疆域等众多问题进行明确分工。

刺史的权力是如何演变的?

刺史主要是管理监察的职务。古代称为监察院御史,即监察御史。刺史制度是汉武帝元封五年开始设立的。当时废除了各地方的检查御史,又把全国分为十三个州,每个州任命一个刺史官员。"刺"就是检核问事的意思。

刺史巡查的范围主要在郡县一带。刺史监察管理地方的各种事务。刺史不受丞相的管制,是直接隶属于中央的御史中丞和御史大夫。刺史的俸禄很低,只有六百石,但是他可以管制俸禄为二千石的太守。

汉武帝设立刺史制度有多方面的原因。在此之前,地方监管制度不严,出现了诸多弊端,管理也十分混乱。于是汉武帝就想方设法建立一个趋于完善的地方检查制度。设置这种制度,能够更有力地加强中央集权。

尽管如此,刺史制度也会因为历史的变化而发生变化。东汉的时候,刺史的权力已经大起来,成为实际的地方长官。灵帝时期把一些比较权威的刺史改为牧,刺史实际已成为一州军政的长官,太守的上级。州郡两级制就这样随之形成了。

魏晋南北朝时期,刺史统领一州,大多有使节、持节、佳节、都督等军事衔职。隋文帝时期,就废除了郡,以州领县。这个时候,刺史与以往的太守基本就没有什么差别了。隋唐时期,炀帝、玄宗、武则天都试图把州再改为郡,但是后来还是用州管制。晚唐时代,刺史的职位逐渐被轻视了。宋代的刺史成为专供武臣迁转的虚衔。

节度使制度与安史之乱有何关系?

节度使是中国唐代就开始设立的军政长官。唐代的节度使最早是由魏晋时期的持节都督演变而来的。节度是为了节制调度。节度使之名在《资治通鉴》第二百一十卷《唐纪二十六》中就有记载:"唐睿宗景云元年(公元710年),丁酉,以幽州镇守经略节度大使薛讷为左武卫大将军兼幽州都督,节度使之名自讷始。景云二年,贺拔延嗣为凉州都督充河西节度使,节度使开始成为正式的官职。"节度使成为固定职衔是以贺拔延嗣为凉州都督充河西节度使开始的。

节度使的权限基本上没有超过唐初的都督,只是节度使作为诸军统帅,所领兵力稍微大些。节度使兼任节度使及营田使,一般由副使、判官主其事。屯

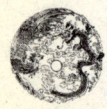

田或营田是为了解决边军粮食供应问题，节度使并没有独立的财政权力，只是有权调配军费开支。

玄宗开元、天宝年间，北方形成了平卢、范阳、河东、朔方、陇右、河西、安西四镇、北庭伊西八个节度使区，加上剑南、岭南共为十镇，成为固定军区。节度使的任务开始变得艰巨，权威也开始大起来，还统管军事专杀。并且集军、民、财三政于一身，还经常一个人监管三四镇之多，超过魏晋时期的持节都督的权限。但最终造成内轻外重，酿成了安史之乱。

安史之乱后，唐廷设置了节镇。节度要听命于节镇。内地节度使辖区是藩卫朝廷的军镇。唐末农民战争爆发后，节度使林立，他们拥兵自雄，互相兼并。其中武力最强、在唐亡后建号称帝的，先后有五代；其余割据一方，立国改元，自传子孙者为十国。而五代十国境内各节度使大多都桀骜跋扈，节度使部下更多悍将骄卒，逐帅杀使军变事件不断发生。宋代初期继承了五代的旧规，节度使除本州府外，还统领一州或数州府，称为支郡，实际上是个半独立的小王国。赵匡胤、宋太宗采取各种政策，削弱节度使的军、政、财权，以加强中央集权。此后，节度使一般不赴本州府治理政事，而成为一种荣誉性的虚衔。辽、金分别于大州或节镇诸州置节度使，掌管军民两政。到了元代，节度使就都被废除了。

顶戴花翎象征着什么？

清代沿袭旧时制度，令官员都戴礼帽。按清代礼仪，礼帽分九品：一品用红宝石，二品用珊瑚，三品用蓝宝石，四品用青金石，五品用水晶，六品用砗磲，七品用素金，八品用阴纹镂花金，九品用阳纹镂花金。

清朝的礼帽，在顶珠下有翎管，是用来插翎枝的。清翎枝分蓝翎和花翎两种。花翎是用孔雀的羽毛做的一种冠饰，共三眼。眼其实就是孔雀翎上像眼睛一样的圆。蓝翎类似于花翎，又称为"染蓝翎"，是用染成蓝色的鹖鸟的羽毛做成的，无眼。花翎用来区别等级权威，不是每个官员都能戴的。清代各帝都三令五申。既不能够超越自己的本职自带花翎，也不能随意不戴。官员被降职或者留任，仍然是可以穿朝服的，但是如果被处罚拔去花翎就是非常严重的事情了。

在清朝初期，爵位低于亲王、郡王、贝勒的贝子和固伦额附（即皇后所生公

清朝官员的顶戴花翎

主的丈夫)的皇室成员才有资格享戴三眼花翎；清朝宗室和藩部中被封为镇国公或辅国公的亲贵、和硕额附(即妃嫔所生公主的丈夫)，才有资格享戴二眼花翎；五品以上的内大臣、前锋营和护军营的各统领、参领(担任这些职务的人必须是满洲镶黄旗、正黄旗、正白旗这三旗出身)，有资格享戴单眼花翎；而外任文臣无赐花翎者。由此可知花翎是清朝居高位的王公贵族特有的冠饰。

花翎如此高贵，因此在清朝特别被人重视、向往。乾隆至清末被赐三眼花翎的大臣只有傅恒、福康安、和琳、长龄、禧恩、李鸿章、徐桐七人，被赐双眼花翎的约二十余人。这在当时对他们来说是极大的恩宠。

"绍兴师爷"是个什么职位？

"绍兴师爷"是清代官署中的幕僚。当时在朝廷中的绍兴籍人较多，所以给他们特别设立了此职位。

所谓"绍兴"是指清代的绍兴府。共八个县，包括山阴、会稽、萧山、诸暨、余姚、上虞、嵊县、新昌，位于杭州湾南岸。这里的"师爷"讲的就是古代官府衙门中的幕僚。古代将帅出征，治无场所，以幕为府，故称幕府，后来也延伸到了整个官场中。在幕府中办事的那些文职佐理人员，就叫幕僚或幕友。他们是一些受过专门训练，在法律、财会、文秘等方面具有专门知识和一技之长的读书人，被各级地方长官聘请为某一方面的私人顾问，不带官职而参与政务。官员称幕友为"西宾"、"西席"、"老夫子"、"先生"，幕友称官员为"东翁"、"东家"，平时幕友与官员可以平礼相见。

第三章

称谓由来

荔枝之名缘何而来？

"一骑红尘妃子笑，无人知是荔枝来"。荔枝的美名随唐代大诗人杜牧的这一名句而传遍古今。然而，亲爱的读者，您知道荔枝名字的由来吗？

荔枝因形色美艳、质娇味珍、超凡出众而被世人宠爱，被称为人间仙果、佛果。据专家考证，我国是世界上最早栽培荔枝的国家。荔枝最早叫做"离支"，见于公元前2世纪汉代司马相如的《上林赋》中。

公元1世纪后期成书的《异物志》和公元3世纪后期成书的《广志》中，开始有"荔枝"的叫法，当时也叫"支"或"枝"。

起名的根据是什么？据公元5世纪前后成书的《扶南记》解释说："此木结实时，枝弱而蒂牢，不可摘取，必由刀斧劙取其枝，故以为名。劙与荔同。"

后来，李时珍在其《本草纲目》中又引用了白居易的解释："若离本枝，一日色变，三日味变，则离支之名，又或取此义也。"

此外，荔枝成熟时果皮为红色，故还有"丹荔"等名称。

"皇帝"之称始于何时？

中国的最高统治者称"王"或单称"皇"和"帝"，如周文王、周武王、"三皇"、"五帝"等。

春秋战国时期，周王室衰微，诸侯争霸，一些国力强大的诸侯国的国君也自称为王，如秦惠文王、楚庄王、齐威王、赵武灵王、燕昭王等。

公元前221年，秦王嬴政灭掉六国，平定天下。嬴政自认为这是亘古未有的功业，甚至连三皇五帝也比不上他，如果不改变"王"的称号，"无以称成功，传后世"，于是让李斯等人研究怎么改变一下称号，以显示自己的"丰功伟绩"。李斯等人商议后报告秦王说，上古有天皇、地皇、泰皇，泰皇最贵，可改"王"为"泰皇"。

秦王反复考虑，认为自己"德高三皇，功过五帝"，决定兼采"帝"号，称为"皇帝"，以彰显自己的尊贵。

腊味、腊肉与腊八中的"腊"源自于哪？

农历十二月，习俗叫做腊月。"腊月"一词起源很早，据《礼记·郊特牲》记载："伊耆氏始为蜡。蜡也者，索也，岁十二月，合聚万物而索飨之也。"汉应劭《风俗通》引《礼传》："周日大蜡，汉改为腊。"这就是说，腊月之说在原始狩猎时期即史前传说的神农氏时代就开始了。相传从周代起，我国民间已普遍称农历十二月为"腊月"了。

腊，本为岁终的祭名。《史记·秦本纪》中就有"惠文君十二年初腊"的记载。因为腊祭在十二月举行，这样，沿袭下来，就把处在冬末春初、新旧交替之际的农历十二月叫做"腊月"了。

腊祭所拜之神据文献资料记载有：一为先啬神，祭神农；二为司啬神，祭后稷；三为农神，祭古时田官之神；四为邮表畷神，祭始创田间庐舍、开道路、划疆界的人；五为猫虎神，祭其吃野鼠野兽，保护了禾苗；六为坊神，祭堤防；七为水庸神，祭水沟；八为昆虫神，祭以免虫害，共为八种。因此又称为"腊八"。传说，汉代以前，腊祭虽都在十二月，但日子并不固定，有时在月初，有时在月底。隋杜台卿《玉烛宝典》说："汉以戌日为腊，魏以辰，晋以丑。"后来，人们为了好记，又因多数人订在戌日，戌日又正好是腊月第八天，应上祭祀八神的腊八。到了六朝，就把行祭的日子定在腊月初八这一天了。如梁宗懔《荆楚岁时记》中说"十二月八日为腊日"。那时，若是祭前猎取的野兽很多，一时吃不完，就清洗干净抹上盐，风干起来，留着慢慢地吃，因为是腊祭剩下来的，所以叫做腊味。现在很多人不一定明了"腊"的来源和本义，但在冬季制作和食用腊味的风俗，全国却是一样的。

腊八节是春节的序幕，从这一天起，人们就准备过年了。

四子王旗是否与王子有关？

据考古资料记载，早在1万多年前的旧石器时期，就有人类在四子王旗这块水草丰美的草原上生活。西汉时，匈奴在这里建立了政府机关"中部单于庭"。后来，四子王旗又为鲜卑所有。再经隋唐、金代、元朝政权更迭，到明朝末年，清军将这块沃土赐予成吉思汗胞弟哈布图哈撒尔的第15代嫡孙脑音泰。

脑音泰把这片草原交给四个儿子分而治之，就产生了四子王旗最早的称谓

——四子部落,即"四个孩子的部落",迄今已有350多年的历史。1649年,四子部落正式置旗,称四子部落郡王旗。1950年4月1日,四子王旗人民政府成立。

四子王旗面积25513平方公里,其中牧区占81%,总人口21万人,北部与蒙古国接壤,边境线全长104公里。这里牛羊百万,良田万顷,拥有丰富的矿产资源和丰富的风电资源。

"替罪羊"中的羊是为谁替罪?

在我国古代有以羊代牛受过的记载。《孟子·梁惠王上》中载:"王坐于堂上,有牵牛而过堂下者。王见之,曰:'牛何之?'对曰:'将以衅钟(注:新钟铸成,宰杀牲畜,取血涂钟的仪式)。'王曰:'舍之!吾不忍其觳觫,若无罪而就死地。'对曰:'然则废衅钟欤?'曰:'何可废也,以羊易之。'"

齐宣王不忍心看见牛恐惧战栗的样子,而命以羊替换牛来祭钟。从此以后,"替罪羊"就作为一个悲剧色彩的词汇流传开来。

古人何时称妻子的父亲为"丈人"?

在家庭关系中,称妻子的父亲为"丈人"。然而魏晋以前,妻子的父亲被叫做"舅"或"妇翁"。"丈人"则是对上了岁数的男子的尊称。

不过在唐朝文学家柳宗元的《祭杨凭詹事文》中,开门见山地写道:"年月,子婿谨以清酌庶羞之奠,昭祭于丈人之灵。"宋朝的《猗觉寮杂记》和《鸡肋编》都据以为证,以为"丈人"之称开始于此。但更确切地说,为时还要早得多。陈寿《三国志·蜀志·先主传》里提到"献帝舅车骑将军董承",董承是献帝刘协的表叔,亲上做亲,女儿给刘协做了"贵人"。《三国志注》作者裴松之注释上边这句话时写道:"(董承)于献帝为丈人,盖古无丈人之名,故谓之舅也。"

古人为何又称妻子的父亲为"泰山"或"岳父"?

此称谓与泰山的"封禅"有关。

据唐代段成式的《酉阳杂俎》记载,唐玄宗李隆基于开元四年(726年)到泰山

封禅。丞相张说担任封禅使,顺便把他的女婿郑镒也带去了。按旧例,有幸随皇帝参加封禅者,丞相以下的官吏都可以升一级。郑镒本是九品官,张说利用职权,一下子把他连升四级。唐玄宗在宴会上看到郑镒突然穿上五品官穿的浅绯色官服,觉得奇怪,便去问他。郑镒支支吾吾,不好回答。这时,擅长讽刺的宫廷艺人黄旛绰替他回答说:"此泰山之力也!"妙语双关,唐玄宗心照不宣,事情就这样混过去了。后人因此称妻父为"泰山"。

因为泰山又称东岳,是五岳之长,所以又转而把妻父称作"岳"、"岳翁"、"岳父"、"岳丈"等。

据文献记载,这种称谓大致始自宋代。妻母则称做"岳母",在书面文献中,后来也有称作"泰水"的。

为何古人把妻子称为"老婆"?

"老婆"这个称谓,最初的含义是指老年妇人。后来王晋卿诗句中写道:"老婆心急频相劝。"这里的"老婆"是指主持家务的妻子。因此,后来称呼自己的妻子叫"老婆"。

"老婆"与"老公"这类叫法,都含有"相濡以沫、恩爱长久"的意思。

"傻瓜"与"瓜州"有什么关系?

人们习惯把愚蠢的人叫"傻瓜",而不叫"傻果"、"傻豆"或"傻菜"。追究其由来,还有一段奇特的故事。

在我国古代,秦岭地区有一地取名"瓜州",聚居在那里的姓姜的人取族名为"瓜子族"。这一族人非常诚实、肯干,受雇于人时,耕种、推磨等各种艰苦的工作都干,而且干起活来不声不响。这样,人们便误认为他们"愚蠢",把这类的"愚蠢"之人叫做"瓜子"。

一位清代文士写的《仁恕堂笔记》中便说:"甘州人谓不慧子曰'瓜子'。"甘州(即今甘肃)至四川一带还叫不聪明的人为"瓜子"(即是瓜州的人)。"傻瓜"便是由"瓜子"演变而来的,沿用至今。

为什么称再嫁妇的子女为"拖油瓶"?

"拖油瓶"是旧时对改嫁妇女的一种歧视。

旧社会妇女改嫁,前夫所生的子女被带到后夫家去的,俗称"拖油瓶"。其实这是以讹传讹,正确的说法应该是"拖有病"而不是"拖油瓶"。

古时候后夫娶寡妇做妻子的,家境一般都不太好。旧社会天灾人祸频繁,一旦寡妇带来的子女有三长两短,就会引起前夫亲属的责难。后夫为避免这类纠葛,娶寡妇做妻子时,就要请人写一字据,言明前夫子女来时就有病,今后如有不测与后夫无关。因而人们就把再嫁妇女的子女称为"拖有病"。由于"拖有病"与"拖油瓶"字音相近,就被人说成了"拖油瓶"。

"两面派"的说法是怎样来的?

"两面派",一般指口是心非、善于伪装的人。那么,"两面派"的说法是怎样来的呢?

元朝末年,元军和朱元璋领导的义军在黄河以北展开了拉锯战。老百姓苦不堪言,因为谁来了都得欢迎,都要在门板上贴上红红绿绿的欢迎标语。豫北怀庆府人生活节俭,想出了个一劳永逸的办法:用一块薄薄的木板,一面写着欢迎元军的"保境安民"的标语,另一面写上欢迎义军的"驱除鞑虏,恢复中华"的标语。哪方来了,就翻出欢迎哪方的标语,既省钱又方便。但这个方法后来惹出了大祸。一次,朱元璋的大将常遇春率军进驻怀庆府,进城见家家门口五颜六色的木牌上满是欢迎标语,心里很高兴。可是突然一阵狂风刮来,木牌翻转,反面全是欢迎元军的标语。常遇春气极之余,下令将凡是挂两面牌的人都满门抄斩。

现在常说的"两面派",就是从怀庆府"两面牌"演变而来。

"丫头"是用来称呼什么样的女子的?

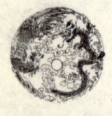

古代女孩子到了及笄之年,头上都要梳两个"髻",左右分开,对称而立,像个"丫"字,所以称为"丫头"。唐代刘禹锡《寄赠小樊》中写道:"花面丫头十三

四,春来绰约向人时。"

另外,古代婢女经常梳丫髻,所以"丫头"又成为婢女的称呼。宋代王洋在《大阳道中题丫头岩》诗中写道:"不谓此州无美艳,只嫌名字太粗疏。"并自注说:"吴楚之人谓婢女为丫头。"可能由于"丫头"称呼流行于吴地,北方人不明白,所以王洋写诗为注。从此以后,"丫头"称呼广泛流行,直至现在有的地区仍在沿用此说。

古人为何用"黄花"修饰"闺女"?

南朝宋武帝刘裕的女儿寿阳是一位长得非常漂亮的公主。

农历正月初七这天下午,寿阳公主与宫女们在宫廷里嬉戏。她躺卧在含章殿檐下,一阵微风吹来,将腊梅花吹得片片起舞,有几瓣竟落到了寿阳公主的额头上,留下了斑斑花痕,拂拭不去,寿阳公主反而更加妩媚动人。从此以后,寿阳公主便经常摘取几片梅花,粘贴前额,以助美观。宫女们见了,个个称羡,并跟着仿效起来。人们把这样的打扮称为"梅花妆",简称"梅妆"。

由于腊梅有季节性,不能经常保持,于是,宫女们便想方设法采集其他黄色花粉,而后做成涂饰粉料代替腊梅,以便长期使用。大家把这种粉料称为"花黄"。"梅花妆"不久便流传到了民间,很快受到女孩的喜爱,那些富有的大户女孩以及歌伎舞女,更是争相仿效。

在当时,人们都认为不贴花黄就缺少了女性特征。但少女出嫁以后,就要改变这种贴黄的装饰,另作一番打扮。同时,"黄花"在古代又指菊花,因菊花能傲霜耐寒,常用来比喻人有节操。因此,人们在"闺女"前面加黄花,不仅说明这个女子还没有结婚,还说明这姑娘心灵美好、品德高尚。这样,"黄花闺女"就成了未出嫁的年轻女子的代名词了。

"孺子牛"为什么蕴寓着心甘情愿、默默奉献之意?

"横眉冷对千夫指,俯首甘为孺子牛"是鲁迅先生非常经典的一句话,这句话表达的是对不同的人要采取不同的态度,对待敌人要横眉冷对,而对待朋友,要勇于奉献,并心甘情愿地为人民服务,做一头终身奉献的老黄牛。而关

于"孺子牛"一词的来历又有多少人知道呢?

很多人都以为"孺子牛"是老牛,可是据《左传·哀公六年》记载,孺子牛是一个名叫孺子的人牵的牛。孺子是齐景公老年之后生的儿子,孺子聪明伶俐非常招齐景公的喜爱。孺子生性好玩,有一天他在草地上玩耍,看到一头牛在吃草,他便过去牵牛,齐景公害怕牛伤害到孺子,便蹲下来装作牛的模样来让孺子牵,孺子玩得非常高兴。没想到玩着玩着,孺子脚蹬了空,从景公背上摔了下来,这下景公可惨了,脸被孺子重重地踢了一脚。这件事情很快便传开了。

后人评价齐景公为了宠爱孩子而甘愿成为孺子牛,体现了对待人或事情愿意奉献自己的力量,甘愿为人或事尽最大的力量服务。

"二百五"称呼什么样的人?

人们在日常生活中经常会把某些人称为"二百五",指的是办事与说话不认真负责、喜欢出风头。而关于二百五还有一些故事。

早在战国时期,一名说客劝六国达成战略同盟,一同对付实力强大的秦国,他的威望很高,可以自由行走于六国之间。但是不幸的事发生了,这名说客在赶往回家的路上遭遇到秦国刺客的暗杀。六国的君王得知这个消息以后非常懊悔,他们全力搜捕刺客。但是刺客早已经逃出城外,搜捕难度可想而知。赵国的国君忽然想出一条计策,他下令在全城张贴告示,告示上明确说明这个说客死有余辜,今幸有义士为民除害,请英雄们前来领赏。此告示一出,立即引起人们的围观,有八位自称是杀害说客的人前来领赏,却不知道已经中了赵国国王的计策,赵国国王问道:"堂上有金银两千两,你们八个人如何分取才好?"这八个人按捺不住内心的喜悦一同说道:"陛下,这好办,我们每个人二百五。"这八个人话刚说完,赵国国王便大声叱呵道:"把这几个二百五拖出去。"这八个人成了替死鬼。此事在民间传开以后,人们便用二百五来形容那些笨蛋、傻瓜。

在一个偏远的山村,住着一位老秀才,秀才非常喜欢读书,但是多年的攻读并没有换取到功名利禄,他非常沮丧地回到了家乡。他开始淡泊名利,不久以后便生下两个孩子。这天老秀才要出去一天,他叮嘱妻子好好照顾孩子,并监督孩子们的学习情况,让大女儿写三百字,二女儿写二百字。傍晚时分,老

秀才回来了,问妻子孩子的学习情况,妻子非常生气地说道:"自你走后,大女儿一直贪玩,结果两个人都是二百五。"

"溜须拍马"为何与奉承讨好扯上了关系?

"溜须拍马"指对人阿谀逢迎、盲目地夸赞别人,以求能得到别人的好感。其实溜须拍马有更深层的意思。"溜须"和"拍马"具有不同的含义。

"溜须"出自宋朝,讲的是一名门生发现恩师的胡须上粘了一粒饭,便上前去为恩师拿走饭粒,同时还把其胡须整齐地梳理好。旁人不禁指责门生过于奴媚,成为人们日后的笑料,"溜须"由此而来。

很多蒙古人都对骑马热爱有加,马在蒙古地区也被看成是力量与权力的象征,下属赞美上司的马就是间接地赞美上司。随着时间的发展,下属对上司的讨好奉承就被说成"溜须拍马"。

形容老师的学生多为何用"桃李满天下"?

我们经常可以听到赞誉老师的一句话:"桃李满天下",用来形容老师的学生多。你知道"桃李满天下"是如何而来的吗?

相传在春秋战国时期,赵国的一位文人学识渊博,经常到各地去讲学,赵国宰相非常嫉妒这位文人的才华,于是打算加害这位文人。这位文人迫于无奈,不得不迁到边陲小镇。为了生计,他在当地朋友的帮助下开设了一个学馆,教授学生。开始并没有学生来他的学馆学习,随着时间的推移,更多的人认识到他是一位学识渊博的人,于是纷纷来他的学馆中学习。

在学馆的中心位置是这位文人亲手种下的桃树和李子树,他教诲学生们,要想成大器,必须在桃李树下发奋读书,只有这样才能做出一番大事业。后来,这位文人教授的学生中很多人都当上了治理国家的谋士,成了国家的栋梁。

这些学生为了感谢恩师的教诲,在自己居住的场所都栽种了桃树和李子树,以此来表达对恩师的怀念。这位文人到学生家中做客,被眼前的桃树和李子树打动了,并感触地说道:"没想到我的学生桃李满天下,各个都非常有出息。"

衣冠禽兽本指官服,后来为何成了贬义词?

人们经常会用衣冠禽兽来形容良心败坏、阴险狡猾、披着君子的外表,行为却如同禽兽的人。而衣冠禽兽的原意并非如此。

《三遂平妖传》记载:"绮罗裹定真禽兽。"古代统治阶级以衣冠作为彰显权力的象征,他们对衣冠的重视水平已经达到前所未有的高度。

他们把飞禽走兽的样子刻在官服上来显示文武官员官职水平的大小与差异。文官的官服上统一绣上禽类动物,而武官的官服上则被绣上兽,

明朝二品文官锦鸡补服

文官和武官的官服不能混穿,有严格的等级限制,任何人不得逾越这道法令。鹤、锦鸡、孔雀、雁、白鹇、鹭鸶、鸂鶒、鹌鹑、练雀对应文官的一品到九品;而麒麟、狮、豹、虎、熊、彪、犀牛、海马则对应武官的一品到九品官职。

官服上禽兽的图案可以很清楚地区分官职的大小,也便于官员间的往来。由于历史原因和政府部分官员的腐败,出现了文官爱钱、欺压百姓,武将怕死、无恶不作的现象。民众对这些官员意见非常大,把他们欺压百姓的做法和禽兽联系在一起。于是衣冠禽兽这个词就沿用到了今天。

两个人斗嘴缘何叫"抬杠"?

"抬杠"指两个人由于意见分歧而进行的争吵和斗嘴。从字面意思上来看,"抬杠"是两个人凭借自身的力量把物体抬起来的一种运动方式。

很早以前在我国北方地区,就曾流传一种叫做抬杠会的活动,这个活动举办的时间是每年正月十五元宵节这天。活动上,几个强壮的小伙子抬着一个木制的轿子在人群中穿行,此时坐在轿子中的人会和路人举行小丑式的斗嘴比赛,斗嘴可以用任何语言形式表达,但不包括谩骂。人们可以凭借自身巧舌如

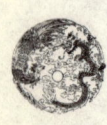

簧的功夫对别人的指责进行还击或者主动攻击,有人认为,"抬杠"是一种没有意义的斗嘴活动,只会浪费口舌,无事生非。但"抬杠"这种说法,一直沿用至今。

"敲竹杠"为何等同于敲诈钱财?

"敲竹杠"是指利用他人的弱点找借口来索取财物或抬高价钱。

实行"敲竹杠"的人一般都是掌握了某种权利或者黑恶势力的人,他们通过"敲竹杠"的方式对有某些弱点的人进行讹诈。

据说在清朝末期的时候,江浙沿海一带走私现象非常普遍。有些狡猾的不法商人,以出售农产品为由,走私烟草等物品。由于他们走私的行为非常隐蔽,所以屡屡得手。他们所采用的办法便是在竹子上面挖一个洞,把要走私的物品藏在里面,然后在竹子表面裹上一层细纱。这些不法商人想一直用这个方法实行走私,但是渔网总会有破的时候。有一天,这些人像往常一样携带竹筒过关口,想蒙混过关,这个时候,一位关口官员拿起这些人的竹筒朝地上敲了起来。这些人意识到关口的官员已经识破了他们藏匿走私物品的伎俩,于是赶忙递上钱财,请求高抬贵手。后来"敲竹杠"就演变成为讹诈钱财的一种方式。

"食言"是怎么和说话不算数联系在一起的?

"食言"可以解释为:没有履行自身的承诺,说话不算数。明代的《水风卧吟楼记》中写道:"不以食言而肥,不因苦吟而瘦,试以数语为记,请览而教正之如何?"

而关于"食言"的来历曾经有一个传说。在春秋战国时期,一个名为孟武伯的鲁国士大夫,没有认真履行过自己的职责,朝中的大臣们都对孟武伯的这种行为感到不满,都认为他是一个言而无信的人。鲁哀公对此也不满。一次鲁国举行盛大的国庆活动,孟武伯来到了厅堂。此时鲁哀公身边的一个红人也在场,此人长得身高马大,却遭到了孟武伯的耻笑,只见孟武伯端着酒杯向他敬酒,口中说道:"仁兄,你是凭借什么长得如此之胖呢?"鲁哀公非常气愤,没等他的红人说话,他便开口了:"食言多也,能无肥乎。"鲁哀公想通过这句话

来告诉孟武伯，做人做事一定要守信誉，履行自己的诺言，不要做一个食言的人。

"马虎"最早出自什么朝代？

现在人们常用马虎来形容一个人办事情草率、粗心大意。那么，"马虎"有什么样的故事呢？

宋朝京城中有一个画家，他的作品往往让人看不明白。有一天，他正在家中画一只虎头，这时刚好有人上门让他帮忙画一匹马，他就随手在虎头的后边画上了马身。来人问他画的是虎还是马，他回答"马马虎虎"。来人生气地离开后，他就把画挂在了自家的大堂中。这时，大儿子过来见到了，问他是什么，他说是虎。大儿子走后小儿子过来问他是什么，他说是马。过了几天，大儿子外出打猎时，将别人的马当老虎射死了，画家赔了马主买马钱；二儿子外出游玩时，看到老虎以为是马想要骑它，结果被老虎咬死了。画家痛不欲生，把画烧毁了，之后还题诗一首以自责："马虎图，马虎图，似马又似虎，长子依图射死马，次子依图喂了虎。草堂焚毁马虎图，奉劝诸君莫学吾。"从此，"马虎"一词便传了开来。

古人是如何使用"纸老虎"一词的？

"纸老虎"原是民间的一种手工艺品，用的材料也只是纸张和糨糊，所以也有"纸糊老虎"之说，本意都是指只能吓唬人的事物，并且容易被人戳破。后来常用来比喻外表强大而实际上却虚弱无力的人。

晚清时期，李鸿章给吴永的信中有："我办了一辈子的事，练兵也，海军也，都是纸糊的老虎……"1900年，八国联军进北京，帝后西逃时，慈禧太后针对义和团说的话中有："我若不是多方委曲，一面稍稍的迁就他们（义和团），稳住了众心，一面又大段的制住他们，使他们对着我还有几分瞻顾；那时纸老虎穿破了，更不知道闹出什么大乱子，连皇帝都担着很大的危险……"毛泽东曾说过："一切反动派都是纸老虎，看起来，反动派的样子是可怕的，但是实际上没有什么了不起的力量……"三个人，三个比喻——李鸿章将军队比作"纸老虎"，

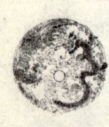

慈禧太后将皇权比作"纸老虎",毛泽东将反动派人物比作"纸老虎"。这些都是后代人们对"纸老虎"的应用。

纸老虎具体的产生年代,已经无从考证。在明朝《水浒传》中,武大捉奸,西门庆慌作一团,潘金莲大怒道:"见个纸虎,也吓一跤!"可见,"纸老虎"一词在明朝时期已经开始使用。

古人为何将丧尽天良的人称为"狼心狗肺"?

明代冯梦龙的《醒世恒言》中有:"那知这贼子恁般狼心狗肺,负义忘恩。"狼心狗肺,用来形容凶恶、狠毒的大恶人。

传说以前有一个叫慈生的青年,为人正直、心地善良。有一次,他干完活打柴回家时,半路看到一只乌龟受了伤,就抱着它回家照顾了数日。乌龟伤好后,为了报答慈生,便将能起死回生的宝珠送给了他。后来慈生再次上山打柴时,在路上看到一具尸体,旁边还有一具狼和一具狗的尸体。慈生心善,从狼和狗身上将狼心和狗肺分别取出,放入尸体中,此后用宝珠将那人救活了。那人醒来后说自己叫坏水,并对慈生千恩万谢。

事后慈生被抓入衙门。原来是坏水想得到宝珠而买通了县官。被买通的县官不分青红皂白,将慈生一通狠打,搜出宝珠,然后把他赶出了衙门。慈生回到家后悔当初不应该救那个没良心的坏人。晚上,慈生做了一个梦,梦中乌龟对他说:"明天皇上会张榜纳贤,寻求名医治疗他女儿的怪病,你可借治病之机再次夺回宝珠。"之后,乌龟又将公主病症的治疗方法告诉了慈生,并嘱咐他告诉皇上一定要用他失去的那颗宝珠才能治病。第二天,皇上果然贴榜招贤纳士。慈生便揭了榜,监榜人将他带入皇宫。皇上问他需要什么材料,慈生便将梦中乌龟所告诉的材料一一说出来,并告诉皇上宝珠只能用自己的。皇上询问原因,慈生便将自己被害、宝珠被抢之事说了一遍。之后皇上命人将县官与坏水先行关押,并搜出宝珠还给慈生。慈生将公主的病治好后,皇上便判了县官的罪,并将坏水押解下狱,剖腹验看其心肺。果然是狼心狗肺柳枝肋。

之后,狼心狗肺便用来形容忘恩负义、心肠歹毒的人。

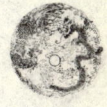

"高山流水"为何成了知音的代名词?

春秋时期有一人叫俞伯牙,琴艺高超,精通音律。一日他坐船航行至川江峡口处时,突降暴雨,狂风不止。船夫便将船停靠在江边,抛下锚等待暴雨的停歇。过了一会,天空放晴,伯牙看到雨后高山川流的那种别样韵味,不禁技痒,于是便拿出琴坐在船头,看着江面的美景弹奏起来。

不知过了多久,琴弦突然断了一根,伯牙抬头看去,看到不远处山崖上站立着一个樵夫,樵夫一动不动地站立着,似在聆听!伯牙出声询问他:"小哥怎么会在这里?"那个樵夫答道:"我在山上打柴,刚刚的暴风雨太迅猛,我躲在这里避雨,天晴之后我刚要离开,忽然有琴声传来不觉听得上瘾了!"伯牙高兴地问他:"你既然那么喜欢听琴,那你可知道我刚才弹的是什么曲子?"樵夫看着他,说道:"你刚才弹的,乃是对雨后的山中川流之感概,琴声似高山一样宏大,又似江水一样宽阔,且川流不息,极富有生命力。"俞伯牙惊呆了,他推开琴,站起来拱手说道:"我遍寻天下,想要得到一名知己,却苦寻无果,今日在这荒山中,竟然遇到了一个,我今生的心愿已经完成了啊!"便拉着樵夫面对青山结拜为兄弟。这樵夫便是俞伯牙的好朋友钟子期。之后俞伯牙为了纪念两人的见面,便将那首曲子起名为《高山流水》,并且两人约定,在来年春暖花开之时仍在此相聚。

冬去春来,约定的日期到来,俞伯牙在江口苦等几天几夜,都没有见到钟子期。之后打听才知道,钟子期已经病逝了,俞伯牙听了之后,顿时泪如雨下。打听了钟子期的墓穴地点,便前往长跪不起,并且捶打着墓碑说道:"我刚遇到一位知音,可是才这么一年便先我而去啊!"俞伯牙跪在琴前,抚摸着琴弦,仰天低语:"子期啊,再听伯牙为你奏一曲吧。"伯牙抚琴而弹,弦断,音停,泪落下,道:"从此,伯牙知(之)音绝矣!"说完,他拿起琴,对着钟子期墓前的巨石用力砸下,琴声碎裂。自此以后,俞伯牙再也没有弹过琴。只给后世留下一曲《高山流水》。

《高山流水》为中国十大古曲之一。后来人们也用它来代表知己或知音。

"不管三七二十一"有何含义?

明冯梦龙《警世通言》卷三十二中有记载:"若三日没有银时,老身也不管三

七二十一，公子不公子，一顿孤拐，打那光棍出去。"现在"不管三七二十一"是作为讥讽的贬义词来用的，在意义上成了不问是非、不分青红皂白、愣头青、蛮干的同义词。也有的说做"不管四六二十四"。关于"三七二十一"还有一个故事。

相传从前有个叫李元的地主，雇了个壮汉做长工。刚开始的时候，为了防止这个壮汉借撒尿的机会偷懒，他每天都只管这个壮汉三顿干饭。不久以后，地主就后悔了，因为这个壮汉每顿都能吃下三碗干饭，一天就需要吃九碗。吝啬的地主觉得他的饭量太大，便和老婆商量以后每天只管他三顿稀饭，但壮汉每顿吃七碗稀饭，干起活来却是没有一点力气的样子。眼看着田中的杂草丛生，再不除草，粮食就会减产。李元十分气恼，瞪着眼对着长工吼道："我一天管你三七二十一碗饭，你怎么干活不像个男子汉？"壮汉敲着碗边说道："干干干，一天九碗干，汗毛都使劲，喷嚏打过山；稀稀稀，三七二十一，尿像竹竿雨，手脚软如泥。我着急没力气，你着急为什么？"李元听了之后，当着长工的面对老婆道："算了，以后管他九碗干饭，不管他三七二十一。"

就这样，事情慢慢传开了。随着时间的流逝，"不管三七二十一"这句话的意思也发生了改变。

还有一个典故：战国时期，有一次苏秦到齐国国都临淄求见齐宣王，希望能游说其联合抗秦。齐宣王说齐国兵力不足，无法联合。苏秦说，都城临淄有七万户，我计算了一下，每户只需要出三个男人服役，就有三七二十一万兵力，抗秦的兵源，仅临淄一城就够了。苏秦的算法，一点都不符合实际。因为打仗需要的是年轻力胜的男子，每户不可能都是男子，还有老、幼、病、残在内。之后人们便把"不管三七二十一"作为贬义词，用于讥讽那些不问青红皂白便蛮干的愣头青。

"三十年河东，三十年河西"为何被用来形容变化无常？

清吴敬梓《儒林外史》第四十六回中记载："大先生，'三十年河东，三十年河西'！就像三十年前，你二位府上何等优势，我是亲眼看见的。""三十年河东，三十年河西"来源是：从前的黄河河道不固定，经常会改道。以此来形容世事的兴衰变化无常。也说成"三十年河东，四十年河西"。

"安史之乱"时，郭子仪亲自率兵南征北战，为天下安宁立下了汗马之劳。

因此皇帝将公主赐婚给郭子仪的儿子,为其建造河东府。郭家从此门庭若市,好不热闹。不久,郭子仪的孙子出生,全家将其视若珍宝,娇生惯养。其长大后更是挥霍无度。长辈们去世之后,没过几年,家用便被消耗殆尽。他只好靠乞讨度日。一日,他乞讨至河西庄,想起自己的奶妈在这里,于是便去询问,可是别人都不知道。天快黑时他只能先找一个破旧的地方睡觉,正寻找时他看到一农夫,便上前询问,才知道这是奶娘的儿子。农夫将郭孙带回自己家。郭孙看到农夫家粮囤座座,牛马成群,便询问到:"你们家这么富有,为什么还要自己劳作呢?"农夫回道:"家产再大也有坐山吃空的时候,母亲在世时便率领我们努力创业,这么多年才有了些家产。勤俭持家,其乐无穷啊!"郭孙听后惭愧至极。农夫收留郭孙在家管账,无奈郭孙一概不通,农夫不禁感叹:"真是三十年河东享受荣华富贵,四十年河西寄人篱下啊!"从此,"三十年河东,四十年河西"便传开了。

"三十年河东,三十年河西"还有其他的说法,如"十年河东十年西"、"风水轮流转"等,都是世事无常之意。

古人为什么说"糟糠之妻不下堂"?

糟糠原意是指穷人用来充饥所吃的酒渣、米糠等难以下咽的食物。引申义指与丈夫共同患过难的妻子。"糟糠之妻"出自《后汉书·宋弘传》:"谓弘曰:'谚言贵易交,富易妻,人情乎?'弘曰:'臣闻贫贱之知不可忘,糟糠之妻不下堂。'"

汉代刘秀力量薄弱,被王朗一路追杀,战斗中手下大将宋弘负伤。逃至南方饶阳境内时,宋弘因受伤过重,无法随军行走,而后方大兵紧追不舍。刘秀无奈只好将宋弘托付在郑庄一郑户家中养伤。郑家一户为人善良,待宋弘如亲人。郑家有一女儿,虽不漂亮,但聪明

糟糠之妻不下堂手绘图

大方、为人正派,对宋弘如亲兄弟般嘘寒问暖,关怀备至。宋弘养伤期间,两人建立了儿女之情。宋弘伤好之后,由郑家做主,两人结为夫妇。后刘秀再次起兵,宋弘随之南征北战,立下无数战功,刘秀终得天下。

刘秀有一姐姐,其夫因跟随刘秀而战死沙场,整天闷闷不乐。刘秀多次派人为她说亲,姐姐却都很不满意。后来一次聊天中,才得知姐姐钟情于宋弘。刘秀打听得知宋弘已有妻室,可他的妻子却年纪偏大且模样不如他姐姐,便派人向宋弘提亲。宋弘听后连连摇头,对刘秀说道:"糟糠之妻不下堂"。来人将宋弘的话传于刘秀,刘秀深深地为宋弘的为人所感动,没有责怪宋弘,反而更加委以重用。从此之后,"糟糠之妻不下堂"便为后世人所记载。

"上下其手"是什么意思?

"上下其手"比喻一些人在暗中勾结在一起,玩弄手脚,串通起来一起作弊的行为。

春秋时期,强大的楚国派兵侵略弱小的郑国,郑国无力反抗。战败后郑国大将皇颉被楚国大将穿封戌擒获。战事结束,楚王弟公子围却想认领俘获皇颉的功劳。于是穿封戌便与公子围因功劳所属发生了争执,彼此都没有让步的意思,后来差点打起来,在众多士兵的帮助下才分开。之后他们便请伯犁来判定功劳的归属问题。伯犁两相不愿得罪,便想出一种看似公正的方法:询问被俘的皇颉,皇颉说是谁抓的就是谁的功劳。于是就派人将皇颉带来,并向其说明原委。伯犁有意偏袒公子围,将手抬得很高,毕恭毕敬地看着公子围说:"这位是我国国君最宠爱的胞弟!"接着又将手压得很低,不屑地指着穿封戌说:"这人叫穿封戌,我国方城外的一名小县君。你看看,是谁将你生擒的?"皇颉看出了伯犁的意思,同时也恨穿封戌将他俘获,便指着公子围说是他把自己俘获的,同时还夸奖公子围:"公子骁勇善战,在下服输。"于是后来就把功劳判给了公子围。不久之后公子围加封,伯犁提升官职,穿封戌被贬边疆,皇颉逃脱险境。像这种徇私舞弊的行为,就被称为"上下其手"。

"借光"借的是什么?

现在,人们在请求别人给予某种帮助或者从别人那里得到了某种荣誉时,都会礼貌地对别人说声"借光了"。在北方,有些人在道路比较拥挤或者较窄时,用"借光"这个词来表示需要请求一方让一让,他要从这个地方过去。现在延伸到中国各个地方,也称做"借过"、"让过"。

《战国策·秦策》中有这么一个小故事:一条大江旁边住了许多人家,每天晚上,这个地方的姑娘便会凑到一起做针线活儿。他们中间有一个姑娘家里条件很差,用不起灯烛,其他的姑娘看到她,都说她爱占小便宜,拒绝她跟她们一起做活。这位姑娘说:"虽然我买不起灯烛,但是每晚我都是第一个来的,并且把屋子打扫得干干净净,把坐席铺设得整整齐齐,这样大家到了就能舒舒服服地做活,这对你们来说也方便了一些。你们做活的时候都是要点灯的,借给我一点光又有什么损失呢?"其他的姑娘都感觉她说得很有道理,从此以后便不再排斥她了。

在古代,"借光"一词有时略带贬义。如下级常常对上司拍马屁:"借大人的光",这与"托您的福"有相同的意思,但也不是绝对的,有时候两个人在有第三者在场却想说些私密一点的话时,常常说:"借一步说话"、"借光一叙"等。

第一次见面出难题为何叫"下马威"?

下马威最初并不是初次见面故意为难的意思,而是指官吏人员初次上任某地时,借一些原因严处下属,用来示其威风。西汉时期,贵族少年班伯曾主动请缨调到混乱的定襄做太守。他上任的消息一传出来,当地的富豪便把以前犯过罪的人全都藏匿起来,想让班伯没法办案,从而为难班伯。但是班伯上任之后,并没有去调查任何罪犯的行踪,而是大摆宴席宴请周边的豪绅大户,与他们交朋友,从他们的口中一点一点地套出了罪犯的藏身之所。之后班伯便下令抓捕,很快,罪犯落网,很多的豪绅都因牵涉其中而被判罪。

《汉书·叙传》中记载:"畏其下车作威,吏民竦息。"这里的下车并非是从车上下来的动作,而是指官员到任。古时人们用下马、下车来表示官员到任,后人就用"下马做威"来表示官员到任时对下属显示其威风。后因"下马威"读起来更顺口,且意思简明,后人便用"下马威"代替"下马做威"并广为流传。

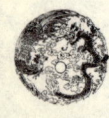

第三章 称谓由来

中国人应该知道的国学常识

河南开封府

古人为何不走前门而"走后门"?

现在的"走后门"是一个贬义词,指某种人利用不正当的手段以达到自己的目的。但在古代"走后门"一词却是褒义。

相传包公上任开封府,却没有一个人前来告状。后来经调查发现:官府的大门门卫森严,百姓告状需要贿赂守门吏才能进入,许多百姓都有状却舍不得花钱而不告。所谓的"衙门朝南开,有理没钱莫进来"就是这个意思。

后来,包公处罚了守门官吏,并将后门打开,百姓告状可以从后门进入。自此便衍生出"方便之门"和"走后门"的说法。由此可见,"走后门"一词为褒义,但是这种方法却被后世某些不法官吏收受贿赂而利用。

不通文理、胡乱编撰的文章为什么叫"杜撰"?

现在,"杜撰"的意思是没有根据的、不真实的编造。而在以前,"杜撰"的意思却是不合乎常理的事情的统称。

僧人文莹在《湘山野录》中记载:北宋时期石中立在中书省任职。盛度在翰林院任学士,撰《张文节公知白神道碑》送给皇上。皇上看后呈给中书省。石中

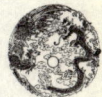

立看完后喊来盛度问他:"这是谁撰写的?"盛度匆忙地回答说:"度撰。"顿时满堂大笑,后来才回味过来,"度撰"与"杜撰"同音。

在《寓简》中有记载:西汉临淄田何得孔门真传,广收弟子,传授《周易》。后来田何从临淄迁居杜陵,取号杜田生。当时学者都认为"焚书坑儒"之后,易学早已失传,田生所受为"白撰",也称"杜田"、"杜圆",其意为自圆其说,信口雌黄。后来嘲笑他传授的《周易》即为"杜撰"。

明朝冯梦龙的《古今谭概》及清朝褚人获的《坚瓠集》中有记载:唐五代杜光庭精通儒、道典籍,为了维护道教,曾编神话故事《灵异记》、《神仙感遇记》、《墉城集仙记》等,其中《道藏》五千多卷中只有《道德经》二卷为实,其余都是编撰而成。后世因此对没有事实而胡乱编撰的作品,都称之为"杜撰"。

后来又流传说历阳人杜默爱好作诗,却无多少真才实学。有一次他的老师石介和欧阳修在开封为名落孙山的杜默设宴拜别,席间不免诗酒一番。期间,杜默写道:"一片灵台挂明月,万丈词焰飞长虹;乞取一杓凤池水,活取久旱泥蟠龙。"邻座有一考生却说后联中"取"字重复,犯忌,应该改掉。可是杜默却不接受。因此,人们再看到他的诗就说"这是杜默所撰",后来又简化称之为"杜撰",用来指不通纹理的文章。

"小巫见大巫"究竟是什么意思?

"小巫见大巫"出自汉代陈琳的《答张纮书》:"今景兴在此,足下与子布在彼,所谓小巫见大巫,神气尽矣。"原意为法力小的巫师见到法力大的巫师,连自己的法术都不能施展了。后来比喻两者相比之下,一个远远比不上另外的一个。

现在我们也经常用这句话来形容两个事物之间无法做比较。

在三国时期,两个同乡朋友陈琳和张纮,前者在魏国做官,后者在东吴做谋士。二人都很有才华,虽各为其主,但还是经常书信来往。有一次张纮为榴枕作赋,然后寄予陈琳。陈琳看后赞赏不已。在宴宾时,拿出来供各位宾客观赏,并夸奖到:"这篇文章清新脱俗,是我的同乡张纮写的……"过了不久,张纮看到陈琳写的《武库赋》和《应机论》,不由得击掌叫好,马上回信给陈琳表示要好好向他学习。陈琳见后感慨万千,谦虚地回信说:"在北方,消息闭塞,天下文人学士很少,并没有多少交往,也没有见过大世面。我在这里,能写文

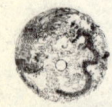

章的太少了,因此才能冒尖,得到大家过分的称赞。其实我没有那么好的才华,你太夸奖我了。我和你相比,差距太大,就像小巫见了大巫,没法施展巫术啊。"之后,人们便用"小巫见大巫"来表示两者相比较距离太大,完全不在一个档次。

古人为什么用"盘缠"指代出门在外所需的花费?

现代社会,"盘缠"一词已经很少使用。"盘缠"是指古代人出门在外,身上所携带的银两,或者从出发地到目的地所需用的总开销。古代人出门在外所携带的"盘缠"各不相同,富人出门只需带上银票(官府所发行的纸币,最早的是北宋的"交子"),而穷人们则可能只带几个黑面饽饽。

秦始皇统一全国后,发行的钱币是一种圆形方孔铜钱,沿用数千年,是中国后世最常见的钱币。铜钱中间有方孔,古人常用绳索将一千个铜钱连成串吊起来,古人又把串钱的绳索称为"贯",所以,一千铜钱又称为一吊或者一贯。古代人们出远门,身上只能带上成串的铜钱,铜钱很笨重,人们只能将铜钱盘起来缠在腰部,这样方便携带也安全些。人们便将其称之为"盘缠"。

古代妇女为何称自己的丈夫为"老公"?

唐朝年间,有一名读书人,他考中功名后,见自己的妻子年老色衰,便想纳新欢。于是便写了一副上联:"荷败莲残,落叶归根成老藕。"这时恰巧他的妻子经过看到,妻子感觉到丈夫有了纳新的念头,便提笔写出了下联:"禾黄稻熟,吹糠见米现新粮。"读书人看到妻子以"禾稻"对"荷莲",以"新粮(新娘)"对"老藕(老偶)",对得十分工整贴切,新颖通俗,针锋相对,饶有趣味,便放弃了纳新的念头。

妻子看到丈夫放弃了纳新的念头,并且与自己更加恩爱,便又提笔写道:"老公十分公道。"读书人见到后挥笔续写到:"老婆一片婆心。"故事传开之后,人们便用"老公"和"老婆"来互称恩爱的夫妻,希望他们"相濡以沫、恩爱长久"。

"老表"都指什么亲戚?

"老表"在不同地区,有不同的意思。在江西,"老表"表示对同省老乡一种亲昵的称呼;回族中的"老表"是指回族内通婚或者旁系表亲之间缔结的传统;在南方一些地方,"老表"指行为老气、穿着老土的人;在北方一些地区,"老表"一词多指代父亲的兄弟姐妹的子女与自己之间、母亲的兄弟姐妹的子女与自己之间的互称。

关于"老表"有这样一个传说:1368年,朱元璋完成统一大业,在南京登基,他手下的各路人马以及外邦人员,纷纷前来拜贺。如果众多的人马全部入京,不但无法安置住宿,也难以管制手下。于是便下令各路人马按顺序入京。当他听说江南一路人马已经日夜兼程到达长沙府后,便急传口谕"令其在长沙歇息三天,然后听旨入京"。但是手下的太监却听错了口谕,将"歇息"听成"血洗"——"在长沙血洗三天"。江南来的人以为皇帝要给他们下马威,他们不敢抗命,便在长沙见人就杀,不分老弱病残。长沙变成了死城、空城。后来有一天,一对夫妻推着一辆土车子从江西过浏阳河到达长沙东乡,见这里山清水秀、气候宜人,便在这里男耕女织定居下来。他们的子子孙孙都在这里繁衍后代,所以以后许多长沙人都将那对夫妻视为自己的祖先,江西人就是他们的亲戚,便称呼为"老表"。

"表"从词意上说是"外"的意思。表亲就是指外亲,指联姻结成的异性亲戚。和"外亲"相对的就是"本家","本家"是以男性为中心形成的同姓家族,非亲兄弟就叫"堂兄弟"。一个"表",一个"堂",就把自家和外戚区分开了。

同姓人见面的时候常说"五百年前是一家",而"老表"也暗含着五百年前是亲戚。异性相称"老表",是一种套近乎的行为。香港人总喜欢称大陆人为"老表",也暗示了大陆人与香港人血脉相连的感情。

第四章

饮食文化

为什么中秋节要吃月饼?

每逢中秋节,"月饼"就变得十分畅销。亲人们在中秋节团聚在一起,往往是晚辈赠"月饼"给长辈。这是古代一直流传下来的习俗。"月饼"如今琳琅满目,变化无穷,几乎像是一件件艺术品。

中秋节吃"月饼"的习俗在中国经久不衰。为什么中秋节要吃"月饼"而不是吃其他食品呢?

据历史记载,八月十五大将军李靖征讨匈奴得胜而归,唐高祖接过吐鲁番商人献上的胡饼,笑指明月说:"应将胡饼邀蟾蜍。"这里的在八月十五吃的"胡饼"就是中秋节吃"月饼"的雏形。在《洛中见闻》中也有记载,唐僖宗在中秋节当日,命令御膳房用红绫将饼赏赐给新科进士。

"月饼"寓意团圆,应该是从明朝开始的。如果我们综合明朝有关月饼与中秋节民俗的资料来看,应该能够看出月饼取意团圆的历史轨迹:中秋节祭月后,全家人都围坐一起分吃月饼月果(祭月供品)。因为月圆饼也圆,又是合家分吃,所以逐渐形成了月饼代表家人团圆的寓意。

你知道饺子背后深厚的文化寓意吗?

民谚中有"初一饺子初二面"、"冬至不吃饺子,冻了耳朵无人理"的说法。每年除夕这天,家人围坐在饭桌旁边吃着热气腾腾的饺子,这个传统象征着家人的团聚与安康,表达人们对新年的无限祝福和对家人身体健康的美好祝愿。

相传饺子源于东汉时期的名医张仲景。他向那些患了重病而没有钱医治的人提供免费的医疗服务,因此他在人们心里的地位非常高。这一年他来到一个村庄,发现这里很多人都是骨瘦如柴,甚至有一些人的耳朵被冻得通红,他实在不忍心看到村民遭受如此之苦,于是让手下弟子在村头搭起灶台,把肉末和辣椒、药材一同扔进锅内大火焖煮,开锅以后,用面把这些食材包起来,再次放到锅中煮,煮熟以后,为每个村民盛了一碗。奇怪的事情出现了,这些村民喝了这碗汤后,精神焕发,几天以后,被冻伤的耳朵也痊愈了。此后村民按照张仲景的方法,每年都会做这个汤,后来在这个村庄中,人们再也没有骨瘦如

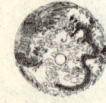

柴、耳朵被冻僵的情况出现。人们为了纪念张仲景，在冬至这天会做张仲景传授的汤。

饺子的发展经历了漫长的过程。从早期的"牢丸"、"娇耳"逐渐被人们称为饺子，经历了非常长的历史，也体现了饺子文化发展的历史过程。西汉时期社会秩序和谐，经济也得到了发展，民众也越来越重视传统节日，随即就有了在正月初一家人围坐在一起吃饺子的习俗，而此时饺子也正式成为中国人在传统节日尤其是春节必须要吃的食物。古人经常会形容春节吃饺子的情形，即使腰有万贯家财，也没有比能和家人吃上一顿饺子更幸福的事情了。

在对饺子的称谓上，我国北方和南方也各有不同，北方人还是习惯称为"饺子"，而在南方却被人们称为"馄饨"。虽然称谓不同，但是其品种和样式大同小异，饺子通常会有鱼肉水饺、牛肉水饺、猪肉水饺、三鲜水饺等多种样式。

饺子的造型有些像元宝，有招财进宝之意，这也体现了人们对财富的渴望。饺子有馅，且各式各样，一家人其乐融融地把面皮放在掌心，在面皮上放上馅，有一种全员参与的乐趣，也充分体现出家人的团聚，并一同度过美好时光。在亲情的感召下，亲人们不仅享受到美味的饺子，还会被浓浓的亲情所围绕，使他们真正能感觉到团圆的气氛。可以说饺子已经超出食品范畴，它更是对幸福生活和美好新年的无限渴望。

"北京烤鸭"起于何时？

在朱元璋建都南京之后，御厨采用南京肥厚多肉的湖鸭为原材料，用炭火烘烤，成菜后广受人们的称赞，被宫廷取名为烤鸭，从此成为官府人家中的珍品。之后明朝迁都于北京，将技术带入北京，由于北京盛产填鸭，于是厨师们便就地取材，取用填鸭为原材料，肉质更加鲜美。从此，北京烤鸭便成为北京风味美食。"便宜坊"、"全聚德"便开业在明朝时期。

《竹叶亭杂记》中有记载："亲戚寿日，必以烧鸭相馈遣。"烧即烤。可见当时勋戚贵族间往来便互送美味烤鸭了。在《忆京都词》中又这样写道："忆京都，填鸭冠寰中。焖烤登盘肥而美，加之炮烙制尤工。"更可见北京烤鸭的美味是无法抵挡的。

天津名吃"狗不理"包子为何得此恶名?

相传"狗不理"始创于1858年武清县杨村。有位吃苦耐劳的年轻人来到天津,和师傅学习做包子的手艺,年轻人对师傅所教授的手艺学得非常用心,经常一个人独自钻研做包子的方法。几年过去了,他不仅精通了制作包子的手艺,还自己开设了一家专门卖包子的包子铺,他的包子深受周围人的喜爱。

他做包子的方法是:精心挑选猪肉或羊肉,按照三分肥、七分瘦的比例加上适量的水,再放上一些经过多次炖煮的骨头汤或者鲜肉汤,然后加上特制的香油和酱油,配合葱姜等调料,最后把这些馅料搅拌均匀,放在一旁备用。包子皮的制作要掌握好一定的规律:用半发面,手压成大小均匀的剂子,并擀成10厘米大小的圆形面皮。此时把馅料包入面皮,把面皮均匀地捏折,并捏成大小一致的18个褶,远远看去,就像是白色菊花。当包子都包完以后,放在蒸笼上蒸制25分钟即可。

后来,这名年轻人的包子受到越来越多人的喜爱,生意非常火爆,他的包子铺很快便在当地流传开来,很多慕名而来的食客都纷纷来到年轻人的包子铺。由于生意非常好,他顾不上和熟人说话,所以有人给他起了个不理人的称号。这名年轻人小名叫狗子,人们就习惯性地把他叫做"狗不理",而他做的包子也就被称为"狗不理包子"。

你知道名字诙谐的"驴打滚"从何而来吗?

"驴打滚"是北京传统小吃之一,它有着非常古老的历史。由于它的样子神似毛驴打滚而得名。驴打滚的食材非常多,有黄豆面、白糖、香油、豆面等。

"驴打滚"虽然食材非常多,但是主要以黄豆面为原料。在制作的时候,首先要把黄豆面加上适量的水大火蒸熟,水量的掌握要遵循一定的规则,水量不能太少,如果太少的话做成的面就会发硬,影响"驴打滚"的口感,多放一些水才能使面更加柔软而富有弹性,这样做出的"驴打滚"才能爽口劲道。

民间就曾对"驴打滚"有这样的记载:"红糖水馅巧安排,黄面成团豆里埋。何事群呼'驴打滚',称名未免近诙谐。"

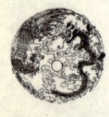

关于"驴打滚"还有一个典故,成吉思汗西征的时候,统治了一个部落,和这个部落达成了军事联盟。部落首领为了和成吉思汗拉近关系,把心爱的女儿

嫁给了成吉思汗。成吉思汗把她册封为妃子，但是由于水土不服，她整日茶不思饭不想，眼看一天比一天瘦。成吉思汗得知妃子最喜欢吃一种用黄豆面做成的团子，就让御厨赶紧制作。当团子端给妃子的时候，她一连吃了三个。这下成吉思汗终于可以放心了，他命令御厨每天都要用黄豆面做成团子。"驴打滚"由此而来，很快便流入民间成为大众喜欢的食品，并流传于世，成为人们生活中喜爱的小吃，被后世发扬光大。

"宫保鸡丁"这道菜名为何如此奇怪？

"宫保鸡丁"也叫"宫爆鸡丁"，它是一道四川的传统名菜，也是最常见的家常菜之一。它和鱼香肉丝常常并列在菜品里，像是一对孪生姐妹。这道菜色泽丰富，甜而不腻。小小的花生米、切成丁的黄瓜、胡萝卜和鸡肉，被精心地组合在了一起，形成了一道既营养美观又很美味的菜肴。

说起"宫保鸡丁"，我们最感兴趣的还是这道菜的由来，据《清史稿》记载："丁宝桢，字稚璜，贵州平远人，咸丰三年进士，光绪二年任四川总督。"传说丁宝桢对饮食和烹饪颇有研究，而且他喜欢吃鸡肉和花生米，并且很喜欢吃辣的。于是他就让家厨把花生米、干辣椒和鸡丁混合在一起放在锅里爆炒，果然味道鲜美，很受客人欢迎。这道菜本来属于丁家的私房菜，后来知道的人也越来越多了。

关于"宫保"，其实就是丁宝桢的官衔。据《中国历代职官词典》上解释的高级的官衔有太师，太傅，太保，太子太师，太子太傅、太子太保等。这些都是虚衔，没有实际意义，有的还是死后才赠予的职位，通称"宫衔"。咸丰以后，又改为"宫保"。丁宝桢治蜀十年，为官清廉，死后被追赠为"太子太保"，也属于"宫保"的虚衔。所以他这道菜后来就被定名为"宫保鸡丁"。

当然，"宫保鸡丁"的"保"字和"宫爆鸡丁"的"爆"字，字不同但音相近。"爆"跟做菜时"爆炒"这种炒菜技巧有关，于是人们后来便改称"宫爆鸡丁"。

"豆腐脑"这道美食是如何诞生的？

习惯于在外面吃早点的人们，对于"豆腐脑"是再熟悉不过了。"豆腐脑"的

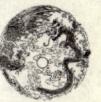

味道滑而不腻,而且很容易吸收。早上喝上一碗"豆腐脑",会让你精神百倍。

"豆腐脑"的最大特点是细嫩,故称"豆腐中的脑"。豆腐脑里可以放糖,也可以放卤。"豆腐脑"的卤,各地也有些不一样,最常见的是用黄花菜和木耳。

关于"豆腐脑"有一个故事。汉高祖刘邦的孙子刘安不务政事,但是他有很大的野心,不满足只当一个有名无实的君王,总想着更好的称谓,而且还想长生不老,到处寻找灵丹妙药。一天,他召集有道法的人在八公山下,燃起了熊熊的炉火,还叫他们用黄豆和盐卤来炼丹,结果"炼"成了雪白细腻的豆腐,而且美味可口。于是很快流传于世,而且很受欢迎。

"豆腐脑"在中国的食品中占有很重要的位置,它成本低廉,而且营养丰富。所以,它能够植根在广大人民的饮食文化中,并且长盛不衰。

名不见经传的"炒疙瘩"缘何盛行?

"炒疙瘩"作为北京特有的传统清真小吃,已经有近百年的历史了。"炒疙瘩"是用面粉调和后,配上绿叶青菜制成的。因为制作方便,省时省力,而且味道也不错,所以很受大众欢迎。

据说"炒疙瘩"是由一个北京的老太太和她的女儿发明的。民国初年,母女俩为了维持生计,开了个小饭馆,名为"广福馆"。由于厨艺一般,所以生意很不景气。有一天,母女俩和了十斤饸饹面,卖了一天,快到关门的时候还剩下五六斤。她们不知如何是好,于是母亲想到一个主意。她放平案板,把剩余的饸饹面重新揉一遍,然后揪成比骰子略大一点的小疙瘩,下到开水锅中煮熟,捞出后摊在阴凉的地方。当晚,母女俩就用这些熟面疙瘩加了些青菜炒着吃,出乎意料的是,味道鲜美。

第二天,由于"炒疙瘩"价格便宜,而且黄绿相间,色泽宜人,所以很多客户都好奇地过来品尝,果然让人叫好不绝。五六斤面疙瘩一下子就被卖得精光。他们又将配料进行改进,"炒疙瘩"于是受到更多人的欢迎。后来,女店主去世了,"广福馆"因无人继承而停业。但是他们的"炒疙瘩"却闻名北京内外,许多饭馆也纷纷仿效,于是"炒疙瘩"这一说法就约定俗成了。

第四章　饮食文化
中国人应该知道的国学常识

武汉名吃"热干面"是怎样产生的？

提起武汉这个地方，就会想到武汉的"热干面"。"热干面"是武汉最著名的小吃之一。武汉"热干面"与山西刀削面、两广伊府面、四川担担面、北方炸酱面并称为我国五大名面。"热干面"的闻名，关键在于"热干面"的做法独具特色。

"热干面"既不同于凉面，也不同于汤面。它是用专用的米粉做成的面条，先放在开水锅里煮熟，再经过过冷和过油的工序，捞起来放在一个专门的纸碗里，然后淋上用芝麻酱、香油、香醋、盐、葱花、辣椒油等调料做成的酱汁。

当然，武汉的"热干面"如此有名还要归功于制作热干面的人。在20世纪30年代初期，有个叫李包的食贩，他主要靠卖凉粉和汤面为生。

武汉天气炎热，卖不完的剩面如果不及时处理，到第二天就会发馊变质，于是每次他都要将剩面煮熟沥干，晾在案板上。有一次，他不小心碰到了案板上的油壶，麻油都泼在了面条上。李包只好无可奈何地将面条用油拌匀重新晾放。

第二天早上，李包将拌油的熟面条放在沸水里烫了烫，捞出来沥干放在碗里，然后加入卖凉粉用的调料。没想到人们竟争相购买。他自己给面条起了个名字，叫"热干面"。从此，他就专卖这种面，不仅吃的人很多，而且还有不少人向他拜师学艺。

过了几年，有位姓蔡的人也专门开了一家"热干面"面馆，取名"蔡林记"，后来成为武汉市经营"热干面"的名店。

什么才是正宗的"炸灌肠"？

在北京的某些小吃店里，有种让人印象深刻的"炸灌肠"，它既美味又特别。

"炸灌肠"的历史由来已久，早在明代刘若愚的《明宫史》中就有记载。清光绪年间，有一个店的灌肠很有名气，这个店就是"福兴居"，店里的掌柜被称作是"灌肠普"。传说慈禧非常喜欢吃他制作的灌肠。最初的灌肠是把淀粉和切碎的肉末灌到猪大肠里做成的。

发展到现在，灌肠的制作工艺已发生了一些改变。有的已经改用红曲和香料来做馅了。现在的超市里能够买到的，都是用绿豆淀粉和香料做成的淀粉肠。

"豌豆黄"是因慈禧而闻名的吗？

北京有一个习俗，每年农历三月初三要吃"豌豆黄"。所以，一到春季，"豌豆黄"很快就上市了。这个时候，人们可以很方便地买到这种小吃。到了春末的时候，吃的也就越来越少了。

"豌豆黄"主要是以豌豆为原料做成的。豌豆有消食、降压、减肥的作用。原来是民间小吃，后来因为慈禧很喜欢吃，就被做成了宫廷小吃。因为在用料、工艺等方面有很大的差别，北京的"豌豆黄"被分成了宫廷和民间两种。

说到宫廷的"豌豆黄"，有这么一个故事。有一天慈禧正在北海的静心斋乘凉，忽然听到外面传来敲锣打鼓的声音，她不解地问太监那是干什么的，太监回答说是卖"豌豆黄"、"芸豆卷"的。于是慈禧吩咐他们把那个卖"豌豆黄"的人带到园子里。此人见了慈禧，吓得赶快跪下，双手捧着"豌豆黄"和"芸豆卷"，请慈禧品尝。慈禧拿起吃了一口，很是满意，就把他留在了宫中，专门为她做"豌豆黄"和"芸豆卷"。

民间的"豌豆黄"是一种典型的应季食品。在春季的庙会里经常可以看到。

你知道"麻辣烫"与江边船工、纤夫的关系吗？

一年四季，"麻辣烫"的市场都十分火。"麻辣烫"吃起来比较灵活方便，避免浪费，而且营养又实惠。"麻辣烫"可以说是四川火锅的前身，把肉和菜都串在竹签上，放进翻滚的红汤里。正宗的吃法就相当于现在吃的火锅。

其实，最早是船工和纤夫创造了"麻辣烫"的吃法。在长江之滨，纤夫捡上几块石头，放上瓦罐，加上几瓢江水，用干柴生上火，在罐里放点蔬菜或者拔些野菜，放入海椒、花椒等调料，涮涮就可以吃了。这种煮食方便美味不说，而且还可以驱寒祛湿。于是"麻辣烫"就从江边流传开来。后来经过一些小贩的改造，成了有特色的地方小吃。

你知道关于"烧饼"的典故吗？

中国的传统美食真是举不胜举。"烧饼"这种大众化的烤烙面食，更是无人

不知,无人不晓。"烧饼"的品种很多,有掉渣烧饼、黄桥烧饼、油酥烧饼、起酥烧饼、糖麻酱烧饼、炉干烧饼、缸炉烧饼、罗丝转烧饼、油酥肉火烧、老婆饼、牛舌饼等100多个花样。

据说,古代的"烧饼"是汉代班超从西域传来的。《续汉书》有这样的记载:"灵帝好胡饼。"这里说的"胡饼"就是最早的烧饼。在唐代还有一个故事。时值安史之乱,唐玄宗和杨贵妃逃到外面没有吃的,于是臣仆就买了胡麻饼给他们吃。那时有一家叫辅兴坊的店铺非常出名。诗人白居易这样说道:"胡麻饼样学京都,面脆油香新出炉。寄于饥馋杨大使,尝香得似辅兴无。"说的就是辅兴坊的胡麻饼。"面脆油香新出炉"中胡饼的做法大概和现代烧饼相似。

关于"烧饼"的历史典故很多,其中有一个"烧饼歌"是关于刘伯温的,在我国传统的历书《通胜》中可以找得到。传说在公元1368年的一天,明太祖在吃烧饼,刚咬了一口,就听到有人报刘伯温谨见。太祖用碗盖住剩下的烧饼,想借此测试一下刘伯温,就问碗里是什么东西。刘伯温说:"半似日兮半似月,曾被金龙咬一缺。"太祖不语,刘伯温继续说道:"依臣所见,碗中为一烧饼是也。"明太祖赞叹不已。由此可见,"烧饼"的历史是非常悠久的。

气味难闻的"臭豆腐"为什么让人趋之若鹜?

"臭豆腐"的臭远远就能闻到,但这种浓烈的臭味,并没有吓到喜欢吃"臭豆腐"的人。"臭豆腐"是一种豆腐发酵制品,在全国乃至世界都是赫赫有名的。

关于"臭豆腐"的由来有好多种。其中有一种是说,朱元璋早年生活艰苦,还当过乞丐,经常挨饿。有一次他捡到路边的变了质的豆腐,就拿回去用油煎了,他觉得味道很好。当了军事统帅后,还拿臭豆腐庆祝他的丰功伟绩。"臭豆腐"于是就流传了下来。

还有一种是说,很早的时候,安徽黟县人喜欢在夏秋季节用盐使豆腐变色生毛,然后洗净放进油中煎炸。这种"臭豆腐"的做法和朱元璋的没有什么区别。

另一个说法是,在清朝康熙八年,有一个名叫王致和的安徽人,到北京赶考落第,想回家乡,但身上已没有钱。想在北京再考一次,距离下次考试时间又太长。他只好在北京寻求生计。王致和幼时曾随开豆腐坊的父亲学过做豆腐,于是他便开始了做豆腐的生意。豆腐很容易变质腐烂,他想出了保存豆

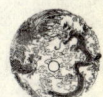

的办法：把这些豆腐切成小块，放在一个小罐子里，用盐腌起来。过了很久，他因为读书忘记了腌制的豆腐，等到想起来时，发现豆腐已经变成了青灰色。虽然臭臭的，但是他还是忍不住品尝了一口，觉得别有一番风味。送给邻居品尝，都赞不绝口。王致和最终没有中榜，最后还是卖起"臭豆腐"来。因为价格低廉，普通百姓都能接受，他的生意也就越做越大了。在他的不断改进和创新中，"臭豆腐"的名声越来越大，后来连慈禧太后都知道了。

口感细腻丰富的"糍粑"是如何做成的？

"糍粑"在我国南方是比较盛行的，也是南方特有的食品。每年到了春节前的一个月左右，大家都会忙忙碌碌地准备各种各样的小吃食品。自己生产，丰衣足食。就连打糍粑这样又累又细致的活儿，他们也做得不亦乐乎的。

"糍粑"在各地的做法都不一样，但都是用糯米做成的。在民国时期的《永顺县风土志》中记载："糯糍粑，系糯米饭在石臼中杵如泥，压成团形，形如圆月，大者直径约五尺，寻常者约四寸，厚三分至八分不等。"一般的糍粑只有巴掌大小。直径五尺的糍粑，大约是祭祖等特殊场合才用。

关于"糍粑"的食用方法和做法还有很多。可以油煎，可以水煮，可以火烤，也可以同甜酒一起煮沸加糖，还可用微波炉加热。无论怎么做，"糍粑"的味道都很丰富而且美味。

陕西凉皮与秦始皇有关吗？

说起"凉皮"，大家最为熟悉的莫过于陕西凉皮了。陕西凉皮主要以米皮为料，米皮是用大米面做的，所以一般的凉皮都指的是米皮。但是也有用小麦面粉做的皮子，叫小麦面皮。其他的还有黑米面皮子、醋淋皮子、擀面皮子、面筋皮子等诸多派生品种。

"凉皮"源于秦始皇时期。相传有一年陕西户县秦镇遭遇旱灾，百姓无米上供，于是只好挖井浇地。好不容易长出了稻穗，可是收割后的大米又小又干，根本拿不出手。正当他们不知如何是好时，有个叫李十二的用这种大米碾成面粉，做成面皮，大家吃后都感觉很惊奇。于是，李十二带着面皮和纳贡的大米

见秦始皇,秦始皇看到这样的大米,非常生气,要处罚他。李十二急忙跪下,说这米虽然不好,但是能够做出美味来,于是他拿出做好的面皮,递给秦始皇,请他品尝。秦始皇吃了面皮,感觉味道很好,也很满意,不但没有罚他,反而让他每天做几张面皮给自己享用。后来,李十二在某年的正月二十三去世,秦镇一带的人们为了纪念他,在这天总要蒸上些面皮。这个风俗一直延续到今天,"凉皮"也已经闻名中国。

如今秦镇的"凉皮"做工更加精细,调味讲究,它以"白、薄、光、软、筋、香"的特点吸引着众多食客。

"粽子"的由来是什么?

"粽子"的历史由来已久,在唐代韦巨源的《食谱》中就载有关于西安的"蜂蜜凉粽子"。它的做法是把糯米煮熟后晾干,吃的时候用丝线勒成薄片,蘸蜂蜜和黄桂酱吃。

传说"粽子"是为纪念屈原而产生的,此说法最早在梁吴均的《续齐谐记》中有记载:"屈原五月五日投汨罗水,楚人哀之。至此日,以竹筒子贮米投水以祭之。汉建武中,长沙区回忽见一士人自云三闾大夫。谓回曰:闻君当见祭,甚善。常年为蛟龙所窃,今若有惠,当以楝叶塞其上,以绿丝缠之。此二物蛟龙所惮。回依其言。今五月五日作粽并带楝叶、五花丝,遗风也。"屈原的这个典故在史上流传最广。至于"粽子"与屈原关联的说法,各有不同。最受肯定的是人们担心屈原的尸体被江里的鱼虾损伤,于是就把装着米的竹筒投入江中。用"竹筒"装米,也是最早的"筒粽"的由来,和竹筒饭相似。这里还说用"楝叶"、"五华丝"包粽子,可见,当时人们已有用叶子包粽子的习俗了。

后来也有"菰叶裹黍"的说法,用菰叶(茭白叶)包黍米成牛角状,也就是"角黍",这也就是所谓的"粽子"。

云南过桥米线中的"过桥"缘何而来?

云南的小吃以"米线"为特色,"云南过桥米线"可以说是米线中的翘楚,因为制汤考究、用料精细、别具特色而驰名全国。

"云南过桥米线"主要由汤、片、米线、佐料组成。汤可以是加入熟鸡油、味精、胡椒面，与鸡、排骨、猪筒子骨等熬出的汤，是先熬出来备用的。片可以是生鱼片、生肉片、鸡肉、猪肝、腰花、鱿鱼、海参、肚片等肉类，吃的时候可以把片直接加入汤里。再放上熟肉、米线、韭菜、菠菜、豆类等，最后放入酱油，辣子油。这种食物营养丰富，鲜嫩可口。

过桥米线在中国已经有一百多年的历史了。它源于滇南蒙自县。传说有一秀才在蒙自念书，他的妻子每天都要路过石砌的小桥给他送饭。有一次，妻子觉得丈夫读书辛苦，就炖了一只母鸡，放在罐里。因为临时有事没有及时给丈夫送去。回来后，发现汤罐还是热乎乎的。于是就赶紧拿到丈夫那里，将米线在热鸡汤里浸泡后，随即捞出放入碗里，秀才吃了赞誉不绝。后来这个故事被纷纷流传，人们也将其取名为"过桥米线"。

"油条"是怎么来的？

"油条"的味道香酥，色泽明亮，油而不腻，让人回味无穷。不过，都说油炸食品不好，怎么还会有那么多人对"油条"情有独钟呢？

"油条"深受欢迎，毋庸置疑。"油条"的历史，也是非常悠久的，据《宋史》记载，宋高宗绍兴十一年，秦桧一伙卖国贼，以"莫须有"的罪名杀害了岳飞。南宋军民对此无不义愤填膺。当时在临安风波亭附近有两个卖早点的饮食摊贩，抓起面团，分别搓捏了形如秦桧和其妻王氏的两个面人，绞在一起放入油锅里炸，并称之为"油炸桧"。一时，买早点的群众心领神会地喊起来："吃油炸桧！吃油炸桧！"

后来，人们不仅以吃"油炸桧"来发泄心中的愤怒，而且还吃得津津有味。长长的两根面人也像条子，于是人们又形象地称它为"油条"。因为通俗易懂，"油条"成了一个约定俗成的名字。

山东煎饼为什么要卷着大葱吃？

"煎饼"中最为著名的莫过于"山东煎饼"了。因为它的价格低廉、经济实惠、味道丰富而备受欢迎。山东煎饼的特点是非常薄，用五谷杂粮制作而成。

相传最早在秦始皇时期，孟姜女哭长城，所带的食物就是煎饼。"山东煎饼"起源于泰山，已有一千多年的历史。据说唐朝末年，黄巢起义军在泰山驻扎，当地百姓曾以煎饼相送。清代袁枚在《随园食单》中说："山东孔藩台家制薄饼，薄如蝉翼，大若茶盘，柔嫩绝伦。"这里所说的就是山东的煎饼。

关于"山东煎饼"的故事很多。传说在沂蒙山下，有一对情侣，一个是聪明漂亮的黄妹子，另一个是叫梁马的小伙子。黄妹子的继母嫌贫爱富，执意要把黄妹子嫁到富人家。黄妹子死活不肯。黄母于是提出让梁马来黄家温习功课，并许诺若梁马考取了功名后，便准许他和黄妹子成亲。黄母给梁马预备好了书房和文房四宝，问他还需要什么，梁马说："有书有笔就已足够。"黄母于是高兴起来，梁马搬进了书房，埋头读书。黄母故意刁难，不给他食物。黄妹子知道后，急中生智，烙了一叠很薄很薄的白饼，跟白纸一样，让丫环给梁马送去。在小院门口守门的家奴喝住说，夫人吩咐只许送进纸笔。家奴一看是一扎白纸，就放丫环进了院。梁马发现这些"白纸"都是饼，很佩服黄妹子的机智。有了"白纸"，梁马更加用心地读书。又三天过去了，黄母看梁马没反应，还想再饿梁马三天。黄妹子于是把大葱剥净剪叶去根，看上去就像笔一样，丫环给梁马送去了一大捆"笔"。家奴见是笔，只好放行。梁马吃着"纸"和"笔"，学习更加有劲。三天过去了，黄母只好不再多管闲事。后来，梁马果然中了状元，和黄妹子结成了夫妻。这个美满的爱情故事很快就被传开了。煎饼卷大葱的吃法也就因此而闻名于世了。

如今山东省新泰市，有一个非常有名的煎饼之乡——楼德镇，这个地方家家都会做山东煎饼，有"中国煎饼第一镇"的称号。

"烧卖"一词是如何得来的？

"烧卖"并没有像包子、油条那样频繁地出现在人们的视野中，但是它的美味却是无人可以抵挡的。"烧卖"和"烧麦"是我们经常混淆的两个名字，不过，都是一样的。南方通常称作是"烧卖"，而北京等地则称之为"烧麦"。

在中国南北各地，"烧卖"的品种也是各种各样，如菊花烧卖、土豆烧卖、草菇烧卖、鸡蛋烧卖等。"烧麦"是一种以烫面为皮，裹馅上笼蒸熟的面食小吃。形状像石榴一般，皮薄馅多。不仅外形美观，而且味道爽口。

"烧卖"在某些做法上和包子相似，它起源于包子又不同于包子。除了使用

未发酵面制皮外,它与包子的另一大区别在于顶部不封口。

最早在元代的教科书《朴事通》上,就有元大都(今北京)出售"素酸馅稍麦"的记载。这本书里讲到以麦面做成薄片包肉蒸熟,与汤食之,方言谓之稍麦。又如:"皮薄肉实切碎肉,当顶撮细似线稍系,故曰稍麦。""以面作皮,以肉为馅,当顶做花蕊,方言谓之烧卖。"这里的"稍麦"和今天的"烧卖"做法是一样的。

明清时期,"稍麦"一词仍然在用,同时还出现了"烧卖"、"烧麦"的名称,"烧卖"出现得更为频繁些。如《金瓶梅词话》中便有"桃花烧卖"的记述。《扬州画舫录》、《桐桥椅棹录》等书中均有"烧卖"一词的出现。清代的菜谱《调鼎集》里就收集有"荤馅烧卖"、"豆沙烧卖"、"油糖烧卖"等。其中"荤馅烧卖"是用鸡肉、火腿配上时令菜作馅制成。"油糖烧卖"则用板油丁、胡桃仁和白糖做馅制成。

如今,各个地方烧卖的品种更为丰富。如河南有切馅烧卖,安徽有鸭油烧卖,杭州有牛肉烧卖,江西有蛋肉烧卖,山东临清有羊肉烧卖,苏州有三鲜烧麦,广州有蟹肉烧卖、猪肝烧卖、牛肉烧卖和排骨烧卖等等,都别具一格。

"锅贴"是因为节俭而来的吗?

"锅贴"是一种大众化的小吃食品。它主要是以猪肉为馅儿煎炸而成。做好的锅贴风味独特,很是美味。锅贴的形状各地方不同,一般是饺子形状,但天津锅贴类似褡裢火烧。

"锅贴"的故事由来已久。据说慈禧太后非常喜欢吃饺子,但是只吃热饺子。这样御膳厨房不但要不停地煮出热腾腾的饺子,还得把冷掉的饺子扔掉。有一天,太后到后花园赏花,忽然闻到宫墙外传来一阵香味,于是就好奇地走出宫,看到有人在煎煮像饺子一样的食物,不过色彩金黄,很诱人,它尝了一口,觉得很好吃。后来才知道,这是他们利用御膳厨房丢弃的饺子,换用油煎的方式热着吃的。

当然还有其他说法,传说有位广东师傅有一次到中国北方吃了煎饺,觉得很好吃,于是就带回家乡,加工后演变成今天的"锅贴"。

中国历来就有着节俭的传统美德,"锅贴"不仅美观美味,而且更让人养成了节约的好习惯。做一顿饺子,剩下的还可以制成一顿"锅贴",何乐而不为呢?

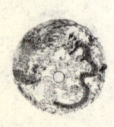

"春卷"和春天有关吗?

"春卷"在我国有着悠久的历史,北方人称它为"春饼"。一般人家都是在特殊的日子才会做这种东西。

据说,东晋时代就有"春饼",它是由立春之日食用春盘的习俗演变而成的。那时每到立春,人们就将面粉制成的薄饼摊在盘中,配上精美蔬菜食用,所以这道美食就被称作"春盘"。

在唐宋时,仍然时兴这种传统风俗。唐代杜甫诗中曰:"春日春盘细生菜",陆游也说:"春日春盘节物新"。这也说明了这个习俗在当时很重要。在唐代,春盘又叫五辛盘,五辛盘中盛有五种蔬菜,"以葱、蒜、韭、蓼、蒿、芥辛嫩之菜杂和食之,谓之五辛盘。"

后来,"春盘"、"五辛盘"又演变为"春饼"。据宋朝吴自牧在《梦粱录》中记载:"常熟糍糕,馄饨瓦铃儿,春饼、菜饼、圆子汤。"

到了清代,富家或士庶之家,也多食春饼。清代富察敦崇在《燕京岁时记·打春》中记载:"是日富家多食春饼,妇女等多买萝卜而食之,曰咬春,谓可以却春闹也。"这样,吃春饼逐渐成了一种传统习俗,代表吉祥如意等。

"春饼"如今又在时代的变化中演变成了"春卷"。

人们为什么把桂林米粉做成面条状?

桂林米粉因为它的独具特色而远近闻名。桂林米粉的主要成分是米和卤水,是用大米磨成粉后经过特殊的工艺,秘制而成的。关于桂林米粉的传说很多,但是说法不一。

传说桂林米粉与秦始皇有关。秦始皇微服游览桂林山水时,有一个嗜好,喜欢用鲤鱼须、鱼肚下酒。看到漓江的鲤鱼很多,就叫船家打了很多鲤鱼。秦始皇每天都吃大量的鲤鱼,在漓江上游玩了一段时间,杀了成千上万条鲤鱼。激起漓江里的鲤鱼王乱跳,于是船家急中生智,用大米磨浆制成了鱼须(米粉)、鱼肚(切粉)。秦始皇吃了,赞誉不绝。从此桂林米粉就面世了。

后来,秦始皇"焚书坑儒"成了千古暴君,老百姓十分痛恨他,于是就把桂林米粉的传说改编成:桃花江上摆渡的年轻人救了漓江的鲤鱼王,鲤鱼王问他需要什么作为报答。年轻人是孝子,说老母亲得了重病,茶饭不思,鲤鱼王听

了,就教他学会了制作米粉的工艺,老母亲一吃,胃口也好了,病也好了。因那年轻人是瑶族人,所以传说米粉最早是瑶族人做出来的。从前,米粉作坊的花格窗上,总爱挂一条木制的鲤鱼,就是由此传说得来。

另一种说法是这样的:据说秦王嬴政为了统一中国,派军征战南越,后来因为水土不服,粮食供应困难,大量士兵经常挨饿、生病。这些西北将士,天生就是吃麦面长大的,但南方盛产大米,不长麦子。伙夫根据西北饸面制作原理,用大米做出来了粉条。秦军又采用了当地的中草药,煎制成了防疫药汤,让将士服用,解决水土不服的问题。由于战斗辛苦,士兵们经常是米粉、药汤合在一起吃。这就是桂林米粉卤水的雏形。后来经过人们的改进、加工,而成为别具特色的桂林米粉卤水。

秦始皇统一南方后,将大量北方移民迁徙到桂林,他们来到桂林,把米粉叫成"米面",这种称谓,一直延续到桂林抗战结束。桂林米粉于是就这样被世人所知,并流传千古。

"冰糖葫芦"是一剂药方吗?

"冰糖葫芦"作为中国的传统美食,以它酸酸甜甜的独特魅力,吸引了众多的百姓争相品尝。

"冰糖葫芦"是将山楂等野果用竹签串成串后,蘸上麦芽糖使其变硬而成的。关于"冰糖葫芦",在历史中早就有记载。大清年间冰糖葫芦盛行于茶楼、戏院,大街小巷到处可见。冰糖葫芦老少皆宜,它具有开胃、养颜、增智、消除疲劳、清热等作用。据《燕京岁时记》记载:冰糖葫芦,乃用竹签,贯以山里红、海棠果、葡萄、麻山药、核桃仁、豆沙等,蘸以冰糖,甜脆而凉。

"冰糖葫芦"的由来还要从南宋的宋光宗皇帝说起。据说,绍熙年间,宋光宗最宠爱的黄贵妃面黄肌瘦,不想吃东西。宫廷里的医生千方百计地医治,仍然无济于事,皇帝见爱妃如此憔悴,心里也很着急。只好张榜求医。有个民间医生揭榜进宫,为黄贵妃诊脉后告诉她,只要用冰糖与山楂煎熬,每顿饭前吃五至十枚,不出半月就会好起来。贵妃服用一段时间后,果然痊愈了。

在民间,老百姓也以此为由做起了"冰糖葫芦"的生意,他们把山楂串起来,拿到大街小巷去卖。一直延续至今。

第四章 饮食文化

中国人应该知道的国学常识

地道的"小笼包"是如何做的?

"小笼包"是中国传统的美味小吃。"小笼包"的美味最重要的还是其中的馅,馅好,味就好。不过,真正要做出美味来,还是有一定的秘诀的。"小笼包"在江南地区最为著名。

最早的"小笼包"诞生于清朝道光年间的江苏常州,由万华茶楼首创,也就是著名的加蟹小笼包。"小笼包"的工艺自此流传到了上海、无锡等地方,成为独具地方特色的小吃。

如今的"小笼包"应该是起源于上海的南翔。上海的南翔小笼包有着近百年的历史,其创始人是黄明贤。"南翔小笼包"起初被称为"南翔大肉馒头",后又称为"南翔大馒头",接着又改为"古猗园小笼",现在叫"南翔小笼"。南翔小笼主要以精白面粉发酵擀成薄皮,选取猪腿精肉为馅,用隔年的老母鸡炖汤,再同猪肉皮混煮,然后做成皮冻,拌到馅里面。

"南翔小笼包"以其精细的制作、独特的技艺、浓郁的美味,吸引着众多的顾客,也让更多的人领略到了上海的饮食文化。

"汤圆"起源于什么朝代?

元宵节吃"汤圆"是中国饮食文化不可缺少的一部分,作为中国的传统名吃,"汤圆"有着十分悠久的历史。

据说在春秋末期,楚昭王有一次路过长江,见水面上漂浮着什么东西,就派人把它捞起来。这个东西颜色发白而且还有点偏黄,拨开里面的瓤,却有像胭脂一样红红的东西。昭王好奇地品尝了一口,结果发现十分美味。周围的人都不知道这是什么。昭王派人问孔子,孔子说:"此物浮萍果也,得之者复兴之兆。"孔子说,吃这东西有富国兴盛的征兆。正好这一天是正月十五,从此以后,每年的这一天,昭王都要吃这种东西。之后,就逐渐演变成了元宵节吃汤圆的习俗了。

还有一说。唐朝时期,唐太宗要犒劳大将郭子仪,正月十五佳节之际,就命令御厨用上等的糯米做成食品来款待他。这下把御厨们给难倒了,心急之余,他们想到了一个好办法,就是把糯米磨成粉,然后捏成圆圆的东西,代表团圆的意思。做出来后,献给皇上。唐太宗品尝后,赞不绝口,于是就把这个

东西命名为"唐圆",象征唐王朝一统天下。因"唐圆"是在正月十五元宵节时吃的,后人都把它称作是"元宵",也就是现在的"汤圆"。

还有人认为,"汤圆"这一词起源于宋朝。当时百姓都时兴用糯米粉搓成球,里面包裹着各种各样的果馅,然后将它煮熟。因为煮的时候,这些糯米做的球都会沉下去又浮起来,所以他们都称这种东西为"浮元子",后来就改名为"汤圆"。

还有一说,袁世凯当了大总统还不满足,硬是想当皇帝。有一天,他的一个姨太太吃元宵,袁世凯觉得这个词与"袁消"同音,有"袁世凯被消灭"之嫌,于是就下了命令,不准再叫"元宵",一律只能叫"汤圆"。当时有句民谣:"袁世凯,立洪宪,正月十五称上元。大总统,真圣贤,元宵改名叫汤圆。""汤圆"这个词从此就流传到了今天。

"年糕"为何又叫"年年糕"?

我国很多地方都有春节吃"年糕"的习俗。"年糕"是用黏性大的米做成粉团,然后蒸成的一种糕点,有黄、白两种颜色,象征金银,有大富大贵的意思。

"年糕"又可称作是"年年糕",与"年年高"谐音,春节的时候吃"年糕",寓意着人们的生活水平在接下来的一年里会有所提高。古人有诗曰:"年糕寓意稍云深,白色如银黄色金。年岁盼高时时利,虔诚默祝望财临。"

据考古学家考证,早在七千年前,我们的祖先就已经开始种植稻谷了。汉朝就有"稻饼"、"饵"、"糍"等多种称谓。汉代扬雄的《方言》中就有"糕"字的说法。米粒糕到粉糕的发展经历了很长的历程。公元六世纪的食谱《食次》就载有年糕"白茧糖"的制作方法,"熟炊秫稻米饭,及热于杵臼净者,舂之为米咨糍,须令极熟,勿令有米粒……"说的就是将糯米蒸熟,趁热舂成米糍,然后切成桃核大小,晾干油炸,滚上糖即可食用。据说在辽代就有正月初一吃年糕的习俗。到明清时期,"年糕"就已经发展成一种很常见的时令小吃,并且南北各有差异。

还有一个传说。在春秋战国时期,伍子胥替吴国的大王阖闾建筑了"阖闾大城",吴王自鸣得意,忘乎所以。伍子胥因此深感忧虑。他叫来贴身随从,嘱咐道:"满朝文武如今都以为高墙可保吴国太平。城墙固然可以抵挡敌兵,但里边

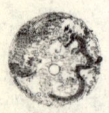

第四章　饮食文化

的人要想出去也会同样受制。如果敌人围而不打，吴国岂不是作茧自缚？忘乎所以，必至祸乱。倘若我有不测，吴国受困，粮草不济，你可去相门城下掘地三尺取粮。"没过多久，吴王驾崩，夫差继位，伍子胥力谏吴王拒绝越王勾践的求和，遭到嫌弃并被赐死。吴军终被越国讨伐，困守城中，炊断粮绝。情急之下，伍子胥的随从记起他的嘱咐，便急忙召集当地军民一起到相门外掘地取粮，挖到城墙下三尺深时，发现城砖是用糯米粉做的。人们感动不已，当即跪在城墙下，拜谢伍子胥。他们用糯米粉充饥渡过了难关。苏州人敬仰伍子胥的爱国爱民精神，于是每到寒冬腊月，就准备"年糕"，来表示对伍子胥的崇高敬意。"苏州年糕"的造型与城砖相似，也大概是与这个典故有关吧。

古代就有"盖浇饭"吗？

这里说的"盖浇饭"，其实也就是我们经常在饭馆里吃到的"盖饭"。"盖浇饭"是西北甘肃地区的叫法，东北称之为"烩饭"，广东人叫它"碟头饭"。如咖喱土豆饭、麻婆豆腐饭、番茄牛肉饭等，都是将菜和饭放在一个盘子里。

"盖浇饭"主要是将做好的菜盖在米饭上面，既简单又方便，可以说它是中国式的快餐。这也是中国的一大特色。

"盖浇饭"是在西周"八珍"之一"淳熬"的基础上发展而来的。

《礼记注疏》中记载的"淳熬"的做法是："煎醢（肉酱）加以陆稻上，沃之以膏。"醢是古代的肉酱，陆稻是北方种植的黄米和小米，沃是浇的意思，膏即油脂。意思是说将肉酱煎熬好以后，加在黄米（或小米）饭上，然后再浇上油脂，就成"淳熬"。

到了隋唐时期，因为烹制方法的改进，"淳熬"就演变成了"御黄王母饭"。在韦巨源的《食单》中记载有："编缕卵脂，盖饭表面，杂味。"这里说的是肉的形状已改变为丝，并且加上了鸡蛋等物，色香味形都更加丰富多彩了。这些都是"盖浇饭"的雏形。

如今的"盖浇饭"也一直沿袭着过去的做法，只是在味道和品种上变得更加丰富了。如地三鲜盖饭、宫爆鸡丁盖饭、鱼香肉丝盖饭等，都深受人们的欢迎。

"夫妻肺片"是用什么做成的？

名虽为"夫妻肺片"，但这道菜实为牛头皮、牛心、牛舌、牛肚、牛肉做成的，而非用肺制作。

早在清朝末年，就有一些小贩在成都的街头巷尾吆喝着卖凉拌肺片。他们用成本低廉的牛杂碎边角料，经卤煮后，切成片，佐以酱油、红油、辣椒、花椒面、芝麻面等拌食。

关于"夫妻肺片"的由来，还有一个故事。

相传20世纪30年代，在四川成都有一对摆小摊的夫妇，男的叫郭朝华，女的叫张田政，他们以制作销售凉拌肺片为业。走街串巷，提篮叫卖。因为他们制作的凉拌肺片味道鲜香、精致可口、别具特色，所以在成都一带深受欢迎。又由于他们夫妻俩恩爱无比，所以人们称为"夫妻肺片"。后来公私合营，郭氏夫妻并入国营单位，经过公司几十年努力，"夫妻肺片"成为著名小吃。到上世纪八十年代，政府给"肺片"注册了"夫妻牌"商标，还给"夫妻肺片"授予了"中华老字号"、"中华名小吃"等荣誉称号，于是便有了现在的"夫妻肺片"。

第五章

学制科举

汉朝时的选官制度——察举制度

察举制是从汉武帝元光元年(公元前134年)开始确立的。作为中国古代选拔官吏的制度之一，察举制与先秦时期的世袭制和从隋唐时建立的科举制有所不同。察举制的主要特征是：由当地长官在辖区内进行考察，通过考察的结果来选取人才，并将其推荐给上级或中央，再用考核的方式任命官员。

察举原意是选拔，察举制就是考察推举。察举有很多的科目，主要的有孝廉、秀才、明经、贤良方正等。

由察举制的科目就可以看出察举是以封建伦理道德为中心的选拔制度。它的另一个特点是以举荐为主，考试则为其次。察举制作为中国古代产生的首个系统的选拔官吏的制度，它对那时的社会及其以后的选官制度产生了至关重要的影响。察举制在隋唐时期演化为影响中国一千多年的科举制度。

唐代初年，考试者可以根据王朝规定"投牒自进"，意思就是可以随意报名，而报名人数则没有实际的限制。因此，察举制便从一种由地方长官的举荐制度变成了一种由中央设科、招考并且由报考者随意投考的选官制度。

魏晋时期的选官制度——九品中正制

九品中正制又称是九品官人法。最初是魏文帝曹丕为拉拢士族，于延康元年(220年)采纳魏吏部尚书陈群的建议所制定。九品中正制是魏晋南北朝时期主要的选官制度，西晋渐趋于全面，南北朝时又有所改变。九品中正制是两汉的察举制和隋唐的科举制之间的衔接。从九品中正制至隋唐科举制度的确立，有四百年之久。同察举制和科举制被称为中国封建社会三大选官制度。

九品中正制先是在各郡设置中正，接着在各州设置大中正。只能由本地人做州郡中正，州中正更多的则是由现任中央官员兼任。任中正者本身一般是九品中的二品即上品。州郡中正最初由各郡长官推荐，到时再经由州中正举荐，而司徒府掌握着中正的任命权。州郡中正都是设有属员的，这些属员被称为"访问"。一般人物可直接由属员评议，重要人物则必须是中正亲自评议。

评议人物是中正的主要职权，标准有：家世、道德、才能。家世又被称为"簿阀"、"簿世"，指被评者的族望和父祖辈的官爵。中正不会对人物的道德、才能作详尽的评议，只是概括地进行评述，即称为"状"。中正根据家世和才德

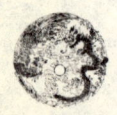

的评论对人物作出的品定,则称为"品"。品分九等,即上上、上中、上下、中上、中中、中下、下上、下中、下下。类别只有二,即为上品和下品。由于一品无人能得,便名存实亡,所以二品却成为最高品。三品可算高品(上品),以后便都降为卑品(下品)。

九品中正制的衰落开始于十六国和北朝时期。因为各政权具有少数民族统治的性质,九品中正制的作用不能再与两晋南朝时同日而语。在北魏初、中期,就未行九品中正制。而崔浩曾想方设法来恢复分别族姓的做法,也因不得之而被杀。之后魏孝文帝进行改制,班定了族姓,始立九品中正制。但河阴之变以后,此制由于太过流于形式,所以到了隋代,随着门阀制度的衰落,九品中正制最终被废除。

影响中国历史走向的科举制度

科举是中国历代封建王朝通过考试选拔官吏的一种选举制度。而之所以被叫做科举,是因为这种制度采用分科取士的方法。科举制实行于隋朝大业元年(605年),到清朝光绪三十一年(1905年)止,经历了一千三百多年的历史。

在隋朝平定战乱,统一全国后,为了能够尽快适应封建经济和政治关系的迅速发展,达到扩大封建统治阶级参与政权的要求,隋文帝便把对官吏的选拔权力收归于中央,继而废除九品中正制,开始了分科考试选拔官员。他令"诸州岁贡三人"参加考试,合格者便可以做官。据史载,开皇三年(583年)正月,隋文帝曾下诏举"贤良"。开皇十八年(598年)七月,又令京官五品以上,总管,刺史,以"志行修谨"、"清平干济"二科举人。隋炀帝大业三年(607年)四月,诏令文武官员有职事者,可以"孝悌有闻"、"德行敦厚"、"结义可称"、"操履清洁"、"强毅正直"、"执宪不饶"、"学业优敏"、"文才秀美"、"才堪将略"、"膂力骄壮"等十科举人。大业五年(609年)正月,又诏令诸郡以"学业该通,才艺优洽"、"膂力骄壮,超绝等伦"、"在官勤慎,堪理政事"、"立性正直,不避强御"等四科举人。隋炀帝还在大业年间,设置明经、进士二科,并以"试策"取士,这标志着科举制正式诞生。

隋朝灭亡以后,唐朝的帝王沿承了由隋朝传下来的选拔制度,并且又做了更进一步的改善。从此科举制度便开始逐渐地完备起来。完善科举制的关键人物是唐太宗、武则天、唐玄宗等人。唐朝科举制的考试科目分为常科和制科两

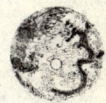

类。每年分期举行的称为常科，而由皇帝下诏书举行的临时考试则称为制科。

科举的考试内容在宋代也作了较大的改革。取消的科目有诗赋、帖经、墨义，而重点则选取专以经义、论、策的科目进行取士。在熙宁八年，废除诗赋、贴经、墨义为科目的取士的考试内容，即此颁发由王安石所编写的《三经新义》和论、策来进行取士。之所以采用王安石的科考取士内容，是因为王安石对考试内容的改革，更把通经致用放在首位。并且规定应考士子的必读书为大经和兼经。大经包括《易官义》、《诗经》、《书经》、《周礼》、《礼记》，兼经则有《论语》和《孟子》。进士考试规定为四场，依次考的是大经、兼经、论、策。而殿试相对于科举考试则相对容易，考试科目仅有策，字数则必须在千字以上。王安石的改革随即便遭到了以苏轼为首的翰林学士的反对。加之后来政治斗争的影响，《三经新义》被取消。即后便时而考诗赋，时而考经义，时而兼收并蓄，变换不定。

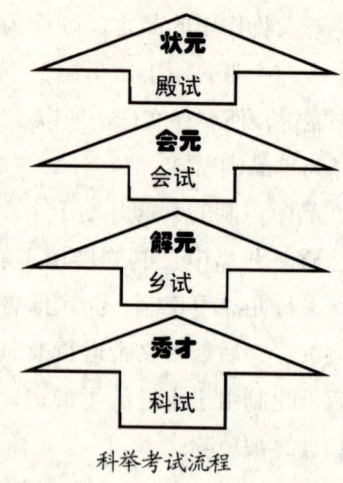

科举考试流程

秀才从这里走出来——院试

院试首先是一种资格考试，如果想取得参加正式科举考试的资格，必须要先要参加院试。院试同时也叫做章试或者道试，由掌管一省诸儒生事务的学政主办。院试合格后方可称为秀才，秀才才有资格进入官学并且正式参加科举考试。考生在各地的县或府里进行考试，由省里的提督学政主持，考取的考生则称为生员，其俗称也可是秀才（茂才）或者相公。清朝开始由各省的学政主持考试，学政是在清初顺天、江南、浙江的官员的统称，其余则称为学道；雍正时学道便被废除，一律称学政。因为学政称提督学院，故名院试，又沿袭旧名学道，亦称道试。报名等手续与府县试略同。学政于驻在地（一般为省城，也有例外，如顺天学政驻通州）考试就近的府、县。正场一场，复试一场。揭晓称"出案"；录取者为生员；送入府、县学宫，称"入学"，受教官的月课与考校。

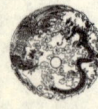

什么是会试？

会试是中国古代科举制度中的中央考试。会试由礼部直接主持，在京城举行。会试是明清时期众多考试名目之一。会试一般在京城东南方贡院中举行，参与会试的考官都是出于翰林院。会试分三场举行，每隔三天举行一场考试，比如初九这天第一场，第二次则在三天后的十二日，而第三场则在十五日。会试中所考的内容包括很多方面，有四书五经、经书、诗歌等。

会试中考取的第一名被称为"会元"，合格者称为"贡士"。在明朝的时候，录取规模有300名之多。而到了清朝的时候，最多的一次是在1730年录取了406名；在录取的时候，各地会结合各自的录取比例来适当地安排录取人数，历史上录取人数最少的时候出现在乾隆年间。

参加完会试的考生由皇帝亲自选拔，决定录用情况，并依照成绩的高低来委任官职。

皇帝做主考官的考试——殿试

在古代科举考试中，殿试是由皇帝亲自主持的考试，根据成绩对其进行排名。到了明清时期，殿试后有三甲：一甲就是经常所说的状元、榜眼和探花，赐进士及第；二甲赐进士；三甲赐同进士出身。

殿试从金朝开始到清代都是由皇帝亲自出题考试，所以殿试又被人们称为御试。在历史上曾经发生过一则殿试轶事。公元973年，几十名新考取的进士聚集在求学殿，他们将接受宋太祖的亲自考核。能参加殿试的这些人都是才高八斗之士。在宋太祖主持的殿试中，有两名进士在回答宋太祖的问题时表现出答非所问的情况，宋太祖开始怀疑两个人的知识水平，并把他们从进士名单中除名，还对贡举的官员实行了问责。此时只听见朝堂之外传来击鼓声，有名落榜的考生前来控告考场存在不合理性。宋太祖决定择日亲自阅卷，并重新安排考试。这次重新考试以后，录取了36名进士，击鼓控告的考生也成功翻身，被选入进士。所以到了后来，皇帝都会亲自查阅考生的考卷，并公正录用人才。

在殿试中，皇帝为了考核会试中举之人，都会亲自出题，通过考核的成绩来进行排名。这样做的目的就是要充分发挥中举之人的能力水平，让人才真正发挥出其能力，也能有效地把那些试图蒙混过关之人拒之门外。

由于官场中存在一定的腐败，凡是被考官推荐的考生，皇帝都会认真把关，如果皇帝感觉某个进士表现不俗，也能很快提拔他。明清的时候，进士在参加殿试之前必须要在保和殿中参加复试，复试完成以后才能参加殿试。

此时考官会对中举的进士进行点名、发卷，跪拜礼后，拟定选题，然后考生根据选题的内容进行写作。写作的时候没有字数的限制，但必须是一段可以突出重点的文章。当进士们写完以后，皇帝会对他们进行面对面的问答，根据每个人的表现来确立名次的排名。

中国古代考试的最高荣誉——状元

殿试考试中的第一名就叫做状元。

状元都是经历十年寒窗苦读后才一举成名，成为当时的佼佼者的。在中国古代社会中，读书是实现人生价值的唯一途径。很多学者为了实现自身的价值与理想，不惜忍受十年寒窗苦读的艰苦，为的就是有一天能够出人头地、以文入仕并光宗耀祖。如果能够在殿试中考取第一名的话，皇帝会委以重任，由吏部直接安排官职，或掌修国史等。

据史料记载，从公元622年到1904年这一千多年的时间内，可以考取到状元的不到780人。普通的书生，想要考取状元确实难上加难。全国各地都会进行激烈的竞争，从乡试到殿试的这个过程中，难度在不断增加。清代的时候，出现了一些满头白发却还要考取状元的人，这是对中国封建科举制度巨大的讽刺。

考取状元确实不是一件容易的事情，但考取了状元也并不一定就能够功成名就，同样会出现一些平庸之辈。他们中的一些人过着穷困潦倒的生活。公元899年，考取过状元的卢文焕，最终沦落到不能养活自己的地步。

状元一般被认为是学识比较渊博之人，但是也有通过关系滥竽充数的情况。唐文宗开成二年（837年），礼部侍郎高锴主持科举考试，他标榜以公正为原则，但是朝中一名宦官要求高锴把状元的位置留给他。而此时文宗皇帝还需要这名宦官的辅佐。高锴意识到无力反击这种行为，便默许了这名宦官的要求……这样的事例在中国封建科举制度中数不胜数——本应是公平的科举制度被某些特殊势力掌控后，失去了原有的意义，这不能不说是科举制度的悲哀。

这些状元中，很多一部分都是出身名门，他们从小就在宽裕的环境中生长，父辈甚至祖辈都是国之栋梁，加之有良好的家庭环境与教育环境，使他们

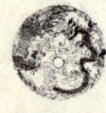

在父辈或祖辈威望的影响下能够很顺利地到达科举的顶峰位置。还有一部分出生在贫苦家庭中，完全依靠个人的努力而成为天子骄子。宋太祖在位期间，为了营造一个公正的科举制度，有意加强了对官宦子弟的限制，而对那些平民子弟实行一些关照。

最低级别的读书人——秀才

秀才原本指学识优异之人，随着时间的发展，秀才泛指所有古代的读书人。

秀才在汉代的时候与孝廉同为举士的科名，发展到唐朝、宋朝的时候统称为秀才，到了明清时期，考入州县的学子被称为秀才。明清时期的秀才指的是通过院试，得到了入学资格的生员。要想获取到秀才的资格，首先要通过童子试。在科举考试中，无论年龄大小，都会被称为童，只有考取过童子试的才能有资格被称为秀才。

早在南北朝时期，秀才一词便开始出现。隋朝时，隋文帝认为，科举制度存在一定的弊端，很容易把人才埋没掉，使有才能的人才发挥不出自身的价值。于是开始对科举制度进行改革，用考核的方法对人才进行选拔，选拔的标准非常严格，当时被选为秀才的不足10人。唐朝的时候，科举制度得到完善并发扬光大，秀才的地位也非常有影响力。

中国历史上最早获得秀才殊荣的是西汉初期的贾生。据记载："贾生，年十八，能诵诗属书，闻于郡中，吴廷尉为河南守，闻其秀才。召置门下，甚幸爱。"

秀才在古代中国的地位并不是很高，但秀才普遍被人们尊重，他们是官场与民间纠纷的沟通桥梁。另外，一般家庭出现婚丧嫁娶的时候，也会由秀才出面，为其写祭联与账务等。

"中国式门徒"——门生

门生由来许久，早在东汉时期，一些权贵家族或者儒家大师对其弟子都称为门生。随着时间的发展，门生成为权贵家族中的智囊团，这些门生大多是有

一定才华的，他们追求更多的是功名利禄，所以他们会在权贵家族中寄居并对家族的发展出谋划策。

在唐朝时候，门生还被看成是传授者对弟子的简称。宋朝欧阳修就有过对门生的解释："其亲授业者为弟子，转相传授者为门生。"中国古代的科举制度使很多读书人都追求仕途。当时他们缺少走向仕途的平台，于是便通过关系到一些权贵家族中，从当差役做起，为以后平步青云打基础。

你知道什么是贡生吗？

从字面意思就可以看出，贡生是贡献给皇帝的优秀学生。在古代中国科举制度中，成绩优秀的秀才成为贡生的候选人，也就有机会到最高学府国子监中进行学习，而这些学生就被后人称为贡生。

在州府中，每年都会选派一批成绩优秀的学生到国子监中继续学习，此时被称为岁贡；国庆期间被选派到国子监中学习的学生被称为恩贡；京城以外的其他地区会每隔三年选派最优秀的学生到国子监进行深造，被称为优贡；而十二年一次的各省择优录取的学生到国子监被称为拔贡。

在封建王朝，如果被选入贡生，那么就意味着可以出任做官了。

国子监的学生为什么被称为监生？

国子监是明清两代的高等学府，每个学子都向往这里，但是真正能进入到这里的却寥寥无几。监生是对国子监学生们的简称。

明朝初期，各省教育院会将学识渊博、成绩优秀的贡生送入到国子监学习，这些学生到了国子监以后便称为监生。举人落榜者也可以直接进入到国子监中学习。到清朝初期的时候，官宦家族的学生也有资格进入到国子监中学习，而且勋臣子弟等也有优先权。

监生在明代分为以下几种：举监、荫监、例监。举监是指在会试中落选的人，翰林院会根据这些人的实际才能对其进行再录取。在州府中，有一个规定，规定每一年在当地选派一名最为优秀的生员进入到国子监中参加学习，随着时间的发展，名额也不再严格限制，更多是让那些资历老的学生进入到国子

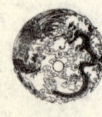

监中,而有些真才实学的生员只能等待下一次机会。所以到了孝宗时期,除了州府每一年选派优秀生员以外,还规定了每隔三年左右,继续把成绩优秀、品德兼优且有抱负的生员送入到国子监中学习;荫监指的是朝中三品以上官员的后代或亲戚可以优先入翰林院学习;而例监是为那些有抱负的平民子弟而设立的,当国子监监生名额有空缺或者国力不足的时候,翰林院容许平民子弟在向官府缴纳一定的费用后,到国子监中学习。

最"冷僻"的选官方式——征辟

汉朝时出现了一种人才录用制度——征辟。征辟分为"征"和"辟",天子发布诏书对人才进行招录称为"征",而地方官府吸收人才则被称为"辟"。征辟就是录用学识丰厚、品德高尚的人做官,征辟制度是录用人才最直接的方法。东汉时期三公、州牧等官职都是通过皇帝或者地方官府直接选拔出来,对那些有声望的人给予重任。在汉代的选官制度中,征辟是一种有效征用官职的办法。征辟在开始的时候就是一种以选拔官吏为目的的制度,

到西汉的时候,"征召"和"劈除"共存,二者又被简称为征辟,是统治阶级为了网罗人才并巩固自身统治地位所采用的措施。虽然被选上的人寥寥无几,但是却为那些有抱负有能力的人搭建了发展的平台,有利于发现人才并录用人才。但是随着时间的发展,在东汉时期,由于王朝腐败,个别官员徇私枉法,没有真正履行自身挑选人才的职责,让一些拥有才华的人才流失。随着历史的演变,明清时期,皇帝直接对官员进行任命。

秀才是这样考中的——童试

童试是取得秀才资格的考试,也有人把童试称为小试。童试包括三个阶段:县试、府试、院试。由知县主持的考试为县试,五人以上的童生联名才能参加考试,考试内容包括诗词、八股文等等。成绩合格以后才能参加府试。府试通常由知府等人主持,无论在考试内容还是考试场次方面都和县试相同。府试考试成绩通过以后才能参加院试。院试通过以后就可以被称为秀才,此时才正式开始了科举考试。

在清代科举考试中,童试只是第一步,但也是必须要经历的一步。清朝童试三年两试,参加考试的童生可以在三年内参加一次岁试和一次科试,只有通过了科试和岁试以后才能进行后续的考试。

让范进发疯的职位——举人

对人才的选拔,关系到国家的发展,也关系到统治阶级执政的能力。官员素质的高低和其自身的素质有关,但也和选拔制度有关系。秀才考试通过以后才可以进行更高级别的考试——乡试。而乡试在各省的中心举行,考取在农历八月,乡试的考官都是天子直接委派翰林院或者由进士出身的官员担任。通过乡试以后,便被称为举人。在乡试考试中,第一名往往是最令人关注的。因为就算没有通过会试,同样也可以谋取到一官半职。

举人最早出自于汉代。到了唐朝的时候,举人得到了统治者更多的重视,一旦中举就永远具有继续会试的资格。在古人看来,中举人是打开仕途大门的一把钥匙。

最后一级科考中的获胜者——进士

进士是科举考试中最后一级考试获胜者,也是科举殿试及第者。中了进士意味着能加官晋爵。在我国古代,考取进士的人数不在少数,而他们中的大多数人都是饱学之士,像王昌龄、韩愈、白居易、苏轼等都是进士出身。进士分为三甲,一甲会册封官职,二甲和三甲进士会入翰林院参加考试,考试通过即可授予官职。

进士的出现,不仅使统治阶级增加了更多的人才储备,使帝国能够平稳发展,而且还可以促使大量的人才通过竞争充分发挥出自身的才能。

考取进士是件令人兴奋的事情,但是所考取的人并不是和父老乡亲道喜,而是在京城中进行一些活动,这些活动主要是同官僚与上司拉拢关系,为自己的仕途奠定良好的人脉基础。这些活动对于是否能够顺利做官起到非常关键的作用。比如著名大诗人杜甫,就是因为缺少在京城中活动的资金而使自己的仕途遭遇不顺。

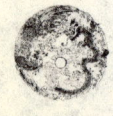

中国古代考场的奇迹——连中三元

古代科举制度中把参加乡试、会试和殿试的第一名分别称为解元、会元和状元，这就是人们所说的三元。连中三元就是指参加乡试、会试和殿试都获得了第一名。历史上连中三元的学子还不到十五人，足以证明连中三元的难度之大。

南方人喜欢用核桃、桂圆和荔枝来表达"元"，他们认为这些食物的造型更接近于"元"。有学子赶考的时候，他们都会随身带上这三种物品，以求能够连中三元。还有的地区会在铁片上写上"连中三元"的字样，让学子带在身边，以求能考得好成绩，连中三元是他们追求的最高目标。

古时候的科举考试可谓历经艰辛。从最底层的童试开始考起，童试考取上以后被称为秀才。秀才在省城里继续参加乡试，中第者会被称为举人，第一名叫做解元。这些举人继续到礼部参加会试，考中者被称为贡生，此时的第一名被称为会元。会元在金銮宝殿参加皇帝亲自主持的考试，中考者被称为进士，进士的第一名叫做状元。可以想象，实现连中三元是何等的困难与艰辛。

古代的道德模范——孝廉

汉武帝时期，设立了一种任用官员的察举考试科目——孝廉。从字面意思上不难看出，孝廉的意思是孝敬父母长辈、勤廉公正。随着时间的发展，逐渐演变成对举人的一种尊称，在明末清初的时候尤其盛行。

早在汉武帝年间，孝廉是察举制最主要的科目，每年都会察举孝者和廉者各一人。这种察举制逐渐成为选派官员的重要方式，并把这种方式称为孝廉。

你所不知道的朝考

很多人可能对朝考不甚了解，其实朝考也是古代科举考试中的一种。新科进士中考后，礼部会把他们的名单送到翰林院并向皇帝奏请，皇帝会挑选良辰吉日对这些进士再次考核。考核的时候由皇帝亲自派选指定的人员进行督考，这个过程被称为朝考。考试结束后，督考们会根据个人的成绩和殿试做比较，

挑选出成绩最优者，成绩最优者称为庶吉士，其他进士根据考试排名依次被授予主事、中书、知县等官职。

将军是从这里走出来的——武科

古代科举制度中有针对武官而设立的科目，这个科目便是武科。中国历史上最早出现武科是在武则天年间。武科考试的内容包括：骑马、射箭、负重等等。其中在射箭这一科目上，要求非常高，射出的箭要远要准，还规定了在马背上能射下一百米以外的物品。在负重方面，要能举起规定重量的物品，并把这个物品放到指定的位置上。此外参加武科的学生身高要在六尺以上。这些规定都是为了有针对性地训练军事人才而设立的。历史上平定"安史之乱"的大将军郭子仪就是武科出身，他从武科逐渐步入仕途，从此开始了他戎马一生的军事生涯。

武科是古代维护国家安全必须要进行的考核项目，每朝每代对武科的重视程度都很高。宋仁宗时期，为了训练出一支有战斗力的队伍，宋仁宗亲自对参加考试的学生进行考核，首先他会考核学生的骑术，然后是射术，只有这两个科目都通过以后，才能进入到下一个科目的比赛。

古代在对武官的考核中，不仅考核他们骑马射箭等方面的技能，还考核他们对兵法的造诣。武科的考核和文科的考核虽然在考试内容上有所不同，考试形式却存在相似性，也会参加院试、乡试、殿试等等，最终也会产生出武状元。

什么人可以进入国子监学习？

国子监是古代学子梦寐以求的高等学府。它产生于隋朝后期，到了明朝的时候，在北京和南京两地都设有国子监。北京的国子监称为北监，而南京的国子监则被称为南监。北京的国子监于公元1306年建立，它跨越了元朝到清朝几百年的历史。它的设立弥补了古代缺少高等学府的状况。

公元278年，西晋武帝设立了国子学，并设博士和国子祭酒。到了隋文帝时期，废除了国子学而改名为国子寺。发展到隋炀帝时期，正式改名为国子监。唐朝一直沿用国子监这个名字，唐朝的国子监设立了国子、太学、四门、律

算、书等六学。国子监在宋朝的时候,只是少数人能够进入的。当时规定,只有七品以上官员的子弟才有资格进入到国子监中学习,而普通庶民根本无法进入。国子监中会设立官职,设置祭酒一名,官居从三品;从四品是司业;博士五人,官居五品;从六品的助教五人;丞一人,掌判监事,官居从六品以下。

孔子的讲坛——杏坛

杏坛是孔子面对众多弟子讲学的地方。人们为了纪念孔子,在孔子故乡山东曲阜立碑、植树。杏坛四周朱栏围绕、群山环绕,还有乾隆亲笔御碑。

公元前522年,孔子在杏坛向众弟子讲学,此时孔子已经是三十而立之时。孔子在讲学过程中,不会以身份高低对待弟子,他倡导民本,无论贫富贵贱、男女老少、都可以来听他的讲学。孔子带着众弟子垒土筑坛,并在周围栽上杏树。孔子看着杏树对弟子们说道:"此树挺拔直立,愿弟子们能像此树一样正直,其果实可以充饥,有利于庶民民生,此坛取名为杏坛。"就这样,孔子每到杏坛讲学,都会引来大量弟子的聆听。《谒圣庙》有诗为证:"绕坛红杏垂垂发,依树白云冉冉飞。"

1024年,孔子后人在此设立讲坛,并在四周种植杏树。1267年,元世祖重修杏坛,并增加了对杏树的种植面积。到了1569年的时候,重修方亭,乾隆皇帝御笔题匾。

古代的私立学校——私塾

私塾在我国的历史上影响很大,它以教授儒家思想为主,是我国私学必不可少的组成部分。私塾最早出现于春秋时期,此时私塾的形式只是简单的几种。随着时间的发展,私塾的形式发展到很多种,有授业老师直接开设的村馆和学馆,还有一种是利用庙宇等地租收入而创办的免费私塾。经过长时间的发展,私塾作为培养人才的摇篮,为国家教育体制的发展做出了不可磨灭的贡献。

在古代私塾教育中,大多数学生都不用进行入学考试,只需要得到私塾先生的同意便可以到私塾中学习。私塾是启蒙学生认知的必不可少的教学场所,

晚清私塾

对古代教育事业的发展具有促进作用。学生在进入私塾进行学习的时候,会对着树立在大堂中孔子的圣像鞠躬,向私塾先生作揖或跪拜后,就可以正式在私塾中学习。古代私塾的规模不算太大,人数方面没有特定的要求,少则几个人,多则上百人不等。

私塾的授课时间分为长学和短学。选择短学的学生一般都是学习一个月或三个月以后便离开私塾,家长对他们的要求是能认识字,会些简单的对联即可;而那些选择长学的学生,一般都是家境殷实的学生,家长要求孩子将来高中,踏上仕途,光宗耀祖。

古代的私塾非常注重启蒙教育,教授一些日常生活中的礼仪和规范,比如见到长者要鞠躬作揖等等。私塾先生在向学生们授课的时候会正襟危坐,学生们站立一旁恭听私塾先生的教导。讲完以后,会让学生们背诵,如果学生没有背诵下来,私塾先生会给予一定的处罚,轻者罚打手心,重者则被赶出私塾。

中国古代文学艺术的摇篮——鸿都门学

鸿都门学是我国最早研究文学艺术的高等专科学府。鸿都门学是东汉年间诞生的。汉灵帝在文学方面有一定的造诣,所以把鸿都门学设立在河南洛阳,

鸿都门学由此诞生。

鸿都门学是中国历史上最早且具有时代意义的专科大学，它是世界上文学方面最早、最专业化的大学，并在儒家思想的带动下，打破了此前一些陈旧观念。对贵族子弟实行限制、对庶民子弟开放的教育措施，使得庶民子弟中不断涌现出一批又一批的人才。但是好景不长，鸿都门学随着汉王朝的衰败也走向了灭亡。

中国古代的大学——太学

太学是古代的大学。公元前135年，汉武帝在长安设立了太学，被认为是当时最高的学府。太学在建立初期只有不到50人，后来随着时间的发展，越来越多的人到太学中学习。太学面向全国招收学生，课程以儒家经典教材——《诗》、《书》、《春秋》、《礼》、《易》为主。

太学中执教的主要是博士，战国时期开始就已经出现了博士这个官职，此时博士的主要职责就是管理书籍和其他一些事情，而到了汉朝的时候，博士才开始向学生们授课，授课的同时还有招收学生的义务。汉朝的时候对博士的要求非常严格，不仅要求博士学识渊博，而且还要具有很优秀的品德，只有这样才具有博士的资格。而博士的学生也被称为太学生或者博士弟子等等。

在规定太学生入学条件方面，历朝历代也不尽相同。唐代规定太学生必须是当朝五品官员以上的直系亲属，宋朝的太学生必须是在朝八品官员或者才貌双全的普通庶民子弟。

太学中的祭酒也就是校长一职的选拔非常严格，祭酒必须是学识非常渊博的人，其选拔条件要高于博士。每年都会对祭酒进行测评，还要考察其礼仪等，只有测评合格之人才有机会连任。

而关于太学，东汉末著名学者蔡邕更明确指出："太学以为博士弟子授业之所。"一句话就足以说明太学在当时社会中的地位。

传承华夏文明的圣地——书院

书院是我国特有的地方化教育组织，它是在唐朝时期出现的，以私人或达官贵人官府为讲学场所。书院在发展初期，由达官贵人在山林幽静之处，自行筹资，修建学堂向外讲授。随着历史的发展，书院由朝廷委任教官、划拨土地和经费，成为一种官民结合的地方性教育组织。

白鹿洞书院、岳麓书院、应天府书院、石鼓书院是中国历史上最著名的书院。白鹿洞书院位于江西五老峰的山谷中，这里环境清幽，一位喜欢饲养白鹿的刺史隐居在这里，并设立了驻台，白鹿洞由此而得名。从这里相继走出了很多文人墨客，有陆象山、王阳明等人。岳麓书院位于湖南省岳麓山东侧，是国家重点文物保护单位之一，始建于公元976年，历经了四朝四代。而今天湖南大学的所在地离岳麓书院也不远。

书院诞生的一个主要原因，是由于官学衰败、战火纷扰，读书人都归隐山林，开设书院，并向天下人讲学。北宋年间，书院主要以讲学的形式开展，到了南宋后期，书院已经成为文化活动的场所，在这里经常会看到来自五湖四海的读书人进行讲学，并分享学术上的研究。此时的学院大多是自筹资金修建校舍，并采取自学和相互讲学等方式进行。来这里的读书人不是为了考取功名利禄，而是培养学问和品德。

发展到明代的时候，书院成为文人墨客抨击时政最主要的场所，是他们畅所欲言之圣地。其中以东林书院最为著名。东林书院位于江苏无锡，是社会各界人士言论聚集的场所，也是他们大谈国家政治与抱负的理想居所。虽然书院受到几次查封，但是依然蠹立不倒。

虽然清代书院比明代多1000所左右，但是并没有像明朝那样成为文人墨客畅所欲言的场所，而是逐渐变成大学堂、中学堂和小学堂，也由此结束了书院的真正内涵。

中国古代翻译学校——同文馆

同文馆是我国清代专门培养翻译及洋务人才的机构，是1860年由恭亲王奕䜣为了发展洋务运动而设立的。

岳麓书院

同文馆附属于总理衙门,馆中设立了各种官职,还从美国聘请了传教士教授翻译人员。建立初期只有英、法、俄三个国家的语言,但是随着时间的发展,又增加了日文和德文。起初学员只有不足二十人,且都是14岁以下的八旗子弟,通过改革,渐渐放宽了招收标准,开始大范围招收30岁以下的秀才和举人以及五品以下的官员。

中国古代医学院——太医署

太医署是我国古代医疗研究和医疗服务的机构,也是由国家开设的医学院,早在西晋的时候就出现了。此时的太医署不仅是国内最大规模的医疗机构,还融合了国内最权威的医学教育与医学研究。

隋唐时期太医署由医学、药学和行政三部分组成,都属于太常寺管理。在医学教育中,主要以针灸按摩为主。此时在校的师生有300人之多。而太医署的教师分为博士、助教、师和工四个职称。每个季度都会重新对这些职称进行考核,根据考核情况对教师实行升、降、退、留的政策。

北京大学的前身——京师大学堂

京师大学堂是我国近代的一所综合性大学,也是统筹其他各省市学堂的行政机构。京师大学堂的出现在我国高等学府历史上具有里程碑式的意义。

京师大学堂是在戊戌变法的背景下创立的。最早位于北京马神庙和沙滩周围。八国联军入侵北京以后,京师大学堂遭受洗劫,两年之后才恢复办学。当时吏部尚书张百熙任管学大臣,严复任大学堂译书局总办。不久以后,翻译出身的严复接管了京师大学堂的所有事务。1912年,严复正式当选为京师大学堂的校长,京师大学堂也正式改名为北京大学。

很多人认为,京师大学堂只不过是古代科举制度的替代品。但自从蔡元培担任京师大学堂校长后,京师大学堂焕发出勃勃生机,也摒弃了科举制度的陋习。蔡元培是位有识之士,他对京师大学堂进行了根本上的改革,重视科学研究,一切从实际出发,努力为学子们创造出一个思想自由、科研氛围浓厚的学习环境。在若干年的发展过程中,京师大学堂占据着全国学术的顶峰位置,也

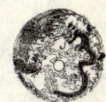

成为中国各种文化运动的起源地。就是在这种自由和科学的氛围下，北京大学为各位学子搭建了实现理想的平台，并为社会的进步和发展贡献着力量。

蔡元培通过改革把北京大学创办成国内的综合性大学。1918年，北京大学尝试性的创办了"北京大学月报"，此月报在月末的时候会刊登师生的学术论文和政治见解等，让学子们有了一个发表政治见解的平台。1919年，北京大学已经形成数学、地质、哲学、英文、法律学、教育学等十多个学系，这些学系为中国的发展培养出大量的人才，比如李大钊、鲁迅、陈独秀等。通过蔡元培的改革，北京大学焕发出夺人风采，成为全国思想的中心和文化的聚集地，成为中国传播民主、倡导科学技术的大本营。

读书人思想的摧残——八股文

八股文出现在明清两朝，是在科举考试中惯用的一种陈旧呆板的文体。有人也把八股文称为时艺、时文等。破题、承题、起讲、入手、起股、中股、后股、束股八部分组成了八股文。很多文人墨客把八股文比作是残害读书人的工具，后人也把八股文比喻成呆板的文章或讲义。八股文不允许作者自由发挥，要从入学典籍中取题，限制文章中段与句子的格式，文章字数的多少也有严格的限制。可以说，八股文是封建统治阶级为了束缚民众思想最直接的统治工具。

学者们都认为，八股文与宋代科举考试中的经文这种文体有一定的关联，宋代的经文虽然已经消失，但是它为八股文的出现奠定了基础。直到光绪三十一年，存在七百多年的八股文才退出了中国教育史的舞台。

什么是科举四宴？

封建王朝的统治者们为了让踏上仕途道路的人更加忠诚为他们效劳，特举办了盛大的庆祝宴会，向天下表明隆恩浩荡，这个庆祝宴会就是闻名于世的科举四宴。

顾名思义，科举四宴由四种宴会组成：鹿鸣宴、琼林宴、鹰扬宴、会武宴。其中鹿鸣宴、琼林宴又被称为文科宴；鹰扬宴、会武宴又被称为武科宴。

第五章　学制科举

鹿鸣宴是为新科状元举行的欢庆宴会，古人用"禄"来表示升官发财，而鹿与禄谐音，为此取名为鹿鸣宴，表达了对新科状元的祝贺之意。虽然古人对升官发财非常看重，但他们不会把它挂在嘴边，而是借助鹿鸣这样有诗意的名字来表达对升官发财的渴望。

考生参加完殿试，被选为新科进士以后，会为他们举行庆祝的宴会。在宋朝的时候，凡是在殿试中被皇帝选为新科进士的学生都会被赐宴款待。赐宴款待的地点设在当时的皇家花园，这个皇家花园位于如今河南省开封市。《宋史·乐志四》记载："政和二年，赐贡士闻喜于辟雍，仍用雅乐，罢琼林苑宴。"这就是琼林宴的来历。

清朝制度中，武乡试出榜后，考场工作人员会和中考的武举人一同参加庆祝活动，参加的宴会就叫鹰扬宴。为何取名为鹰扬宴呢？古人希望能够像雄鹰一样展翅高飞，把它作为获取功名利禄的勉励，由此激励考生要有雄鹰般的精神，在天空中不断飞跃，直到实现自己的梦想。

从唐朝开始，武科参加完殿试并得到皇帝的册封后，兵部会为他们举行盛大的庆祝宴会，会武宴由此而来。会武宴无论从规模还是参加人数上，都比其他武学有关的宴会隆重。此时不仅聚集了兵部的所有官员，其他各省的一些武术世家也会献出精彩的节目，可以称得上是群英荟萃。

第六章

国学经典

第一节 经部——儒学经典

儒学"圣经"——《四书五经》

《四书五经》是四书和五经的合称,都是儒家的经典书籍。四书是指《论语》、《孟子》、《大学》和《中庸》。五经指的是《诗经》、《尚书》、《礼记》、《周易》和《春秋》,简称"诗、书、礼、易、春秋"。原本还有一本《乐经》,这六本书被称为"六经",简称为"诗、书、礼、乐、易、春秋",但是后来《乐经》失传,只剩下了五经。

四书是由南宋著名理学家朱熹经过整理汇集而成,并且分别为这四部书籍做了注释。五经则是在汉武帝时设立了五经博士,为五经的儒家经典地位奠定了基础。《四书五经》作为儒家学派的必读之书,自南宋以后成为了科举考试的基本科目,成为读书人的必读之书。

孔子一生的言论集——《论语》

《论语》是记录孔子及其弟子言行的一本语录体书籍,是儒家经典著作,由孔子的弟子及门人编撰而成。集中体现了孔子的思想、道德、政治主张、伦理观念、教育原则等。

《论语》中运用了大量排比、对偶、叠句等,让《论语》的语言更显生动活泼。其中的很多词句都成为了经典名言和成语,如:"己所不欲,勿施于人"、"温故而知新"、"巧言令色"、"三思而行"、"过犹不及"、"因材施教"、"择善而从"、"色厉内荏"、"祸起萧墙"等等。《论语》是儒家的经典之作,是我国重要的历史文化遗产。

在道德方面,孔子强调做人要以"仁"为本,"仁"既指要有仁爱之心还要做到"克己复礼"。

对于交友来说,在《论语·季氏》中写道:"益者三友,损者三友。友直,友谅,友多闻,益矣;友便辟,友善柔,友便佞,损矣。"也就是说要多与那些为人正直真诚,讲信用不虚伪,见多识广,学识渊博的人来往,这样对于完善我

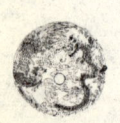

们的自身道德修养是有益的。那些喜欢谄媚逢迎、见风使舵、溜须拍马、巧言令色、夸夸其谈之人则属于损友，因为他们不会真诚地对待你，反而会给你带来危害，所以要避免与这些人交朋友。做人还要守信用，没有信用的人是无法在社会上立足的。信，既是立人之本也是立国之本。做人要"言必信，行必果，惊惊然小人哉！"。

在学习方面，提倡"敏而好学，不耻下问"，要虚心向他人求教。

在教育方面，则主张"因材施教"，对待不同的学生，采取不同的教育方法。对待胆小的学生，要多鼓励；对待胆大自傲的学生，要让其收敛，抑制他的自傲情绪。

在政治方面，孔子主张要重视伦理纲常，"君君，臣臣，父父，子子"。意思是说做国君的要有国君的样子，做臣子的要有臣子的样子，做父亲的要有父亲的样子，做儿子的要有儿子的样子，只有做到各司其职，才能治理好国家。

《论语》作为儒家的经典之作对于我国历史、文化、思想教育等方面都有深远的影响。即使在今天看来，书中许多思想内容都是值得我们学习和借鉴的。

儒家又一经典——《孟子》

《孟子》是由孟子及其弟子共同编写而成的，主要记录了孟子的言行，是儒家经典之作。

《孟子》一书中的文章逻辑严谨，长于论辩，言简意赅，形象生动，是我国传统散文的经典之作。作为儒家的又一经典之作，其地位与《论语》并列。宋朝时《孟子》被列入了科举考试中。朝廷在举行科举考试时，都是从《四书》中选取考试题目，《孟子》作为《四书》之一，成为了所有学子的必读之书。

《孟子》继承和发展了孔子的儒家思想，仁政成为其政治思想的核心。在政治方面孟子倡导以民为本的思想，认为国家的统治者首先应该把人民放在第一位，国家其次，君王应当放在最后。即："民为贵，社稷次之，君为轻。"如果君王无道，人民则有权利将他推翻。正是因为《孟子》中宣传了这种"民贵君轻"的思想，所以在宋朝之前，并没有得到应有的重视，其地位并不高。汉代仅把它作为经书的辅助典籍。到了宋神宗时期，《孟子》才首次被列入科举考试科目。

《孟子》还发展了孔子的仁政之说，如："国君好仁，天下无敌焉。""天子不

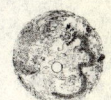

孟子

仁,不保四海;诸侯不仁,不保社稷;卿大夫不仁,不保宗庙;士庶人不仁,不保四体。"孟子主张君主要关心人民疾苦,重视民心背向,只有这样才能赢得民心,治理好国家;相反,人民对待君主也应该像对待父母一样服从和敬重。孟子认为如果统治者不顾人民死活,而推行暴政的话,那么他就将会失去民心,最终被人民推翻。

孟子认为让人民安居乐业,生活得到保证,再进行向善的道德教育,人民就不会触犯刑法,为非作歹。"人人亲其亲、长其长,而天下平。"孟子在《梁惠王上》中描写了其理想中的社会:"老吾老,以及人之老,幼吾幼,以及人之幼。"在尊敬自己长辈的同时也尊敬其他的长辈,在爱护自己孩子的同时也爱护其他的孩子。孟子还强调治理好国家的根本也在于人民的道德修养即"天下之本在国,国之本在家,家之本在身"。

在伦理道德方面孟子认为人本性善,在《告子上》中写道:"恻隐之心,人皆有之;羞恶之心,人皆有之;恭敬之心,人皆有之;是非之心,人皆有之。恻隐之心,仁也;羞恶之心,义也;恭敬之心,礼也;是非之心,智也。仁、义、礼、智,非由外铄我也,我固有之也。"孟子用仁、义、礼、智四个方面来概括和评价人们的道德规范。孟子认为在这四个方面中,仁、义最为重要。它们是一切的基础,如果每个人都能做到仁义,那么天下的稳定和统一就有了保证。

《孟子》作为中国古代优秀的儒家经典散文集,对后世产生了极大的影响。唐宋时期很多散文大家都是以《孟子》的文章作为典范,为后世散文的发展打下良好的基础。其民本思想、仁政学说以及道德伦理影响了中国数千年之久,直到今天,书中的许多思想内容仍然具有很大的现实意义。

儒家典籍 ——《大学》

《大学》是由宋朝程颢、程颐从《礼记》第四十二篇抽出，编次章句而成书的。后来朱熹对其进行编排和整理、注释。《大学》与《中庸》、《论语》、《孟子》共称为《四书》，是儒家经典之作。

《大学》主要讲治国安邦之策。《大学》中提出了三条纲领和八个条目。三纲领指的是"大学之道，在明明德，在亲民，在止于至善"。也就是说，治国安邦在于是否施行正大光明的德政，是否能够体察民意亲近民众，是否能够以至善至美作为最终追求的最高境界。

八条目指的是格物、致知、诚意、正心、修身、齐家、治国、平天下。格物是指认识事物。致知是指获得知识。诚意指不自欺欺人。正心指从内心端正自己。修身是指提高自身修养。齐家是指将自己的家族和家庭管理好。治国是指治理国家。平天下是指平定天下，让天下安定下来。

《大学》主张：治理国家的宗旨在于能否发扬光明正大的品德，是否能够实施德政，能否摒弃旧的观念提出新的思想，能够勤政爱民，是否把至善至美做为追求的最高境界。只有知道需要达到的目标才能够坚定志向；而只有志向坚定了，遇事才能做到镇静；只有镇静才能够安下心来；只有心里安定了才能够让自己考虑周详；只有考虑周详之后，做事才能够有所收获。天地万物都有自己的根本始末，任何事情都有开始和终结。只有明白了这个的道理，才能接近事物发展的本质规律。

《大学》的文辞非常简约，内涵却非常深刻，它从实际出发，对如何治理国家进行了详细的分析和论述。其思想影响了中国两千多年的文人志士。孙中山在讲解三民主义的时候，还曾经提到我们要想摆脱外国的压迫，首先要从修身做起，这样才能齐家治国。由此可见，《大学》对现代社会人们如何做人、成家、立业等仍然具有深刻的启迪意义。

从《中庸》中探求古人的修身养性之道

《中庸》是由孔子后裔子思所作，后经秦朝学者整理而成。《中庸》原本是《小戴礼记》中的一篇。到了北宋时期，经程颢和程颐极力推崇，《中庸》的文学地位不断提高。

南宋时期,《中庸》是《四书》之一,也是古代官方定制的科举考试必读书籍,对中国古代的教育产生了深远的影响。

《中庸》的思想内容并非人们所理解的中立和平庸,它指的是儒家所阐述的中庸之道。它是一本修养自身的教育理论著作,主旨在于教育人们如何自我修养、自我管理、自我完善、自我教育,最终达到至善至美的人格修养境界。

《中庸》中提出"天命之谓性,率性之谓道,修道之谓教"。意思是说上天给予人的天性就是本性,按照自己的天性去做事就是道,对自己的本性进行自我修养就是教。

"道也者,不可须臾离也,可离非道也。是故君子戒慎乎其所不睹,恐惧乎其所不闻。莫见乎远,莫显乎微。故君子慎其独也。"意思是说,所谓道就是对自身修养的教育和约束,一刻也不能放松,要把它贯穿于人生的始终,否则就不能称之为道。作为君子要有一种自我监督的精神,对于自己看不到的地方要谨慎,对于自己听不到的地方要戒惧。越是在最不易觉察的言行上越能够看出一个人的思想,越是在最细微之处越能显示出一个人的品格,所以君子即使在独处的时候也能够约束和监督自己的道德行为。

《中庸》提出了"五达道",指的是如何运用中庸之道来调节君臣、父子、夫妻、兄弟以及朋友这五种人际关系。只有通过正确的方法来处理这五种人际关系,才能够达到和谐太平的理想境界。那么如何调节这五种人际关系呢?《中庸》中提出"三达德"的方法,即依靠智、仁、勇的品德来调节,依靠善良诚实的品性来培植,从而达到"君惠臣忠"、"父慈子孝"、"夫义妇顺"、"兄友弟恭"、"朋友有信"准则,最终达到"中庸"的境界。

《中庸》对于如何治理国家,达到天下太平,提出了"九经"——修养自身,尊重贤人,爱惜家人,敬重大臣,体恤下属,爱护百姓,劝勉工匠,优待客人,安抚诸侯。也就是说,只有修养好自身,才能够达到高尚品格;尊重贤人,才能够明白是非;爱护和珍惜家人,叔伯兄弟之间才不会产生怨恨;敬重大臣,才能够更好地帮你处理政事;体恤下属,他们才会尽全力去报答你;爱护百姓,老百姓才会拥护你;劝勉工匠,社会物质才能充足;优待远方来的客人,周围的国家才会归顺;安抚诸侯,天下才会敬服于你。要想做好这九项工作,首先要做到至诚、至仁、至善。处理调节好这九种关系,让国家达到天下太平。

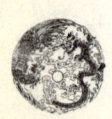

华夏历史上第一本诗歌总集——《诗经》

《诗经》最早并不是被称为《诗经》，在先秦时期被称为《诗》或《诗三百》，到了西汉时期《诗三百》被尊为儒家的经典，改称为《诗经》。《诗经》共收集诗歌311篇。其中只有6篇有标题，没有内容，被称为笙诗。现存《诗经》共305篇。收集了从西周初年到春秋中叶，500多年中民间创作的诗歌。是我国第一部诗歌总集。

全书分为风、雅、颂三个部分。"风"又称为是"十五国风"，因为其中包括了周南、召南、邶、墉、卫、王、郑、齐、魏、唐、秦、陈、桧、曹、豳十五个不同地方的民歌，共有160篇。"雅"分为大雅、小雅。主要是宫廷的士大夫的作品，多是一些正声雅乐。大雅有31篇，小雅有74篇，共有105篇。"颂"分为"周颂"、"鲁颂"、"商颂"，是宗庙祭祀时的乐歌，共有诗40篇。

《诗经》经过口耳相传，在汉代出现了四种版本："鲁诗"、"齐诗"、"韩诗"、"毛诗"。在西汉时期鲁、齐、韩的三家诗比较盛行，"毛诗"虽然比三家诗出现晚，但是在民间广为流传。"毛诗"相传是鲁人毛亨和赵人毛苌整理的。到了魏晋以后，三家诗逐渐失传，只有"毛诗"独盛于世。现在流传下来的《诗经》版本就是"毛诗"。

《诗经》全面展示了从周朝到春秋时期，中国奴隶社会从兴盛到衰败的历史面貌和社会生活。其内容包括：爱情、婚姻、战争、农事、徭役、祭祀等社会生活的方方面面。

《诗经》主要以四言诗句为主，兼有杂言，如二言、八言等。为了加强诗歌的抒情效果，还经常采用重章叠句或者双声叠韵的形式。《诗经》有句句押韵、隔句押韵，还有一韵到底等，它的韵律十分整齐。赋、比、兴手法的运用加强了诗歌的形象性，取得了良好的艺术效果，也是《诗经》的重要艺术特征，对以后的诗歌创作产生了很大的影响。

上古之书——《尚书》

《尚书》是中国现存最早的史书，又被称为《书》、《书经》。全书分为《虞书》、《夏书》、《商书》、《周书》。在战国时期被称为《书》，汉朝改称为《尚书》，意思是"上古之书"。《尚书》与《诗经》、《礼记》、《周易》、《春秋》，并称为五经，

是儒家经典著作之一。

《尚书》分为典、谟、训、诰、誓、命六种文体，记述的内容是从原始社会末期到春秋秦穆公时期各个朝代帝王的部分言行。

对于《尚书》编纂者，历来有不同的说法，但是司马迁和班固都认为《尚书》是由孔子编撰而成，其中有些篇目是由孔子门下的弟子补充进去的。西汉时期《尚书》共有28篇，因当时是用的隶书抄写，所以被称为《今文尚书》。东晋时期梅赜所献的伪《尚书》被称为是《古文尚书》。现在通行的《尚书》版本就是《今文尚书》和伪《古文尚书》的合编本，其中《虞书》有5篇，《夏书》有4篇，《商书》有17篇，《周书》有32篇，共有58篇。

《尚书》文字比较古奥迂涩，所谓"周诰殷盘，诘屈聱牙"，指的就是《尚书》这个特点。其中也有一小部分文字比较形象，易于理解。《尚书》开始重视人物语言、环境的描述，重视语言的表达，文章的结构已经趋于完成，标着中国古代散文已经形成。它以敬德重民的这种天命观念来解释历史的兴亡，并为现实提供借鉴。汉代以后各个朝代的制诰、诏令、章奏等公文都受到了《尚书》的影响。

中华民族的第一本礼仪书——《礼记》

《礼记》是一部有关我国古代典章制度的书籍，是战国至秦汉时期儒家学者们对《仪礼》文章进行解释说明的选集，是有关儒家思想方面的资料汇编。《礼记》中的大多数文章是由孔子的学生所写的，它还收入了先秦时期一些其他的典籍。到西汉前期，《礼记》一共有131篇。后来西汉礼学家戴德和其侄子戴圣重新编定成为《大戴礼记》和《小戴礼记》。戴德所编的叫《大戴礼记》，一共选编了85篇，在后来的流传过程中失散，到唐代仅剩下39篇。而戴圣所编的叫《小戴礼记》，一共选编49篇。东汉末年著名学者郑玄为《小戴礼记》作了注解后，《小戴礼记》便从此盛行不衰，逐渐成为经典。唐代《小戴礼记》被列入了"九经"，宋代则被列入"十三经"，成为科举考试的必读之书。今天我们所看到的《礼记》就是《小戴礼记》。

汉代，人们通常把孔子所编定的典籍称为"经"，其门下弟子对"经"的解说称为"传"或"记"。因为《礼记》是对"礼"的解释，所以称之为《礼记》。其内容主要是与先秦相关礼制、礼仪的记载、解释和论述，共九万字左右，所包含的内

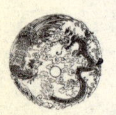

容十分广泛,种类杂多。如政治、道德、哲学、历史、祭祀、文艺、法律、历法、地理等诸多方面的知识,集中体现了先秦时期儒家有关政治、哲学和伦理方面的思想,成为后世研究先秦社会的重要资料。

《礼记》是用记叙文形式写成的,文章的结构严谨、言简意赅、意味隽永,有的是用一个短小而生动的故事来阐明一个道理,有的则进行了大量的心理描写和刻画,书中还收录了大量精辟而富有哲理的格言、警句。《礼记》与《仪礼》、《周礼》合称"三礼",对中国的传统文化产生了深远影响。

中国历史上最玄奥的书——《周易》

《周易》作为我国古老的文化瑰宝,起源于古人用甲骨占卜的实践活动,用它来对天地、未来、国家大事等进行预测。占卜是古人对于一些自然现象和科学方法未了解之前所依托的一种手段,其方法并不科学。根据《史记》记载的"文王拘而演周易"的说法,可以认为《易经》是周文王所著,并写下了六十四卦系的卦辞。"周易"之名最早出现于《周礼》。到了春秋时期,孔子的门下弟子继承了孔子对《周易》的关注,著有《易传》一书。李斯在秦始皇焚书坑儒时,把《周易》列为医术占卜类的书籍,才让《易经》幸免于难。

《周易》认为世界的万事万物都是发展变化的,而阴和阳则是世界万物变化的最基本要素。《周易·系辞》中写道:"一阴一阳之谓道。"《周易》认为,阴阳之间相互依存,相互作用,处于此消彼长的不断变化中。《周易》的这种阴阳观念,具有一定朴素的唯物主义思想和辩证法,它主张人们要保持自然界和人类社会阴阳的平衡。

在周易中用阳爻和阴爻表示阴阳。将阳爻和阴爻按照由下往上的方式来重叠组合,形成了八卦,即"乾、坤、震、巽、坎、离、艮、兑"八个卦象。《易传·系辞》写道:"是故易有太极,是生两仪,两仪生四象,四象生八卦。"这八个卦又被称为是经卦或单卦。由八个单卦两两重叠后,一共产生六十四卦,这六十四卦又被称为六十四别卦,每一卦都有自己特定的名称。阴阳根据其状态还可以划分为"老阴、老阳、少阴、少阳"或者是"太阴、太阳、少阴、少阳"四种情况。

《周易》的阴阳观念对于古人的实践活动、认识和改造社会、推动社会不断向前发展有一定的积极作用。《周易》讲究阴阳平衡、刚柔并济,提倡人们要自

强不息、厚德载物等。《周易》作为我国古代指导人们认识和利用自然规律和社会规律的儒家哲学典籍,对后世产生了深远影响。

帮你了解春秋历史的书——《春秋左氏传》

《左传》全称《春秋左氏传》,原名《左氏春秋》,是左丘明所作,是为了解释孔子的《春秋》。左丘明,春秋末期鲁国人,出身于史官世家,曾经与孔子一起"乘如周,观书于周史"。《左传》是中国第一部记事详细、议论精辟的编年史。《左传》记载了自鲁隐公元年(公元前722年)到鲁悼公十四年(公元前453年)的历史。

孔子所著的《春秋》在语言上极为精练,后人不易理解,所以便出现了对书中内容进行解释和说明的书籍。这种对书中所记载的内容进行解释和说明的书籍,被称为"传"。

左丘明墓

《左传》基本以《春秋》鲁国十二公为记事顺序。主要记录了有关王室的衰落、诸侯之间的争霸历史、礼仪规范、典章制度、历法时令、社会风俗、道德观念、天文地理、古代文献等,是一部记录春秋时期社会状况的重要典籍。

《左传》具有鲜明的政治观念与道德倾向。《左传》认为,作为国家的统治者,应该从国家的长远利益出发来考虑问题,而不应该仅仅为了一己私欲。《左传》对于长幼尊卑之类的等级秩序与宗法伦理等也非常重视。《左传》中也表现出了民本的思想。后来《左传》被附在了孔子的《春秋》之后,逐渐成为了儒家经典。

什么是《春秋公羊传》?

《公羊传》又叫做《春秋公羊传》、《公羊春秋》,是史学的经典之作,记载了自鲁隐公元年(前722年)到鲁悼公十四年(前453年)的历史。它用问答的方式重点阐释《春秋》中的"微言大义",是专门解释和说明《春秋》的一部典籍。《公羊传》的作者是公羊高。

《公羊传》与《左传》以记载史实为主不同,它是逐文逐句对《春秋》进行解释。《公羊传》作为今文经学的重要典籍,是历代经学家的政治工具,同时它还是后世研究秦汉时期儒家思想的重要资料。

《公羊传》的注本主要是东汉时期何休的《春秋公羊解诂》、唐朝徐彦的《公羊传疏》和清朝陈立的《公羊义疏》。

《公羊传》、《左传》、《谷梁传》被称为《春秋三传》,是中国古代统治者倍加推崇的儒家经典,也是古代科举考试的必读之书,对中国社会和文化产生了深远的影响。

什么是《春秋谷梁传》?

《谷梁传》又被称为《谷梁春秋》、《春秋谷梁传》,是儒家的经典,其目的是为《春秋》作注解。相传作者是子夏的弟子谷梁赤。起初,书的内容是以口头传授的,到了西汉时期才记录成书。

《谷梁传》是以语录体和对话体的方式对《春秋》进行注解的,它是研究从战国到汉朝时期儒家思想的重要文献。《谷梁传》成书时间要比《公羊传》晚。

《谷梁传》记载了自鲁隐公元年(公元前722年),到鲁悼公十四年(公元前453年)的历史,其体裁与《公羊传》类似。

《谷梁传》中对于礼乐教化进行了强调,力主仁德之治。如《隐公元年》中写道:"礼,赗人之母则可,娼人之妾则不可。"

《谷梁传》与《春秋公羊传》强调宗法伦理,要求大义灭亲,要求毫不留情地镇压"乱臣贼子"的思想有所不同,它对于宗法情谊进行了强调,这种思想有利于缓和当时统治阶级内部的矛盾,这也是《谷梁传》之所以在汉代一度兴盛的一个重要原因。《谷梁传》除了注重宗法情谊之外,对于尊王思想也进行了强调,而这有利于统治阶级实现皇权的绝对统治。

《谷梁传》语言风格比较准确凝练。虽然在史实记载方面不如《左传》丰富，但它从另一方面对《左传》的内容进行了补充，反映出春秋时期的一些生活情况，也具有重要的历史价值。

《谷梁传》一书的注本有：晋代范宁所撰的《春秋榖梁传集解》，唐朝杨士勋的《春秋榖梁传疏》，清代钟文烝所撰的《榖梁补注》。这些注本为后人研究《谷梁传》提供了参考资料。

中国历史上的第一部词典——《尔雅》

《尔雅》是我国第一部按照词义和事物分类的词典，是中国最早解释词义的一部书。《尔雅》被列入十三经之中，是儒家的经典著作。《尔雅》的"尔"是近的意思；"雅"是正的意思，这里指的是雅言，即官方规定的规范语言。《尔雅》是我国训诂学的开山之作，对于后世的古文字学、音韵学、训诂学等方面都产生了重要的影响。

《尔雅》全书是按照词语的意义、种类进行分类编排的。全书共19篇，分别是《释诂》、《释言》、《释训》、《释亲》、《释宫》、《释器》、《释乐》、《释天》、《释地》、《释丘》、《释山》、《释水》、《释草》、《释木》、《释虫》、《释鱼》、《释鸟》、《释兽》、《释畜》。

《尔雅》并非一人之作，而是经过多人整理汇集而成的，成书于战国末年。经过历代相传，不断对其增补，西汉时期被进一步整理而成。由于《尔雅》对词语的解释非常深奥，不容易被后人理解，因此又出现了许多注释《尔雅》的著作，如晋代郭璞所著的《尔雅注》，是现存最早且最完整的注本。此外，还有北宋邢昺的《尔雅疏》、清朝马国翰的《尔雅古注》、清代邵晋涵的《尔雅正义》、清代郝懿行的《尔雅义疏》，以及近代人周祖谟的《尔雅校笺》。

"三礼"之一的《仪礼》

《仪礼》又被称为是《礼经》、《士礼》、《礼》。是我国古代记载典礼、礼仪制度的著作。《礼仪》与《周礼》、《礼记》并称为"三礼"。《仪礼》是"三礼"中成书最早的一部，它的文字比较艰涩，内容也很枯燥。

《仪礼》的成书背景是在商周时期。当时已经有了名目繁多的典礼，而且参加这些典礼的礼节也非常繁缛复杂，需要经过专门的训练，才能操办这些典礼。于是当时的儒生根据各种典礼的礼节，进行不断地补充和整理，修订成册。但是到了汉代时期，就仅剩下了冠、婚、丧祭、朝聘、射乡五项典礼礼节，共17篇。经过高堂生整理后，称其为《礼经》，并在士大夫阶层进行传授。到了汉宣帝时期，《礼经》被立为官学，从晋代开始被称为《仪礼》。

在中国古代朝廷，贵族士大夫、乡绅等举行各种重大典礼活动时，都会以《仪礼》作为参照。这也是我国历来被称为礼仪之邦的一个主要原因。另一方面这些礼节经过各个朝代的传承和推广，对中国的社会生活和传统文化都产生了深远影响，在一定程度上也提高了民族的凝聚力。

有关《仪礼》的注疏有：唐代贾公彦所撰的《仪礼疏》。到了南宋，贾公彦所撰的《仪礼疏》与郑注所著的《仪礼注》合并为《仪礼注疏》。清代有胡培翚撰写的《仪礼正义》。

百善孝为先——《孝经》

《孝经》相传是孔子所作，在清代的《四库全书》中曾指出：《孝经》是孔子"七十子之徒之遗言"，秦汉时期成书。《孝经》是儒家的有关伦理学的经典著作，全书共18章，以"孝"为中心，集中阐述了儒家的伦理思想。

《孝经》认为孝是诸德之本，尽孝道是天经地义之事，在《孝经》中写道："夫孝，天之经也，地之义也，人之行也。""人之行，莫大于孝。"并且认为，孝道不仅能够立身，也可以用于治理国家，它首次将孝敬亲人与爱国忠君联系起来，将"孝"的意义和范围进一步扩大——"孝悌之至"可以"通于神明，光于四海，无所不通"。

《孝经》忠君的思想受到了封建统治阶级的欢迎，这有利于维护封建统治阶级的利益和国家的统治。在唐代被尊为了经书，到了南宋以后《孝经》的地位进一步提高，被列入了《十三经》之中。在中国封建社会漫长的历史进程中，《孝经》一直被看做是"孔子述作，垂范将来"的经典之作，对于中国社会产生了深远的影响。

《孝经》注解版本有：唐玄宗李隆基的《孝经注》和宋代邢昺的《孝经疏》。

世界上最早、最完整的管制记录——《周礼》

《周礼》又被称为是《周官》和《周官经》,主要讲的是周朝官制和战国时期其他各国的制度。全书共6篇,分别是《天官冢宰》、《地官司徒》、《春官宗伯》、《夏官司马》、《秋官司寇》、《冬官司空》。每篇分为上下两卷,全书共12卷,其中《冬官司空》在流传过程中遗失,汉代时补以《考工记》。《周礼》不仅是我国保存最为完整和最早的官制记录,在世界上也是最早、最完整的官制记录。

对于《周礼》的成书,历来有争论。古文经学家认为作者是周公旦,而今文经学家则认为是战国时期作品。近人把周秦时期的青铜器铭文上所记载的官制,与《周礼》书中的内容相参照,认为《周礼》应该是战国时期的作品。

《周礼》和《仪礼》、《礼记》被称为是"三礼"。"三礼"都是儒家的经典之作,都是有关礼仪的书籍,但是它们的内容和侧重点有所不同。《周礼》主要讲的是周朝的官制,《礼记》则是儒家学者对《仪礼》文章进行解释说明的选集。

《周礼》在成书的最初并未受到人们的重视。直到西汉末年,王莽总以周公自居,并且开始模仿周制,《周礼》才受到了重视。王莽灭亡后,《周礼》又重遭冷遇。东汉时期,郑玄为《周礼》做注后,又重新受到人们的重视。到了北宋时期,王安石在变法时还曾以《周礼》作为历史依据。南宋以后《周礼》的地位被进一步提高,列入了《十三经》之中。

《周礼》的注疏有:东汉时期郑玄所作的《周礼注》、唐代贾公彦所著的《周礼义疏》、清代孙诒让所撰的《周礼正义》,这些注本为后人研究《周礼》提供了参考资料。

第二节 史部——各种体裁历史著作

什么是正史?正史为什么"正"?

正史是指官方修订的史书。"正史"之名,最初见于《隋书·经籍志》:"世有著述,皆拟班、马,以为正史。"即司马迁的《史记》和班固的《汉书》。到了清代,乾隆皇帝钦定"二十四史"为"正史",即西汉司马迁《史记》,东汉班固《汉

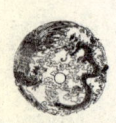

书》，南朝刘宋时期范晔《后汉书》，西晋陈寿编写的《三国志》，唐代的房玄龄、褚遂良、许敬宗等编写的《晋书》，南朝梁沈约《宋书》，南朝梁萧子显《南齐书》，唐代姚思廉《梁书》、《陈书》，北齐魏收《魏书》，唐代李百药《北齐书》，唐代令狐德棻等《周书》，唐代魏征等《隋书》，唐代李延寿《南史》，唐代李延寿《北史》，后晋刘昫等《旧唐书》，北宋欧阳修、宋祁《新唐书》，北宋薛居正等修撰的《旧五代史》，北宋欧阳修《新五代史》，元朝脱脱《宋史》、《辽史》、《金史》，明朝宋濂等《元史》，清代张廷玉《明史》。

根据清《四库全书》的记载，"凡未经宸断者，则悉不滥登。盖正史体尊，义与经配，非悬诸令典，莫敢私增"，也就是说未经皇帝批准的都不得列入正史。

一般来说二十四史即为正史，二十四史共3249卷，约有四千万字。从《史记》记叙黄帝开始，到《明史》记叙明崇祯17年（公元1644年），前后共记述了四千多年的历史，并且都是用本纪、列传的纪传体形式编写的。所记载的内容非常丰富，记载了经济、政治、文化艺术和科学技术等的发展历程。1921年北洋军阀政府又新增了《新元史》，和二十四史合称二十五史。

正史的另一种说法是在《明史·艺文志》中，它将纪传、编年二体，并称为正史。

什么是野史？野史为什么"野"？

古代私家编撰的史书一般都被称为野史，其名是针对官方修的正史而言的。

《汉书·艺文志》中写道："细米为稗，街谈巷说，甚细碎之言也。王者欲知里巷风俗，故立稗官，使称说之。"稗官指的是那些采录民俗民情的小官。野史中的"野"有两层含义，一种是相对于官方在朝人士而言，是在野人士，如一些下层人士编写的，未经官方审定的，有时甚至是官方所禁的，但是在民间流传的；另一种含义是从文章的雅俗而讲，这些野史很多都是最原始的资料，语言风格方面可能会显得有些粗俗，但是大部分都具有一定的真实性。

野史与正史相比，少了一些忌讳，它会写一些在正史中不敢涉及或官方忌讳的内容，如历史上的"文字狱"等。从野史中可以看到官场、宫闱的一些奇闻秘史，社会生活的一些细枝末节等，能让人们更加全面地了解当时的社会发展状况。

历史上很多名人都喜欢读一些野史，如唐代文学家陆龟蒙曾在《奉酬袭美苦雨见寄》中写道："自爱垂名野史中，宁论抱困荒城侧。"刘鹗的《老残游记》写道："野史者，补正史之缺也。名可托诸子虚，事虚证诸实在。"鲁迅先生也认为要想全面了解中国的历史，不仅要读正史也要读一读历代的野史，并曾多次称赞《明季稗史汇编》之类的野史。

野史中所写的人物和事件大部分都是真实的，有些历史事件是因为有碍于封建正统观念或其他原因而不得入正史，遂就成了野史。

当然也有一部分野史是记载当时一些道听途说的传闻逸事之类。与野史相比较，正史的史料更具有可靠性和权威性。但是野史作为正史的一种补充，也是今人了解历史的一个不可或缺的途径。

什么是杂史？杂史为什么"杂"？

杂史是野史的一种，不同于纪传体形式的正史。

杂史的内容和形式都比较杂，有时只是一时的见闻或传闻中的一件事情，它一般不受体例的限制，都是私家记录的一些杂闻。

《隋书·经籍志·杂史叙》中写道："体制不经，又有委巷之说，迂怪妄诞，真虚莫测。然其大抵皆帝王之事，通人君子，必博采广览，以酌其要。故备而存之，谓之杂史。"

清代《四库全书总目·史部·杂史类叙》写道："杂史之目，肇于《隋书》。盖载籍既繁，难于条析，义取乎兼包众体，宏括殊名。故王嘉《拾遗记》、《汲冢琐语》得与《魏尚书》、《梁实录》并列，不为嫌也。然既系史名，事殊小说，著书有体，焉可无分。今仍用旧文，立此一类。凡所著录，则务示别裁。大抵取其事系庙堂、语关军国，或但具一事之始末，非一代之全编，或但述一时之见闻，祇一家之私记。要期遗文旧事，足以存掌故、资考证，备读史者之参稽云尔。若夫语神怪、供诙嘲、里巷琐言、稗官所述，则别有杂家、小说家存焉。"

其本意是：杂史的概念并不同于一般的杂文和小说，杂史尽管可能没有正史严谨，有时候可能在内容上与史实有一些出入，但是由于少了官方的忌讳，所涉及的内容比官方更加广泛，在一定程度上也反映了一定的历史真相，可以让我们借助杂史了解到当时发生的一些历史事件和事情。

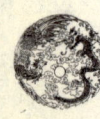

什么是别史？

别史是私人撰写的，区别于正史、杂史或记述史实的史书。别史的体裁既不是编年体也不是纪传体，而是其他的体裁形式，它与野史、杂史并列，其内容主要是记载"杂记历代或一代事实"。南宋陈振孙的《直斋书录解题》，称别史为"上不至于正史，下不至于杂史"之书。但是作为史书其中的一个类别，它也是一个重要的组成部分。《东观汉纪》、《大金国志》、《高氏小史》、《通志》、《新唐书略》等史书都属于别史的范围。它也是正史书籍的一个重要的补充部分。

什么是纪传体？

纪传体是一种史书的编写体例，一般用于记录正史。以大量人物传记为主要内容并结合记言、记事是纪传体的一大特点。纪传体一般是由本纪、世家、列传、书、表的体裁形式综合而成的。本纪记载的是帝王的事迹；世家则是诸侯和王公贵族们的历史事迹；列传是臣子等各方面人物代表的传记；书主要记载了各种制度的发展过程，及有关天文地理和社会各个方面的内容；表，用列表的形式来记载一些人物、世系和历史事件。司马迁所编纂的《史记》既是纪传体史书的代表之作，也是我国最早的纪传体史书。

《史记》首次用纪传体的形式记载了从黄帝到汉武帝初年，共三千年的历史，全书共130篇，五十二万六千余字，以本纪、世家、列传、表、书的形式进行编撰而成。

班固所撰的《汉书》也继承了《史记》的纪传体编写体例。此后纪传体的形式便成为后世修订正史的标准规范。纪传体的弊端是它是以人物传记为主的叙事方式，会让一些历史事件在同一时代的各个人物传记中反复出现，容易产生重复记叙的现象，故而显得特别啰唆。

何谓编年体？

编年体是中国古代史书的一种编写体裁，它是以时间为顺序来记述史实的。编年体是我国，也是世界上记载历史最古老的体裁方式。《隋书·经籍志》

称编年体为"古史"。北宋时期司马光主编的《资治通鉴》是我国第一部编年体通史，记载了从周威烈王二十三年（公元前403年），到五代周世宗显德六年（公元959年），共1362年的历史。是我国编年体通史的代表作。

　　编年体史书的优点是以时间顺序来编排历史事件，便于人们了解历史事件发生的时间顺序和当时的时代背景，展现了一个比较完整的历史面貌，避免重复叙事。但是它的缺点是不能集中叙述历史事件发展的全过程。比如说，有的历史事件从发生到结束往往需要数年，在这段期间内，也同时发生了其他事，按时间顺序记录的话，显得记事比较杂乱，很难集中清晰地呈现一个重大历史事件。而一些年代不明或者不能按时间顺序编写的历史事件将无法写入书中。

什么是纪事本末体？

　　纪事本末体是以历史事件为纲的史书体裁。南宋袁枢始创纪事本末体，编撰了第一部纪事本末体史书《通鉴纪事本末》。其他纪事本末体的作品还有，明代陈邦瞻的《宋史纪事本末》、《元史纪事本末》、张鉴的《西夏纪事本末》、清代谷应泰的《明史纪事本末》、清代李有棠的《辽史纪事本末》、《金史纪事本末》等。

　　纪事本末体优点是以记事为主，其中每一个历史事件都是独立成篇的，每篇都是按照事件发生的时间顺序编写而成的，能够把分散的历史资料，按照事件经过的先后顺序，集中整理起来，可以完整地反映出整个历史事件发展的全过程，弥补了纪传体和编年体的不足。纪事本末体的缺点是不能将同一时期发生的各个历史事件统一地联系起来。纪事本末体、编年体和纪传体被称为是中国古代史书的三大体裁。

《史记》为什么是二十四史之首？

　　《史记》又称《太史公记》，是由西汉时期著名历史学家司马迁撰写的一部纪传体史书，是我国历史上第一部纪传体通史。记载了从传说中的黄帝时代到汉武帝元年，共3000多年的历史。全书共130篇，分别以本纪、世家、列传、表、书的形式进行编写。其中本纪共12篇，记载的是帝王的事迹；世家30篇，记载的是诸侯和王公贵族们的事迹；列传为70篇，记载了有关臣子等各方面代表人

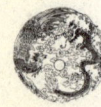

第六章 国学经典
中国人应该知道的国学常识

物的传记；书共有8篇，主要记载了各种制度的发展过程，及有关天文地理和社会各个方面的内容；表共有10篇，是用列表的形式来记载一些人物、世系和历史事件。

司马迁所编纂的《史记》既是纪传体史书的代表之作也是我国最早的纪传体史书。其中在列传中还记载了少数民族的历史情况，如《匈奴列传》、《朝鲜列传》、《大宛列传》等，这为后世研究古代少数民族历史提供了重要的史料来源。因此，《史记》被称为是二十四史之首，并与《汉书》、《后汉书》、《三国志》合称为"前四史"。

《史记》开创了我国"纪传体"体例，并且首次将政治、经济、文化、地理等内容综合在一起编撰成书，是中国第一部贯通古今、内容丰富、规模宏大的百科全书式的历史书籍。

实录精神是《史记》最大的一个特色。司马迁在撰写《史记》时，秉承着严谨实录、公正客观的态度，对所写事实进行了反复的核对和调查研究，使得《史记》能够真实地反映历史事件。班固评价司马迁的《史记》时说："其文直，其事核，不虚美，不隐恶，故谓之实录。"刘向对《史记》的评价是"善序事理，辩而不华，质而不俚"。

《史记》不光在历史方面对后世产生了深远的影响，对于文学方面也产生了很大影响，后世的很多小说和传记文学都继承了《史记》的叙事方法，以人物传记的形式展开叙述。而且很多小说、戏剧等都是从《史记》中提取的素材，塑造了很多经典的人物形象和故事。如冯梦龙的《东周列国志》和寒川子的《战国纵横》等。

对于《史记》的注解，最有影响力的是"三家注"，即刘宋时期裴骃的《史记集解》、唐代司马贞的《史记索隐》和唐代张守节的《史记正义》。

《汉书》为何写了四十年？

《汉书》的作者是东汉历史学家班固，是我国第一部纪传体断代史书。班固字孟坚，东汉扶风安陵（今陕西咸阳）人。《汉书》是"二十四史"之一，是继《史记》之后又一部重要的史书。

《汉书》全书共100篇，80万字，分别为：纪12篇、表8篇、志10篇、传70篇。后人将其划分为120卷。《汉书》记述了从西汉时期汉高祖元年（公元前206

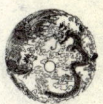

年），到王莽四年（公元23年），共230年的历史。

《史记》只写到了汉武帝初年时期，为了编写续篇，班固的父亲班彪作为当时的大学者，"唯圣人之道然后尽心"遂"采其旧事，旁贯异闻"，为《史记》作65续篇。班彪去世后，班固继承父志，编写《汉书》。班固自幼聪慧，"九岁能属文，诵诗赋"，青年时代就已经博览群书，"九流百家之言，无不穷究"，继承父志后更是"亨笃志于博学，以著述为业"，撰写成《汉书》。其中《百官公卿表》和《天文志》是由班固之妹班昭及马续共同续写的。就是这样，《汉书》历时四十年，前后经历了四人之手才成书。

《汉书》开创了我国断代纪传表志体史书，它属于我国第一部断代史，内容也增添了《刑法志》、《五行志》、《地理志》和《艺文志》等。《刑法志》主要叙述了法律制度的历史沿革和一些具体的律令。《地理志》则是记载了当时的行政区域的划分，和各个区域的风土民情及经济发展状况。《艺文志》对各种学派的源流和留世的书籍，进行了记载，成为我国现存最早的图书目录。在语言上《汉书》与《史记》相比，更加严谨工整，遣词造句更加典雅，意义深刻。

《汉书》的注疏主要有唐代颜师古所撰的《汉书注》、清代王先谦的《汉书补注》。

《后汉书》是怎么写成的？

《后汉书》是由南朝历史学家范晔编撰的一部的纪传体史书，记载了从东汉汉光武帝建武元年（公元25年）至汉献帝建安二十五年（公元220年），共195年的历史。全书分为八十列传、十纪、八志。

范晔，南朝刘宋时期史学家，字蔚宗，南朝顺阳（今河南淅川东）人。范晔因"左迁宣城太守，不得志，乃删众家《后汉书》为一家之作"，开始编撰《后汉书》。因陷入宋文帝与刘义康之间的权力斗争，于元嘉二十二年被宋文帝以谋反罪杀害。当时范晔已经写成了八十列传、十纪，十志还未来得及完成。今本《后汉书》中的八志是由西晋司马彪来完成的。

《后汉书》从政治、经济、文化等方面记述了东汉时期的兴衰历变，以及发生的重大历史事件。如党宦之争、党锢之祸、图谶盛行等，并且还在人物传记中附载了了大量东汉时期著名学者有价值的论著。例如《崔寔传》中加入了《政论》，《桓谭传》中附载了《陈时政》，而《张衡传》中则载入了《客问》、《上陈事疏

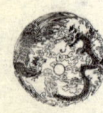

和《请禁图谶》三篇论著。这些论著，为后世研究东汉社会提供了珍贵史料。

《后汉书》继承了史书的纪传体，在保留"纪"、"传"、"志"纪传体的同时又有所创新。《后汉书》中取消了表，结合了当时东汉社会的特点，又创制了7种新的类传，如《党锢》、《宦者》、《文苑》、《独行》、《逸民》、《方术》、《列女》。对后世的史学编纂产生了很大的影响。其中后六种类传被后世大部分纪传体史书所承袭。

在思想内容方面，《后汉书》除了宣传儒家正统思想之外，对于道家的避世隐逸、狂狷放达的思想也有所赞扬，而对于佛教思想进行了严厉的批评。例如《后汉书》中对于那些勤政爱民、仗义执言等利于社稷安定、国计民生的忠贞之士，进行了赞扬；对于那些不利国家安定的奸佞妄徒和各种黑暗政治等进行了无情的揭露和批评。尤为可贵的是范晔是第一位在史书中为女性立传的史学家，在《后汉书·列女传》中为中国古代十七位杰出的女性立传。

《后汉书》文章结构十分严谨而且编排有序，擅长从细节和侧面来描写和刻画人物，人物形象都非常鲜明，个性突出，是不可多得一本经典史籍。

《后汉书》的注本有：南朝刘昭的《后汉书》、清惠栋的《后汉书补注》、王先谦的《后汉书集解》。

真实版的三国演义——《三国志》

《三国志》是由西晋陈寿编撰的一部纪传体国别史书，记载了从魏文帝黄初元年（公元220年）到晋武帝太康元年（公元280年），共六十年的历史。《三国志》全书共65卷，分别为《魏书》30卷、《蜀书》15卷、《吴书》20卷。

《三国志》的取材非常精确，为了保证史实的真实可靠，作者对所获得的历史资料进行了严格审核和筛选，对所选出的材料从不妄加评论和改写，这使得《三国志》的真实性大大增强。但是陈寿编写《三国志》属于私人编写，没有条件获得官方的大量文献，所以有史料不足、内容不够充实的缺陷。

《三国志》语言非常优美简练，善于叙事，剪裁得当。刘勰曾在《文心雕龙·史传》中写道："魏代三雄，记传互出，《阳秋》、《魏略》之属，《江表》、《吴录》之类，或激抗难征，或疏阔寡要。唯陈寿《三国志》，文质辨洽，荀、张比之迁、固，非妄誉也。"可以说《三国志》不仅是一部经典的史学著作，在文学上也有很高的成就，在尊重史实的基础上，为我们塑造了一个个生动的三国历史人

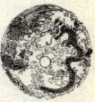

物形象。《三国志》对后世的文学创作产生了深远的影响，罗贯中根据《三国志》和其他史料，及民间传说创作出了中国古代文学四大名著之一的《三国演义》。

《三国志》的注疏中，《三国志·裴松之注》最为著名，流传也最广。

我国第一部编年体通史——《资治通鉴》

《资治通鉴》共294卷，约300多万字，由司马光主编。记载了从周威烈王二十三年（公元前403年）到五代的后周世宗显德六年（公元959年），共1363年的历史。

《资治通鉴》按照朝代共分为十六纪，分别为：《周纪》5卷、《秦纪》3卷、《汉纪》60卷、《魏纪》10卷、《晋纪》40卷、《宋纪》16卷、《齐纪》10卷、《梁纪》22卷、《陈纪》10卷、《隋纪》8卷、《唐纪》81卷、《后梁纪》6卷、《后唐纪》8卷、《后晋纪》6卷、《后汉纪》4卷、《后周纪》5卷。宋神宗认为该书"鉴于往事，有资于治道"，钦赐此名，《资治通鉴》由此而得名。

司马光

司马光编撰《资治通鉴》时，以政治、军事为主，还有对经济文化和历史人物的描写，通过对历代国家和民族的兴亡描写来警示后人。

《资治通鉴》强调因果关系，并警醒后人要防微杜渐。《资治通鉴》是中国史学史上的不朽巨著，宋元之际史学家胡三省曾评价说："为人君而不知《通鉴》，则欲治而不知自治之源，恶乱而不知防乱之术；为人臣而不知《通鉴》，则上无以事君，下无以治民；为人子而不知《通鉴》，则谋身必至于辱先，作事不足以垂后。"清代大学者顾炎武也曾高度评价《资治通鉴》为"皆以一生精力成之，遂为后世不可无之书"。

《资治通鉴》的局限在于过于着重对政治与军事的描写和记载，对于经济、文化、艺术等方面的记载并不多。《资治通鉴》的注本中以胡三省《资治通鉴音注》最为人称道，也是最为通行的版本。

记录战国风云史的《战国策》

《战国策》是由西汉刘向编订的一部国别体史书。主要记载了上起公元前490年智伯灭范氏,下至公元前221年高渐离以筑击秦始皇,共269年的历史,12万字左右,全书按照国别编写,分为东周、西周、秦国、齐国、楚国、赵国、魏国、韩国、燕国、宋国、卫国、中山国,共12策,33卷,全书共有497篇。主要记述了战国时期的政治斗争和当时纵横家们的政治主张和策略,对于战国时代的历史特点和社会风貌进行了很好的展示,成为后世研究战国历史的重要历史资料和典籍。

《战国策》在文学方面也有很高的艺术成就,它的语言生动、文辞优美、行文流畅,长于叙事和议论,人物刻画得十分生动,善于用一个个寓言故事来阐明道理,语言风格独特且耐人寻味。流传至今的很多成语都是来自于《战国策》,如南辕北辙、亡羊补牢、鹬蚌相争、渔翁得利、狡兔三窟、狐假虎威等等。

《战国策》注本有东汉高诱所作的《战国策注》。到了宋时已经残缺,宋鲍彪改变原书次序为《战国策》重作新注。其他还有吴原师道的《校注》、近代人金正炜的《补释》、今人缪文远的《战国策新注》。

研究晋代历史的第一手资料——《晋书》

《晋书》记述了两晋的历史,从西晋司马懿开始到东晋晋恭帝元熙二年为止,并用"载记"的形式兼述了十六国时期的兴亡历史。全书共130卷,其中包括帝纪10卷、志20卷、列传70卷、载记30卷。《晋书》是在唐太宗时期编写成书的,其中编者有房玄龄、褚遂良、许敬宗等。

《晋书》与其他史书相比有两个显著的特点:一是作者多。《晋书》的作者共二十一人且都留下了姓名,这种情况在历代朝廷修史过程是不多见的。二是体例的创新。《晋书》用"载记"形式记述了有关匈奴、鲜卑、羯、氐、羌等少数民族建立的政权,这在纪传体史书上是一个创新。《晋书》是第一部在史书中用载记形式记录少数民族政权史实的历史书籍。这不仅丰富了纪传体史书的体例,而且对于表现十六国时期多民族国家历史发展面貌具有深远的意义。

《晋书》体例比较完备、类别清楚、叙事详明,即使叙述了较多的历史内容

也无繁杂纷乱之感，内容非常充实，语言简练、形象生动，具有很高的历史和文学价值。

《晋书》的缺点在于对史料的审核不够严谨，甚至将《搜神录》、《幽明录》中一些荒诞之谈也收录其中。唐代史学家刘知几在《史通》中曾批评《晋书》过于追求文字的华丽，而不重视史料的真伪。

《宋书》是一本什么书？

《宋书》由沈约所撰，是南朝刘宋时期的纪传体史书。全书共100卷，本纪10卷、志30卷、列传60卷，在流传过程中个别列传有所残缺，后人用唐高峻的《小史》、《南史》补充完成。

《宋书》的作者沈约，字休文，南朝时期著名的文学家、史学家。吴兴武康（今浙江德清西）人，父亲沈璞为淮南太守。沈约少年时代，其父在皇权斗争中被害，家道中落。沈约笃志好学，勤奋读书，历经宋、齐、梁三朝，自称为"少好百家之言，身为四代之史"。在齐永明五年(公元487年)时，奉诏撰写《宋书》。

《宋书》收录了当时的各种文献资料，如诏令奏议、书札、文章等，保存了大量的原始史料，为后代的研究提供了方便。全书的内容丰富详备，在《志序》中详述前朝修志情况和各志所记的源流，弥补了前史缺志的不足。

什么是《南齐书》？

《南齐书》是由萧子显编撰而成的。萧子显，字景阳，南朝时期著名历史学家，梁南兰陵（今江苏武进西北）人。《南齐书》记载了从南朝萧齐王朝自齐高帝建元元年（公元479年）至齐和帝中兴二年（公元502年），共23年的历史，是我国现存最早的关于南齐纪传体的断代史。《南齐书》全书共60卷，现存59卷，其中包括本纪8卷、志11卷、列传40卷，佚失的一卷的内容主要是有关作书义例和目录的序录。现存《南齐书》中的某些传中也有缺文。

《南齐书》主要记述了萧齐皇朝二十三年间的历史，其中也有不少有关少数民族地区的史事。文字比较简洁，行文流畅，叙事完备。继承了班固《汉书》的类叙法和沈约《宋书》的代叙法，在一传之中虽然列述的人物较多，但是避免了

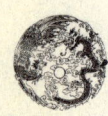

人各一传重复啰唆的弊病。

《南齐书》的局限性是表达不够具体完整。由于萧子显是萧齐皇朝的宗室和宠臣，所以撰写《南齐书》会有所避讳，例如在叙述萧道成的篡夺之事时，只能闪烁其词，稍露痕迹。为了衬托萧衍代齐的合理性，则用大量的篇幅描写和揭露齐王的恶迹。其次《南齐书》对于佛学思想和迷信思想进行了宣扬，在语言方面又过分追求辞藻的华丽。

什么是《梁书》？

《梁书》是由唐代姚思廉编撰而成的。姚思廉，本名简，雍州万年（今陕西西安）人。《梁书》记述了从南朝萧齐末年（公元502年）到萧梁皇朝（公元557年），共55年的历史。全书共56卷，其中本纪6卷、列传50卷，无表、无志。《梁书》参考和吸取了梁、陈、隋历朝史家所编撰的梁史。《梁书》的特点是引用文以外的部分是用散文书写的。

《梁书》注重对辅佐新朝臣子个人的才华谋略的描述，强调英雄能够创造历史。《梁书》的缺点在于，在书中充斥了大量的因果报应、神怪异闻等内容，宣传佛、道等宗教迷信思想。

什么是《陈书》？

《陈书》也是由唐代姚思廉编撰而成。《陈书》是一部纪传体断代史，记载从陈武帝陈霸先即位至陈后主陈叔宝亡国间的33年历史。全书共36卷，分别为本纪6卷、列传30卷，无表、无志。成书于贞观十年（公元636年）。由于陈朝封建政权存在时间非常短暂，所以《陈书》内容并没有《梁书》那样充实，它的本纪和列传都非常简略。

《陈书》虽然记载的历史内容非常简略，但是仍然有一定的历史价值。清代赵翼认为：《陈书》在记述时能够从"其始之所以兴"、"其终之所以亡"的方面进行编写，并且能够将陈武帝的"度量恢廓，知人善任"与陈后主的"狃荒为长夜之饮，嬖宠同艳妻之孽"相对比，还是有一定的历史价值的。另外，《陈书·皇后传》描写了一些陪着陈后主在后庭游宴的"狎客"，反映出陈朝末年政治的腐败。

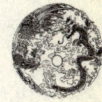

《陈书》在语言方面继承了司马迁及班固的文风,语言非常简洁朴素,避免使用过于华丽的辞藻,这在南朝诸史中是难能可贵的。

讲过少数民族政权的正史——《魏书》

《魏书》是由北齐魏收所撰。魏收,字伯起,北齐钜鹿下曲阳(今河北晋县西)人。《魏书》是一本纪传体史书。它记载了从公元四世纪末至六世纪中叶,有关北魏王朝的历史。全书共124卷,其中包括本纪12卷、列传92卷、志20卷。由于《魏书》中部分本纪、列传等篇幅过长,所以被分为上、下两卷或上、中、下三卷,共有130卷。

《魏书》最显著特点是:它是我国第一部专门记述少数民族政权的正史史书。《魏书》记载了我国北方鲜卑族拓跋部从北魏道武帝至东魏孝静帝期间的历史,描述了北魏从统一北方到实现封建化的发展兴盛过程,其中也记述了有关北、东魏与南朝宋、齐、梁三朝之间关系的历史。在《魏书·序纪》中还追叙拓跋氏的历史渊源。这些内容对于后世认识我国历史是由多民族缔造的这一客观事实有一定的积极意义。《魏书》的另一个特点是:它比《宋书》有更突出的家传色彩。在《官氏志》中还首次记载当时的官制和后叙姓族。在《释老志》中还详细叙述了佛教在中国传播的过程,以及在北魏的兴衰史。

东魏与北齐的兴衰史——《北齐书》

《北齐书》是由唐代李百药编撰而成。李百药,唐代史学家,字重规,定州安平(今属河北)人。《北齐书》是一部以北朝北齐的历史为主的纪传体断代史,记述了从高欢起兵到北齐灭亡,一共大约80年的历史,集中反映了东魏、北齐王朝的盛衰兴亡的历史过程。《北齐书》共有50卷,其中包括本纪8卷和列传42卷。

《北齐书》原名《齐书》,为与南朝梁萧子显所撰的《齐书》相区分,而改称为《北齐书》,而萧子显所撰的《齐书》为《南齐书》。

《北齐书》注重以史为鉴,揭露了当时北齐统治者的荒淫和残暴,对北齐灭亡的教训进行了总结。除此之外《北齐书》记载了当时各民族人民起义的史实,

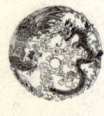

这对于后世研究东魏、北齐时期农民起义提供了重要的史料。《北齐书》还记载了当时科技方面的内容,如灌钢技术、漏刻等的发明。《北齐书》对于佛、道两教在当时的流传情况进行了记载。

《北齐书》的优点在于本着求实的态度,削减了大量荒诞不经的史实。但是为了证明北齐政权的建立是天命所归,对于统治者的出生进行了一些神异方面的描写,这是本书的缺点。

为何《周书》记载的是北周而不是东西两周?

《周书》是由唐代令狐德棻主编,岑文本和崔仁师等人也参加了编写。《周书》是《二十四史》之一,全书共50卷,其中本纪8卷、列传42卷,是一部纪传体史书。成书于贞观十年(公元636年)。本书记载了北周宇文氏建立的周朝(公元557—581年)的历史。

《周书·文帝纪》以西魏年号记事,详细记述了西魏文帝、废帝、恭帝共22年的历史。《周书》还记载了关于后梁政权的历史。后梁是梁朝宗室在西魏扶持下建立的一个小封建王朝,一直是西魏、北周和隋的附庸,共33年(公元555—587年)历史,后被隋所灭。

《周书》具有注重反映当时的历史全貌这一特点,兼顾了东魏与北齐、梁与陈等同时代四朝的重大史事,在一定程度上反映了当时历史的发展趋势。这一方面《周书》胜过了当时同时编写的《梁书》、《陈书》、《北齐书》。而这跟令狐德棻负责"五代史"的编撰工作是分不开的,他根据充足的资料对当时的历史发展状况进行编写。

《周书》文笔简洁有力。清赵翼评价说:"叙事繁简得宜,文笔亦极简劲"。人物形象刻画得非常鲜明,栩栩如生,具有很高的文学艺术价值。

《隋书》是由"诤臣"魏征编写的吗?

《隋书》是由魏征主编,多人共同编撰而成的,全书共85卷,其中包括帝纪5卷、列传50卷、志30卷。全书历时35年才修订完成。

《隋书》是我国现存最早的有关隋史的历史专著,由于其编撰的作者都是饱

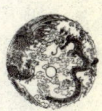

学之士，所以《隋书》具有很高的修史水平。

《隋书》明确提出了"以古为镜，可以见兴替"的观点。以史为鉴成为编写隋史的主要目的，发扬了秉笔直书的优良史学传统。由于主编魏征刚正不阿的性格，因此在他的主持下所编写的纪传，对人物的评判较少隐讳曲笔。例如对隋文帝的专断和杀害骨肉、残害忠良等情况，都如实写来，毫不隐讳。《隋书》还记载了大量当时政治经济、科技文化方面的资料和史实。

读懂宋、齐、梁、陈"四国演义"——《南史》

《南史》是官修正史"二十四史"之一。是一部纪传体史书，全书共80卷，其中包括本纪10卷、列传70卷，记载了上起宋武帝刘裕永初元年（公元420年），下至陈后主陈叔宝祯明三年（公元589年），共170年史事。主要记载南朝宋、齐、梁、陈四国的历史变迁。《南史》与《北史》是姊妹篇，都是由李大师及其子李延寿编撰完成的。李大师（公元570—628年），南朝末期由隋入唐的历史学家，字君威，相州（今河南安阳）人。他曾经撰写《南史》与《北史》，但是由于在隋末时期参加了由农民起义而建立的夏政权，在唐初被流放到西会州（今甘肃境内）。后来虽然遇赦放回，但是在临终前并没撰写完毕——"所撰未毕，以为没齿之恨"。此后，由其子李延寿继承父愿完成了《南史》和《北史》的编撰。

与《南史》相对应的是《北史》

《北史》也是由唐代李延寿编撰而成。李延寿，唐代历史学家，字遐龄，唐代相州（今河南安阳）人。记述北朝从公元386年到公元618年，共232年的历史，主要记述了魏、齐、周、隋四个封建政权的史实。全书共100卷，其中包括本纪12卷、列传88卷。《北史》是李延寿在参考魏、齐、周、隋四本史书的基础上改编而成，同时参考了当时的各种杂史，增补了一些材料，内容较为翔实。

《北史》是李延寿为了继承父亲李大师遗愿而撰写的。为了编写南北二史，李延寿用了十几年的时间去搜集资料，后因参与修撰《五代史志》的工作，而得以阅读八朝正史的正史资料，于是开始撰写《南史》、《北史》。

《北史》的叙事非常简洁，司马光曾经称赞李延寿的南北二史"叙事简劲，比

于南北正史，无繁冗、芜秽之辞"，为"近世之佳史"。李延寿所补充的很多史料出自于当时的"杂史"，其故事性较强，且有较多的口语，这使得书中的人物形象更加生动，反映出当时现实生活中的一些真实情况。但是也因此而掺入了部分的神鬼故事和一些谣言谶语、戏谑笑料，这也是它的缺点之所在。

梦回大唐从《旧唐书》开始

《旧唐书》是由刘昫编撰而成的。刘昫，五代时期的史学家，字耀远，涿州归义（今属河北雄县）人。他是在五代后晋时期，受官方之命而修订国史《旧唐书》的。《旧唐书》是我国现存最早的一部记录唐代历史的著作。《旧唐书》原名《唐书》，为了与宋代欧阳修等编写的《新唐书》相区分，才改称为《旧唐书》。《旧唐书》全书共200卷，其中包括本纪20卷、志30卷、列传150卷。

在刘昫编撰《旧唐书》时，唐朝灭亡仅仅30多年，很多珍贵史料都保存了下来。《旧唐书》在纪传中还大量引录了唐朝时期的一些诏令、手札和奏章。后来司马光在修《资治通鉴》时也曾借用了《旧唐书》中的材料。《旧唐书》还记录了大量的我国少数民族的史料以及少数民族和唐朝相互交往的史实，如文成公主和松赞干布的婚姻史实等。此外，《旧唐书》里还记载了唐朝和邻国日本、朝鲜、印度之间关系的史实。

第三节　子部——诸子百家及释道宗教著作

"太上老君"的专著——《老子》

《老子》是道家学派的经典著作，很多人认为此书著于战国初期。老子，姓李，名耳，字伯阳，楚国苦县（今河南鹿邑县）人。他曾做过周朝的守藏史。老子所撰述的《道德经》开创了中国古代的道家思想。他创立的道家学派，不但对我国古代思想文化的发展做出了重要贡献，而且对我国两千多年来思想文化的发展，产生了深远的影响。

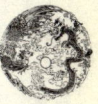

《老子》又名《道德经》，里面含有丰富的辩证法思想。老子哲学与古希腊哲学一起构成了人类哲学的两个源头，老子也因其深邃的哲学思想而被尊为"中国哲学之父"。老子的思想而后被庄子所传承，并与儒家和后来的佛家思想一起构成了中国传统思想文化的核心。道教出现后，老子被世人尊为"太上老君"。从《列仙传》始，老子就被人称为神仙。《道德经》的国外版本也有有上千种，是被翻译最多的一部中国书籍。

风靡几千年的哲学著作——《庄子》

《庄子》在哲学、文学上都有非常高的研究价值。研究中国哲学，《庄子》是不可不读的；研究中国文学，《庄子》就更该读了——这就是《庄子》风靡几千年的原因。

庄子名周，司马迁说他是宋国蒙（今安徽省蒙城县）人，也有人说他是河南商丘附近的人。后人称庄子为"南华真人"。所以《庄子》又被称为《南华经》。

从唐代时期就有立科举考《庄子》。当时有一种科举类别叫道举，主要考四本道经，《庄子》就是其中一部，当时尊称为《南华真经》。《庄子》文笔优美，就现在而言，读《庄子》也是一种难得的享受。《庄子》不仅可以让你了解传统文化，它也是化解现代人心灵压抑的"灵丹妙药"。

主张兼受非攻的《墨子》

墨子作为墨家的创始人，在中国古代哲学史上产生过巨大的影响。《墨子》是一部内容博大的巨作，包罗墨家的全部思想。此书文风朴实，但部分内容晦涩艰深，以至几千来年，乏人问津。直到近代，学者们才认真解读这本古书，发现早在距今两千多年的时候，墨家便对数学、光学、力学等很多自然科学进行过探讨，可惜的是，这些探讨在古代没有得到重视，因而没能结出硕果。

《墨子》现存目录15卷，内容53篇，一般被认为是由墨子的弟子在不同时期记述编撰而成。

墨子学说的理论基础，一是博爱，也就是兼爱。只有人人都有爱，这个世界才会和谐。二是政治思想，即尚同、尚贤。贤者应是大家所推举出来的，贤

第六章　国学经典

中国人应该知道的国学常识

者要被众人所认可。

《墨子》是一部内容丰富、构思严谨的著作。是集政治、经济、军事、自然科学多位为一体的传统文化名著。也是中国传统学术中非常经典的一部奇书。甚至有学者认为，西学源出墨学，"墨子为西学鼻祖"在百家争鸣中占有重要地位。

中国儒家文化的代表作——《孟子》

《孟子》一书的作者，历来有两种不同的说法。一种说法是说此书是孟轲自己所著，另一种说法认为这本书是在孟子死后由其弟子及后人所著。后经多方历史资料查证，此书是孟子和他的几位学生合著的。孟子，名轲，字子舆，是战国时期的儒家代表人物，被加封为"亚圣公"，是我国伟大的思想家、教育家、政治家和散文家。他继承发扬了孔子的教育之道。其思想与孔子思想合称为孔孟之道。

《孟子》是继《孔子》之后的儒家经典书籍，它在推行孔子之教的同时，加入孟子翻新辅异的思想教育。它是被教育界公认的著名教育类书籍。

中国最早的法学著作——《韩非子》

《韩非子》是由后人辑集而成的。据《汉书·艺文志》著录，自汉以后，《韩非子》版本渐多。韩非子是战国时期的哲学家，是当时法家学派的主要代表人物，他虽然曾师从荀子，却跟荀子的思想观念大不相同。他没有继承儒家学派的思想，他主张把"法"、"术"、"势"有机结合。

《韩非子》继承和总结了战国时期法家的思想，在此基础上提出了君主专制集权的理论，这影响了中国两千多年封建社会的发展。对于君主，韩非子主张"事在四方，要在中央；圣人执要，四方来效"，"万乘之主，千乘之君，所以制天下而征诸侯者，以其威势也"。国家的大权要集中在君主或"圣人"一人手里，君主必须有权有势，才能治理天下。

开创了以赋为名的《荀子》

《荀子》一书现今存32篇,除少数章节以外,大部分是荀子自己所著。他的文章擅长以理服人,语言组织严密,分析事物透彻,善于取辟,常用排比句增强讨论的气势,有很强的感染力和说服力。

《荀子》的文章论题有中心感,结构严谨鲜明,理论清晰透彻,有很强的逻辑性。语言多彩丰富,比喻、排比、偶句很多,很有特色,对后世来说,它的文章有一定影响力。

《荀子》中的5篇短赋,开创了以赋为名的文学体裁。采用当时民歌形式写的《成相篇》,文字内容通俗易懂,运用说唱形式来表达自己的政治思想、学术思想,这些对后世也有一定影响。荀子不愧为我国古代一位伟大的思想家和杰出的文学家、教育家。除此之外,他还是阴阳家的代表人物之一。

仅次于《论语》和《老子》的道教经典 ——《列子》

《列子》被列为道教的重要经典之一。学术界称《列子》旧有20卷,经后人编写,去其重复部分,现存有8卷。相传为列子所撰,约成书于晋太康二年后。列子终生致力于道德学问,隐居郑国四十年间,他甘于淡泊,不求名利,静心修道,主张循名责实,无为而治。

《列子》教育世人:知识是没有尽头的,应该不断地去学习,在学习中创造更多的知识,在知识的海洋中遨游,品味知识带来的乐趣。

富国强兵之道——《管子》

《管子》由管仲所著。管仲,名夷吾,字仲,春秋时颍上(今安徽境内)人。管子是春秋时一位著名的政治家。

《管子》中提到"天道之数,人心之变"。说是如果具备国富民强、地大物博这些能以实力称王称霸的有利条件时,若不掌握住自然发展和人心的变化规律,国家在富强的同时也就接近于危亡的边缘。所谓得民心者得天下,遵循天道并得人心,这样的话战争一旦爆发了,"战可以必胜,而守可以必固",此正

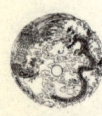

是天下之道也。而天道与人情正是《管子》哲学思想里的两个基本范畴。管仲学派将这一基础范畴作为政治思想的基本哲学原则，他们由此提出了一系列具有唯物主义和辨证论法的哲学思想。

《管子》的政治及经济思想，还体现在它的争取民心和注重耕战的主张上。总之，《管子》是我们研究先秦时期的哲学、经济、政治思想的一部重要书籍，其内容也是非常丰富多彩的。

你知道《尹文子》这本古代典籍吗？

尹文，战国时期的齐国人，他的生平已不可考，流传于世的唯有《尹文子》一书。

《尹文子》旧列名家之典，如今仅有一卷，分《大道》上下两篇，语录与故事比较混杂，而各段又自成起讫。

《尹文子》上篇论述形名理论，下篇论述治国之道。上篇中提到"道不足以治则用法，法不足治则用术"，在论名的同时也集合了道家、法家的两种治国之道。也可以看做是形名理论的实际运用。《尹文子》的思想特征是主要以名家为主，综合道法两家，亦不排斥儒墨两家的思想。自道以至名，由名而至法，上至老子、庄子，下到荀子、韩非子。

《公孙龙子》是一部什么样的书？

《公孙龙子》是战国后期名家公孙龙的著作。公孙龙，字子秉，有人认为他是赵国人，也有人说他是魏国人。他的生平，已经无从考证。他是中国古代战国时期的哲学家，是"离坚白派"的代表人物。

《公孙龙子》里的"白马非马论"、"离坚白论"是公孙龙明辨思想的核心。在《公孙龙子》一书中，主要谈论了概念的内涵和外延，以及事物的共同性和个性的内在矛盾。公孙龙的特点就是夸大这种矛盾，并去否认两者之间的统一，所以他的理论结果总是违背常理。

《公孙龙子》在宋朝、清朝以及近代都有注本。现在新注版本有栾星的《公孙龙子长笺》、庞朴的《公孙龙子研究》。

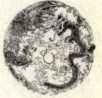

中国的伊索寓言——《淮南子》

《淮南子》又称《淮南鸿烈》，是我国西汉时期，在西汉王族淮南王的主持下编著的一部论文集。关于《淮南子》的作者，有不同的说法。

《淮南子》里面的"塞翁失马，焉知非福"闻名古今中外，后人耳熟能详，以一个寓言故事巧妙地引导世人——在失败的情况下也应该有一个良好的心态。

《淮南子》内有21篇，外有33篇。文章以道家思想为主，今只流传内21篇。《淮南子》虽以道家为主，却也融合了儒家、法家、阴阳家等思想。《淮南子》主道中提出"漠然无为而无不为"、"漠然无治而无不治"的政治思想。最后一篇《要略》是全书的序言，全书有统一的倾向，但从内容看，却并未统一。

据史籍记载，淮南王刘安喜欢书籍、弹琴，不喜皇室盛行的歌舞游猎。他想让后人记住他，于是招宾致客，采集百家之长，主持众人集体创作。因而此书内容略显混杂。但此书并不是凭虚蹈空，而是与现实紧密联系，以寓言故事的形式来说理。文风言简意赅、丰富有序，内容丰富多彩。

中国的"雅典神话"——《山海经》

《山海经》是一部传承中华民族文化的奇书之一。它主要记述古代的地理、物产、神话、巫术、宗教等，也包括古史、民俗、医药、民族等方面的内容。除此之外，《山海经》还以记流水账的方式记载了一些奇怪的事件，至今后人仍然存在着较大的争论。

《山海经》全书有18篇。其中包含有山经、海外经、海内经、大荒经。也有人把《山海经》作为历史书看待。《山海经》历来被人认为"荒诞不经"。也正因为《山海经》的所谓荒诞不经，几千年来该书既不为正史所记载，也不被诸子所传颂，因而也很少被后人改动，在很大程度上保留了原书的原貌和许多珍贵的远古资料。该书所包含的文化很有研究和参考的价值。

你知道什么是《艺文类聚》吗？

《艺文类聚》是唐代开国初年由高祖李渊下令编修的，主要为欧阳询等人编

辑。《艺文类聚》内容收集许多名家之作，每段都有注释，令人更容易了解古代文人墨客的文学思想以及知识哲理。

《艺文类聚》被后人多次修订，内容更加丰富全面，荟萃了众多古代哲学家、政治家、教育家的名句。与其他类书相比，《艺文类聚》在存辑文献这一方法上有一个不错的特点，就是把"文"与"事"两条龙并成为了一条龙，改变了其他书的常规体制，也即事与文兼。这样做的最大好处是大量保存了自汉至隋的辞章名篇。

佛家"圣经"——《金刚经》

《金刚经》成书于古印度。据历史记载，《金刚经》是释迦牟尼在世时与长老须菩提等众弟子的对话记录，由释迦牟尼弟子阿傩所记载。

《金刚经》是佛教的重要经典书籍。在我国佛教文化中，《金刚经》是对后人影响非常大的一部佛经。《金刚经》是佛法经书中很特殊的一部，它最伟大之处，在于佛理之中超越了一切宗教性。研究《金刚经》时，不能将它局限于佛教的范围之内，它的层次面更为广泛。佛在金刚经里说："一切贤圣，皆以无为法而有差别"，也就是说，佛认为古往今来一切圣贤、一切仁者、一切得道高僧的成就，都是悟道成道、悟道得道的；只因个人程度深浅不同、感悟不同、悟出的道理不同，传化的方式和思想才会有所不同而已。

韦小宝曾经搜集过的书——《四十二章经》

东汉时期的汉明帝因梦到佛，便派使者前往西域天竺国，《四十二章经》便是由此而来。《四十二章经》是印度人竺法兰所译。他和高僧迦叶摩腾被使者相邀来到中国，迦叶摩腾也参加了这项翻译工作。《四十二章经》乃连缀大大小小的佛法而成，虽不精辟细微，但却是佛经汉译的伊始。

《四十二章经》一卷包含42篇短短的经文，被认为是最早的汉译佛经。《四十二章经》有多种译本，每本都略有不同，而内容都有相对的改进。

第四节 集部——诸子百家及艺术、谱录

爱国诗人屈原创造的诗体——《楚辞》

《楚辞》,楚国之辞章也。它是我国第一部文人创作的诗歌。楚辞又称楚词,是战国时代楚国的屈原所创新的一种诗体。《楚辞》是由前汉时期刘向搜集屈原以及宋玉等人的作品而成,《楚辞》初版的16卷中,有8卷余20篇是屈原的诗作,另外8卷收的是宋玉、贾谊等人的作品。

屈原投江

《楚辞》的代表作是屈原的《离骚》。屈原的诗抒发了他的爱国热情和遭人谗言陷害的苦闷和矛盾,也在隐晦中斥责了楚王的昏庸以及当时政治的黑暗。

《楚辞》又被称为《离骚》,旧版每卷以《离骚》做标,现今以《离骚》做起始一卷。《楚辞》在中国史诗中具有重要的地位。

诗教圣典——《全唐诗》

《全唐诗》是清朝初年编修的,它是唐朝诗歌的总集,全书共900卷。《全唐诗》可谓是包罗万千,唐朝诗歌盛行,诗歌文体也极其繁多,内容多彩缤纷。

《全唐诗》也可以作为中国诗歌繁盛时期的一个记录。唐诗把我国的诗歌推向了一个高峰,它的成就空前绝后,其价值在中华文化中是非常重要的。

古代文学的巅峰之作——《全宋词》

《全宋词》是宋人词集的编纂。宋词是继唐诗之后，中国古代文学的又一巅峰。唐诗宋词往往被后人并列起来说。北宋时期，词虽然已形成一种独立的文体，但是还没被普遍地认为是"正统"文学。所以，北宋时期的词大多数没有被收入《全宋词》中。

现在的《全宋词》收录比旧本齐备，收录广泛，修正了不少前人的承谬踵误之处，是研究宋词的重要参考书。凡宋人文集中所附词句、宋人笔记中所写词句，均被收入其中。

中国文学史上最美的篇章——《乐府诗集》

《乐府诗集》是一部总括中华古代乐府歌辞的著名诗歌总集，为北宋郭茂倩所编。乐府是古代掌管音乐的机关名称，是制作曲谱，收集歌词和训练音乐人才的地方。乐府的歌词来源有二：一部分来源于当时的文人；另一部分是收集民间流传的乐曲。人们将乐府收集的诗歌篇称为乐府或乐府歌辞，后由官府改为《乐府诗集》。

《乐府诗集》是关于中国诗歌的重要书籍，其贡献是把历代诗歌按曲调分类收集，使许多作品得以汇编成书，这为后人的研究提供了很大的方便。

《乐府诗集》对各类乐曲的起源以及使用的乐器，都做了详细的解说，使后人对古代诗歌以及音乐有了广泛的认识。

中国古代的文学理论典籍——《文心雕龙》

《文心雕龙》由梁朝刘勰所著，共10卷，50篇，是古代文学理论著作。成书于南朝齐和帝中兴元二年。

《文心雕龙》虽采用了道家和佛家的思想，但它的核心文学思想是儒家。内容总结了齐梁以前的美学成果。它提出的"辞约而旨丰，事近而喻远"，"隐之为体义主文外"，"文外之重旨"，"使玩之者无穷，味之者，不厌"等说法，不完全是刘勰的独创，统一了文学语言的有限与无限、确定性与非确定性之间的审美

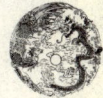

特征,做了比前人更为全面的总结说明。

《文心雕龙》在论述具体的文学创作活动时,抛弃了儒家的抽象说教,表现了朴素的唯物主义的文学观。而且,对文学创作和文学批评、文学的特点和规律等一系列问题,提出了精湛透辟的见解,富于独创性。因此它在中国文学理论批评史上占有十分重要的地位。

"诗仙"李白的毕生成果——《李太白集》

《李太白集》为李白所撰。李白是盛唐时期浪漫诗派的代表诗人,是把中国诗歌的浪漫主义推向高峰的代表者。正是如此,他被人誉为"诗仙"。李白热爱祖国,同情劳动人民,蔑视权贵,追求自由,是一个性情奔放的人。他的诗表现了他对封建社会一切压迫和羁束毫不调和的叛逆态度。他的诗作想象奇妙,飘逸不凡。与李白齐名的杜甫对李白评价甚高,称赞他的诗"惊风雨"、"泣鬼神",而且无敌于世、卓然不群。

"诗圣"杜甫的传世之作——《杜工部集》

《杜工部集》是我国古代最伟大的现实主义诗人杜甫的诗文集。杜甫曾任检校工部员外郎,世称杜工部郎,所以他的诗集被称之为《杜工部集》。杜甫在世界文学史上也占有重要地位。杜甫与李白齐名,并称为"李杜"。他的诗歌风格雄浑高古,自成一家,他被尊称为"诗圣"。他的诗歌是中国古典现实主义诗歌的最高峰。

杜甫作为现实主义的大诗人,关心人民的疾苦,关心祖国的命运,对人民无限同情,对朝廷的腐败强烈憎恨。《杜工部集》表达了杜甫爱国的思想情操,他的作品多以沉郁为主。杜甫生活在唐朝由盛至衰的历史时期,他的诗反映了当时社会的动荡和人民的疾苦。

唐代大诗人柳宗元的诗集——《柳河东集》

《柳河东集》是唐代柳宗元的作品集。全书45卷,外集2卷。全书按文体分

类，体例明晰，由柳宗元的好友刘禹锡所编，因作者为河东人而得名。

柳宗元，字子厚，别称"柳河东"，是我国唐朝著名的文学家、哲学家、散文家和思想家，乃"唐宋八大家"之一，一生留诗文作品达六百余篇。他在借鉴前人的艺术经验的同时，以自己的生活经历和思想感受为基础，发挥自己的创作才华，创作出一种独特的艺术风格，成为代表当时一个流派的杰出诗才。

《柳河东集》收录了柳宗元的全部诗文，其中的哲学作品很少有文学价值，但政论文字表现了他进步的政论思想。他将短篇寓言故事发展成完整的篇章，同时赋予现实社会丰富多彩的内容，具有强烈的现实性和哲理性。

"香山居士"白居易的作品集——《白香山集》

《白香山集》共三册，为我国唐代伟大的现实主义诗人白居易撰。他因晚年长期居住在洛阳香山，被人称为"香山居士"，此书因此得名。他的诗歌题材广泛，形式多种多样，语言通俗易懂，他也被人誉为"诗魔"和"诗王"。其所著诗文均收入《白香山集》内。

白居易在文学上积极倡导新乐府运动，写下了不少反映人民疾苦的诗篇。白居易的代表作有《长恨歌》、《琵琶行》、《卖炭翁》等。他的诗不仅在我国有巨大影响，在国外也有广泛影响。

明代修身养性大典——《菜根谭》

《菜根谭》是明代一部语录著作，由洪应明所编，是综合几家思想核心的训示宝典。《菜根谭》似语录，却有语录所没有的趣味；似随笔，却有随笔所没有的整饬；似训诫，却有训诫所没有的亲切之感，且有自己独特的韵味。

《菜根谭》成书距今已有四百多年的历史。在很长时间它并没有受到太多的重视。书名《菜根谭》取自宋儒汪革语："人就咬得菜根，则百事可成。"意思是说，无论什么样的人，只要能够坚强勇敢地适应清贫的生活，不论做什么事情，都会有所成就。

《菜根谭》现存清刻版与明刻版，书分前后两集。糅合了儒家的中庸思想、道家的无为思想、佛家的出世思想。它是以处世思想为主的格言式小品文集。

文章采用语录文体,文辞优美,对仗工整,含义深邃,耐人寻味,是一部有益于人们陶冶情操、磨炼意志、奋发向上的通俗读物。

纪晓岚一生的最大贡献——《四库全书》

《四库全书》是清乾隆年间由纪晓岚所编的。前后用了十年的时间。是我国最大的一部官修书籍。四库分为经、子、集、史四部,故名四库。

《四库全书》底本的来源有:内府藏书、清廷官修书、从各地征集的图书、从《永乐大典》中辑出的佚书。《四库全书》内容非常丰富,可谓集众多中华历史于文集。乾隆年间是太平盛世,成书之间乾隆经常去看望询问,这也是成书的重要条件之一。

《四库全书》的不足之处,一是太注重儒家书籍,把儒家书籍放在了首位;二是轻视科技著作,认为西方现代科学技术是"异端之尤",可以"节取其技能,禁传其学术",眼界太过狭隘,不接受外国传教思想;三是不收戏剧作品和章回小说;四是正文和图文有删除和篡改,丢失了不少原文风貌。

文字狱毁去了不少有价值的书。《四库全书》也同样饱受"磨难",很多抄本也被毁去。现今遗留的版本比黄金还珍贵,是我国重要的文化遗产。

记述怪异故事的《阅微草堂笔记》

《阅微草堂笔记》是由清乾隆年间的大学士纪昀所著。纪昀,字晓岚,晚号石云,道号观弈道人。

《阅微草堂笔记》共24卷,另有1000余笔记,是清朝文言短篇志怪小说,内容广泛博杂。书中所记的怪异事情很多。所描绘的异域风光,也给人耳目一新的感觉。

《阅微草堂笔记》内记述的怪异故事若真若假,似乎借由故事讽刺当时朝廷官吏腐败的萎靡之风。书中对为富不仁、凌辱奴仆、人情欺诈等丑恶现象作了揭露和批判。对处于社会下层人民的悲惨生活,文中笔调表达出深刻的悲悯与同情。书中很多鬼神狐妖故事,颇有寓言故事之味,读来饶有兴趣,让人津津乐道。

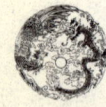

中国古代演义小说之最——《三国演义》

《三国演义》全名《三国志通俗演义》，作者罗贯中。《三国演义》是我国古代第一部章回体小说。罗贯中，名本，字贯中，号湖海散人，元末明初小说家，他是中国章回小说的代表人物，他一生作品丰厚，最具代表性的作品便是家喻户晓的《三国演义》。

《三国演义》的故事在民间流传甚广，在宋元时代便被人搬上舞台。《三国演义》描写了大大小小的战争，构思宏伟气魄，手法多样，使我们对古代文化有了很多的了解和认识。其中对"官渡之战"、"赤壁之战"等战争的描写波澜壮阔、跌宕起伏。

《三国演义》刻画了上百个人物，其中很多人物形象被人津津乐道，老少皆知，其中最为凸显的人物有诸葛亮、刘备、曹操、关羽等人。

中国历史上最棒的神魔小说——《西游记》

《西游记》是一部古典神魔小说，是中国古典四大名著之一。作者吴承恩，字汝忠，号射阳山人。《西游记》是一部构思宏伟的小说，作者以幻想的形式反映当时的社会现象。

《西游记》的魅力经久不衰，先后被人搬上银幕，也是中国大型动画的素材。它在艺术上也有很高的成就。曲折奇特的故事，幽默风趣的语言，栩栩如生的人物形象，构造成了独具一格的《西游记》。

《西游记》中的唐僧是如来座下弟子投胎之身，在取经途中收了三个魔法高强的徒弟。除沙和尚性格憨厚外，其余俩人性格顽劣，难以训化，唐僧胸襟宽广，以佛理感化众人。师徒四人在途中危险重重，历经磨难，与众多妖魔鬼怪斗智斗勇，最终求取真经。

中国古代白话文小说之最——《水浒传》

《水浒传》又名《忠义水浒传》，通常简称《水浒》。著者施耐庵，原名彦端，字肇端，号子安，别号耐庵。

《水浒传》是中国历史上第一部用白话文写成的章回小说。其故事早在民间广泛传播。水浒传的精髓是"义",各个人物多是"义"字当先,展现了中国古代英雄好汉的英雄气概。

《水浒传》构思气势磅礴,浩瀚无垠,结构独具特色。先以单体人物为主题,讲述各人的故事,然后讲述在当时社会的压迫下,各人物投奔梁山组成一个反抗不公平社会的团体的故事。《水浒传》体现了当时政治的腐败,描述了官府压迫下的劳动人民的悲惨生活。作者站在被压迫一方的角度上,写出了那个时代"官逼民反"、"忍无可忍"的现状。歌颂了农民领袖人物的英雄事迹,肯定了他们不惧生死、敢于与恶势力做斗争的革命精神。

中国古代小说的巅峰之作——《红楼梦》

《红楼梦》成书于清乾隆帝四十九年,是一部长篇小说,被认为是"中国四大名著"之首。《红楼梦》作者曹雪芹,名沾,字梦阮,号雪芹,祖籍河北唐山,是中国清代伟大的文学家。

《红楼梦》的"红楼"文化,现今被列为一门学科进行研究。《红楼梦》是中国小说的一个巅峰,不仅仅是因为它具有很高的思想价值,更在于它超乎寻常的艺术成就。该书构思新颖而巧妙,以一些神话故事掩盖其内容实质,让人感觉到它的独特神秘,不断地想去深入了解。作者笔下的众多人物并未见有杂乱,相反每个人物都个性鲜明、纷繁多姿、生动形象、心理形态各异,绝没有因繁多而重复,可谓包罗了世间各色形态之人。即使是同一人,在性格上也有双面及多面,只是丰富的人物形态便令人叫绝。

第五节　蒙学——中国古人的启蒙读物

中国古代儿童的第一本启蒙读物——《三字经》

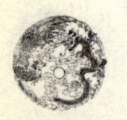

《三字经》是古代儿童启蒙读物中最有代表性的教材之一。它短小精悍,念

起来很有节奏，琅琅上口。其内容蕴涵我国历史、天文、地理、道德文化以及一些民间传说故事，所以古人说"熟读《三字经》，便可知天下事，通圣人礼"。基于历史的原因，《三字经》不可避免地含有糟粕，但它独特的思想价值和文化魅力并没有受到影响，一直被历代人们奉为经典而不断流传。

《三字经》的版本很多，清朝道光年间刊行的版本是最为普遍的一种。后又在民国年间添置增补了一些内容。

中国古代著名儿童读物——《百家姓》

《百家姓》是一卷记录我国姓氏的书，出自《兔园集》，宋初钱唐老儒所作。收录姓氏498个，其中单姓436个，复姓62个。经学者考证，《百家姓》的姓氏次序，不是依各姓氏人口统计排列的。第一个姓氏赵，指的是赵宋。在当时的社会，不把国君的姓排在首位是要被问罪的。前几个姓氏是按当时的统治者排列的，而且也因为读来顺口，编排好记，易学易诵。

《百家姓》与《三字经》一样，被列入旧时孩童的启蒙读物。它的读法与《三字经》有共同点，都是四字精言，琅琅上口。

中国古代学生守则——《弟子规》

《弟子规》是清朝康熙年间山西绛州的一个秀才编著的。原是《训蒙文》，其内容浅显易懂，押韵顺口，依据至圣先师孔子的教诲编写而成，是教导学生为人处世的规范。《弟子规》是一本学习儒家基础和人性基础的好书。

《弟子规》的影响力之大仅次于《三字经》。"弟子"是指一切圣贤人的学生、弟子，"规"意思是大丈夫的见解。所以弟子规是现今每一个想要学习圣贤、效仿圣贤的人都应该学的著作。

中国古代儿童的习字书——《千字文》

《千字文》是我国古代的早期蒙学读物，南朝梁周兴嗣撰。录入了中国古代大书法家王羲之不同笔迹的1000个字而得名《千字文》。《千字文》采用四言韵文，

行文流畅、气势磅礴、用词得当，读起来容易上口。

自隋唐以来，《千字文》大为流行，背诵《千字文》被视为识字教育的捷径。它不是简单的单字堆积，而是条理分明，通顺可诵，也是咏物咏事的韵文，其内容涉及了有关自然、社会、历史、教育、伦理等多方面的知识。所选千字，大都是常用字，生僻字不多，便于识读。因流传甚广，以致文书编卷都采用"天地玄黄"来代替数字。历代不少大书法家都曾书写，《千字文》至今仍是学习各种书法的范本。

中国古代儿歌集——《小儿语》

《小儿语》乃明代吕得胜所撰。吕得胜，字近溪，河南宁陵人，生活在嘉靖时。他很关心儿童的教育工作，主张儿童学习知识时必须对其正确引导。当时民间流传一些儿歌，他认为这些儿歌对幼儿虽然无害，但对品德修养和以后的发展没有什么益处。于是他编写新的儿歌，用来代替旧的儿歌。

《小儿语》语言浅显，意思简单明了。用四言、六言、杂言等多种形式传唱一些做人的道理，其中亦有一些消极的成分。

中国古代儿童的声律读物——《声律启蒙》

《声律启蒙》是一本训练儿童掌握声韵格律的启蒙读物。是清康熙年间车万育所撰写的。

《声律启蒙》按韵分编，包罗天文、地理、花木、鸟兽、人物、器物等。《声律启蒙》从单字对到双字对、三字对、五字对、七字对到十一字对，层出不穷，声韵协调，通畅顺口，读起来如唱歌一般。从阅读中可以受到语音、音节、修辞、词汇等方面的训练。《声律启蒙》在启蒙读物中独具一格，流传甚广。明清以来，很多人纷纷效仿编著同类书，如《训蒙骈句》、《笠翁对韵》等书，都是采用这种方式编写，并广为流传。

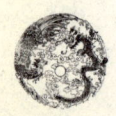

# 第七章

曲艺国粹

轻松**学国学**
国学院推荐读本

明代四大声腔是什么？

中国明朝南曲系统中的浙江海盐腔、浙江余姚腔、江西弋阳腔和江苏昆山腔合称明代四大声腔。

明朝时期，因地方声腔的崛起，在戏曲也出现了明显的地方化趋势。嘉靖三十八年，徐渭在《南词叙录》中对四大声腔有描述："今唱家称弋阳腔，则出于江西，两京、湖南、闽、广用之；称余姚腔者，出于会稽，常、润、池、太、扬、徐用之；称海盐腔者，嘉、湖、温、台用之；唯昆山腔止行于吴中，流丽悠远，出乎三腔之上，听之最足荡人。"由此可见，四大声腔在嘉靖三十八年之前就已经形成且传入江南地区。

江西弋阳腔和江苏昆山腔对后世戏曲界的影响最大，弋阳腔发展成为影响广泛的高腔系统，昆山腔发展成为典雅细腻的昆曲。

弋阳腔一直在民间流传，有较强的生命力。明末之前，一直依附于昆曲剧目，明末之后开始独立创作剧目，开始与昆山腔分庭抗礼。

昆山腔在海盐腔衰微之后兴起，有"旧凡唱南调，皆曰海盐，今海盐不振而曰昆山"之说。

京剧是怎样形成的？

京剧形成于清朝光绪年间的北京，是中国受众最大的戏曲剧种。

清朝初期，昆腔与京腔并盛。乾隆四十四年，四川魏长生进入北京，以《滚楼》一剧用秦腔名动京师，"使京腔旧本置之高阁"。乾隆五十五年，扬州的三庆徽班进京，逐渐吸收了京、秦二腔，独擅梨园，因此京剧的前身为徽剧，通称皮簧戏。

光绪、宣统年间，北京皮簧班到上海演出，北京的皮簧班比安徽的皮簧班声腔更加悦耳动听，为了把他们区分开来，称北京皮簧班为京调。辛亥革命以后，上海梨园为北京皮簧班所掌握，于是称北京皮簧为京戏，而京戏就是我们现在所说的京剧。

京剧艺术在文学、表演、音乐、唱腔、锣鼓、化妆、脸谱等各个方面都有很高的造诣,经后代多数艺人的实践、探索、革新、创造,各成了一套格律化和规范化的程式,舞台艺术更加丰富多彩,用法更加严谨,成为民族传统文化的魁宝。京剧最大限度地超脱了舞台空间与实践的限制,达到"以形传神,形神兼备"的艺术境界。

随着京剧艺术的日臻完善,大批京剧艺术家脱颖而出。除谭鑫培、王瑶卿两位为京剧诞生作出了贡献的代表人物外,老生行的余叔岩、言菊朋、马连良、谭富英、周信芳、高庆奎、李少春等;旦行的梅兰芳、程砚秋、尚小云、荀慧生、张君秋、言慧珠、关肃霜等;净行的金少山、郝寿臣、侯喜瑞、裘盛戎、方荣翔、袁世海等;小生行的程继先、俞振飞、叶盛兰等;武生行的杨小楼、尚和玉、盖叫天等;丑行的王长林、萧长华、叶盛章等;老旦行的龚云甫、李多奎等,对京剧艺术的发展都起到了巨大的作用。

京剧的三个鼎盛期是什么时候?

关于京剧的鼎盛时期,有很多的争议。

清代同治、光绪时期,京剧形成后,一大批的优秀京剧演员受到宫廷贵族的喜爱,优厚的物质条件铺平了京剧在艺术上的成熟道路,这是第一个鼎盛时期;20世纪初,社会新思潮促进了京剧艺术的又一次发展,这个时期的标志是众多流派的产生,每个流派的创始者都拥有大量的剧目,这是京剧的第二个繁荣时期,也是京剧文学的繁荣期;20世纪50年代,中华人民共和国的成立使京剧迎来了它又一个艺术上的春天,到1959年之后,它的艺术生命达到第三个巅峰,这个时期的演员阵容强大、梯队完整。

中国著名京剧剧目有哪些?

京剧剧目总数大概有5800余个,大部分为传统剧目。传统剧目中又分徽班原有剧目和汉调剧目或者徽、汉共有剧目。

京剧剧目大多取材于《三国演义》、《西游记》、《说岳》等著名长篇小说。较早的有卢胜奎编的三十六本《三国志》、杨隆寿编演的《双心斗》以及沈小庆等人

编演的《八大拿》等。

京剧剧目中如《铡美案》、《打渔杀家》、《四进士》等具有较高的思想内容；《群英会》、《空城计》、《玉堂春》等从各个角度反映了古代生活，丰富了人们的知识，给人一种健康的艺术享受；《九更天》、《双铃记》、《杀子报》等则宣扬了封建思想、色情凶杀等不良思想。

影响比较大的京剧作家有卢胜奎（代表作《三国志》等）、汪笑侬（代表作《哭祖庙》、《马前泼水》等）、罗瘿公（代表作《青霜剑》、《金锁记》等）、陈墨香（代表作《钗头凤》、《红楼二尤》等）、齐如山（代表作《太真外传》、《霸王别姬》等）、杨绍萱（代表作《逼上梁山》）、翁偶虹（代表作《锁麟囊》及与王颉竹合作的《将相和》等）、马少波（代表作《闯王进京》、《正气歌》等）、范钧宏（代表作《满江红》及与吕瑞明合作的《杨门女将》）等。

十一届三中全会之后，京剧艺术走上了新的发展道路。经整理、改编的主要剧目有《白蛇传》、《野猪林》、《将相和》、《杨门女将》、《穆桂英挂帅》、《红娘》、《望江亭》、《李慧娘》等。创作的历史剧有《逼上梁山》、《三打祝家庄》、《满江红》、《武则天》、《谢瑶环》、《黑旋风李逵》、《海瑞罢官》、《正气歌》、《徐九经升官记》等。现代戏有《白毛女》、《赵一曼》、《黛诺》、《奇袭白虎团》、《节振国》、《智取威虎山》、《红灯记》、《沙家浜》、《杜鹃山》等。

中国传统戏曲的表演特点是什么？

中国传统戏曲的表演特点，主要有综合性、写意性、程式性和虚拟性四个特点。

综合性包括唱、念、做、打四个动作。唱是戏曲剧目中人物抒发内心情感的主要方式，剧种不同，采用的音乐也各不相同；念是戏曲中人物与人物之间对白或独白的一种称呼，是音乐化、诗歌化了的一种语言，念的音与各个地方的地方音调大致相同；做是对戏中演员的身段、表情、起拍、风度等的总称，是戏曲表演与舞台行动的主要组成部分，做多为程式性动作；打也叫开打，是戏曲中场面的一种表现手段，打具有极强的舞蹈性、程式性和表现性，也都是写意非写实。

写意性表现在舞台布置的写意、人物化妆的写意、人物服饰的写意、舞台行动的写意等。舞台布置的写意例如一桌二椅，用一句话概括，即简约；人物

化妆的写意如戏曲脸谱,用一句话概括即为"公忠者雕以正貌,奸邪者刻以丑形";人物服饰的写意如长袖善舞;舞台行动的写意如有话则长,无话则短等。

程式性主要表现为生活动作的舞蹈化,有起霸、趟马、走边等;人物服饰的程式性用一句话概括为宁穿破勿穿错,服饰中衣物服饰主要有盔头(人物中头上多带的冠、帽、盔等的总称)、戏服(戏剧中人物穿戴的衣物)、戏鞋(人物在戏剧中所穿靴鞋的总称)。

虚拟性分空间流变的虚拟、周边环境的虚拟、时间的虚拟、动作对象的虚拟等。戏曲舞台中人物需要不断地上场下场,于是就不断地在表现时间的变迁与地点的变换,而时间的变迁表现为时间的虚拟,地点的变换即为空间流变的虚拟,需要通过演员"圆场"来表现。演员在戏剧舞台中走上几个"圆",则表示一个人从一个地方走到了另一个地方,即地点的变换,不论两者有多么远或者多么近,"圆场"一出,足矣。戏剧舞台中对环境的虚拟用法最多,因为舞台布置的写意中有"简洁"的内容,所以周围的环境多被虚拟化,用演员的动作与对白去"说明"此时演员所处的环境,而环境的虚拟需要观众自己去思考想象。舞台上的时间灵活自由,有的时间有意拉长,如大战胜利方的战后耍枪花或者刀花,用拉长的时间来表现出人物战胜后的高兴心理;有的则把时间故意缩短,如用几句唱词将一夜的时间带过等。

京剧生行共有几类?

老生、武生、小生、红生、娃娃生是京剧中生行的五个分类。

老生也称须生、胡子生、正生,表示严肃端庄。老生一般分为文、武老生。文老生从表演的侧重点可分为唱工老生、做工老生。唱工老生也称安工老生,以唱为主。做工老生又叫衰派老生,以表演为主;武老生包括长靠和箭衣。老生一般都扮演中年以上的男性角色,基本上都戴三绺黑胡子。

武生就是擅长武艺角色的人。一般分为两大类:一种是长靠武生,一种是短打武生。长靠武生身穿靠(武将的戎装),头戴盔,脚穿厚底靴子,手持长柄武器。这种武生不仅要求功夫好,还需要有

老生装扮

大将风度,有气魄;短打武生是身穿短衣裤,用短兵器。这种武生需要身手灵敏,动作看起来干净利索,不拖泥带水。

小生就是指那些比较年轻,扮相清秀、英俊的男性角色。表演上最大的特点是能真假声互相结合。假声较尖、细、高,声音较为年轻化,跟老生有很大的区别。小生用的假声与旦角用的不同,听起来清脆而不柔媚,刚健而不粗野。这种音法要掌握到恰到好处是最不容易的,所以在京剧中,小生这一行是人才最少的。

在京剧行当中,红生原指关羽、赵匡胤一类勾红脸的角色。后来因为根据《三国演义》和民间传说所编演的关羽剧目甚为丰富,因此便把生行擅长演关羽戏的演员称为"红生"。红生在京剧行当中独树一帜,虽然它不同于花脸、武生和老生,但是它需要有花脸的功架、武生的功底、老生的音腔功底,需要相貌具有威风凛凛、器宇轩昂、威严震慑之美感。因此,对红生的要求很高。

娃娃生是扮演儿童的角色。例如《三娘教子》的薛倚哥,《汾河湾》的薛丁山,《桑园寄子》的邓元、邓方,《锁麟囊》的卢天麟等,都是娃娃生。娃娃生一般头戴孩儿发,身着孩装。不用小生的唱法,而是用本嗓念唱,但不能唱出老生腔。娃娃生的唱腔是混合了生、旦以及小生的唱腔,唱起来要有天真烂漫的稚气,一般使用女演员来装扮,因为女生的嗓子比较清脆,用本嗓来念唱比较合适。

旦行是怎样分类的?

青衣(正旦)、花衫、花旦、刀马旦、武旦、老旦、彩旦是旦行中的七个类别。

青衣是旦行中最主要的角色,它扮演的都是端庄、严肃、正派的人物。大多是贤妻良母或者贞洁烈女之类的人物,服装上多穿青褶子,所以也叫青衫。在表演上以唱工为主,动作幅度小,行动稳重。念白是念韵白,一般不念京白,而且唱工繁重。如《白蛇传》最后的一折《祭塔》、《二进宫》里的李艳妃,《三娘教子》里的王春娥等。

花旦的重要性仅次于青衣,都穿裙衣裳,要绣着色彩鲜艳的花样,大多扮演青年女性。如《红娘》里的红娘、《打樱桃》里的平心、《花田错》里的春兰、《春草闯堂》里的春草、《红鸾禧》里的金玉奴、《得意缘》里的狄云鸾、《拾玉镯》里的

孙玉姣、《柜中缘》里的刘玉莲、《凤还巢》里的程雪娥、《钗头凤》里的唐蕙仙、《梅玉配》里的苏玉莲、《二度梅》里的陈杏元。在表演上以做工和说白为主,在说白上又以京白为主。人物性格比较活泼、开朗,动作灵敏。花旦又可以分为闺门旦、玩门旦、泼辣旦、刺杀旦。

花衫是一种集唱、念、做、打并重的旦行,有青衣的端庄严肃、花旦的活泼开朗以及武旦的武打动作。花衫创始人是王瑶卿,早期京剧中并无花衫,之后表演时有唱、念、做、打,再后来出现的四大名旦梅兰芳、程砚秋、尚小云、荀慧

花旦装扮

生将旦行的表演艺术大大地推前了一步。著名的花衫戏,有梅兰芳的《贵妃醉酒》、《霸王别姬》、《廉锦枫》、《花木兰》、《太真外传》、《西施》、《樊江关》、《洛神》、《天女散花》以及《穆桂英挂帅》等;程砚秋的《红拂传》、《沈云英》、《碧玉簪》、《风流棒》、《赚文娟》、《梅妃》、《花舫缘》以及《英台抗婚》等;尚小云的《谢小娥》、《乾坤福寿镜》、《汉明妃》、《林四娘》、《墨黛》、《摩登伽女》等;荀慧生的《香罗带》、《霍小玉》、《杜十娘》、《荆钗记》、《鱼藻宫》、《红楼二尤》等。

老旦是扮演老年妇女的角色,其特点就是唱、念。用本嗓,但不像老生平直刚劲,而是婉转迂回。《钓金龟》的康氏、《赤桑镇》的吴妙贞、《望儿楼》的窦太真、《打龙袍》的李后等,都属于唱工老旦,专门以唱工为主;而《清风亭》的贺氏、《西厢记》的崔老夫人、《李逵探母》的李母等都属于做工老旦。

武旦表演精通武艺的女性角色,分短打武旦和长靠武旦。短打武旦身穿短衣,不骑马,重在自身武功与说白,不注重唱与表演,著名的短打武旦有《打焦赞》里的杨排风、《泗州城》里的水母、《打店》里的孙二娘、《无底洞》里的白鼠精、《摇钱树》里的张四姐、《三岔口》里的店主婆等。长靠武旦是妇女身穿大靠,头戴战盔,手拿较小的武刀,骑战马,因此也叫刀马旦。它与短打武旦的区别在于,刀马旦一方面需要很好的功夫,另一方面还需要长于做工,有时候的说

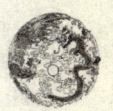

白、工架也很重要。刀马旦有《穆柯寨》、《穆天王》、《破洪州》里的穆桂英,《佘塘关》里的佘赛花,还有《棋盘山》里的窦仙童、《三休樊梨花》里的樊梨花、《珍珠烈火旗》里的双阳公主、《扈家庄》里的扈三娘等。

彩旦也称丑婆子,以诙谐和滑稽的表演为主。有的用来讽刺自作聪明的女人,如《凤还巢》里的大姐程雪雁、《西施》里的东施等;有的表示粗犷豪放的妇女,如《串龙珠》里的花婆、《四进士》里的万氏、《铁弓缘》里陈秀英的母亲等;有的则塑造了诙谐风趣的艺术形象,如《拾玉镯》里的刘媒婆等。

净行是怎样分类的?

"净"俗名也叫"花脸"、"花面",净行分正净、副净和武净三大类。

正净也称"大花脸",又称"唱功花脸",以唱功为主。正净扮演者多是性格刚正的角色。例如《二进宫》中的徐延昭、《铡美案》中的包拯、《赵氏孤儿》中的魏绛等。京戏《二进宫》中的徐延昭是典型的唱功花脸,因他手拿一柄铜锤,所以"铜锤花脸"成为唱功花脸的代名词。在众多的包公戏中,因包公的唱功繁重,又是勾画成黑色脸谱的人物,所以"黑头"也成为唱功花脸的代名词。

副净是对架子花脸和二花脸的统称,以工架、念白、表演做功为主,但是仍然需要有唱工基础。如《连环套·盗御马》,前半截《连环套·坐寨》是重唱工,《盗御马》是以工架与唱工并重,最后《拜山》又是念白与工架并重。因此演架子花脸的人,既要有武功底子,又要善于表演、念白,还要有唱工,并要有优美的工架。架子花脸能自成一个艺术流派的当首推黄润甫,但净行中资格最老的架子花脸是徐宝成,其次是庆春圃、钱宝峰,他们是架子花脸艺术的代表人物。

武净又名"武二花",或者叫"摔打花脸",因表演时以跌打摔扑为主而得名。武净演员的唱功要求一般,所以除了全武行的一些重头戏之外,都以辅助名角或与名角合作为主。好的武净演员能为全局的演出起到烘托、添色的作用。但由于武净的部分角色都由武生扮演,因此使得武净戏的范畴缩小。《白水滩》的青面虎、《竹林计》的余洪、《挑华车》的黑风利等,这些还属于武净的范畴。武净中能自成一派的演员也只有钱金福、许德义和范宝亭三人。

丑行是怎样分类的？

丑行俗称"小花脸"，"丑"并非是指品质上的丑恶，而是因化妆时在鼻梁上抹一小块白粉，扮相上不俊美，故而以"丑"命名。这个白粉块的形状也各不相同，有方形的、元宝形的或者是倒元宝形的，还有枣核形的，人物不同，白粉块的形状和大小也不相同。丑行的角色有阴险狡诈的形象，也有正直善良的形象。传统戏曲中，像渔夫、农夫、樵夫、酒保、打更的、守夜的、差役、书童、乞丐等社会地位不高的劳动人民都由丑角扮演。从性格上说这些人都很滑稽、活泼、乐观，如《女起解》里忠厚、善良、有正义感的崇公道；《三岔口》里嫉恶如仇、见义勇为的小店主刘利华；《挡马》中忍辱负重、勇敢机智的爱国志士焦光普，都由丑角来表演。因丑行与净行的大花脸、二花脸并列，也称"三花脸"。

丑行可分为文丑、武丑两种。文丑又可分为方巾丑、袍带丑、茶衣丑、巾子丑、彩旦等，扮演京剧中的各类诙谐人物。方巾丑指头戴方巾的文人，如《群英会》中的蒋干、《乌龙院》中的张文远，儒生、书吏、谋士、塾师各种职业人物都由方巾丑扮演；袍带丑指做官的人物，如《审头刺汤》中的汤勤、《棋盘山》中的程咬金、《昭君出塞》中的王龙等，文官、武官，正面、反面人物都有；茶衣丑扮演的是下层劳动人民，如《秋江》中的艄公、《武松打虎》中的酒保、《小放牛》中的牧童等，因穿短蓝布褂子（茶衣）而得名；巾子丑如《连升店》中的店主东等；彩旦如《拾玉镯》中的刘妈妈，由丑行扮演的妇女，俗称"丑婆子"。

武丑指擅长武艺、性格机警、语言幽默的男性人物，注重翻跳武技，同时也需要口齿清晰有力，俗称"开口跳"。如《三岔口》中的刘利华、《三盗九龙杯》中的杨香武、《雁翎甲》中的时迁等。

戏曲中文武场指的是什么？

戏曲中的乐队有文场、武场之分。文场指的是管弦乐部分，由各种月琴、琵琶、阮等组成；武场指代的是打击乐部分，由不同类型的鼓、板、锣、铙钹等组成。文场、武场合称为"文武场"，又叫"场面"。

文场的作用是为演出伴奏，并配合表演演奏出所适合的场景音乐。文场乐器包括：

曲笛，竹制乐器，八孔，吹孔一个，指孔六个，膜孔一个，音醇厚，用于京剧、昆曲的伴奏。

唢呐，簧管乐器，由芯子、管子、碗子组成。京剧乐队中分大唢呐和海笛两种，大唢呐声音洪亮，用于伴奏发兵、庆典等宏大场面。

板胡，拉弦乐器，胡琴的一种。琴筒呈半球形，弓子夹于两弦之间，靠磨擦发音。其音高亢，是梆子剧种的主要伴奏乐器。

京胡，拉弦乐器，胡琴的一种，形状似二胡，只是较其略小，弓子夹在两弦之间，以弓弦间的摩擦发音，其音刚劲嘹亮，是京剧的主要伴奏乐器。

京二胡，拉弦乐器，比京胡略大，马尾弓夹于两弦间，其音低沉柔和，京剧旦角唱腔多由它作为京胡的辅奏乐器。

琵琶，弹拨乐器，音箱半梨形，以桐木蒙面，琴颈向后弯曲，设有琴品。演奏时双手竖抱，左手按品，右手弹奏，技法多样。现为重要民乐乐器和戏曲乐器。

月琴，弹拨乐器，类似琵琶，但琴体呈圆形似月，有三根弦，左手按琴颈音品，右手以拨片弹奏，音质清脆明亮，是京剧乐队的主要辅奏乐器。

阮，弹拨乐器，分低、大、中、小四种，戏曲乐队中多用大、中两种。有四根弦，左手按琴颈音品，右手以拨片拨奏，音质浑厚，是戏曲乐队的重要辅奏乐器，也是重要的民乐乐器。

弦子，又称"小三弦"，琴颈很长，琴体较小，两面蒙蟒皮。有弦三根，左手按音，右手以拨子或手指拨奏。其音质清脆，穿透力强，是京剧的主要辅奏乐器。

武场的任务是要配合演员的动作、念白、舞蹈开打，节奏鲜明。另外场景的转换以及舞台情绪渲染等也由"武场"承担。武场乐器有：

锣，打击乐器，扁圆形、铜制，有大、小锣之分。在演奏方式上亦有区别，前者音色高亢，多用于表现战争场面、紧急事件发生或武将上场；后者音色清亮，多用于生角、旦角或丑角人物的上下场。大小锣均为京剧的主要打击乐器。

钹，打击乐器，俗名"铙钹"或"水镲"。两片为一幅，铜制，互相撞击发生，多与小锣配合，是京剧乐队中的主要伴奏乐器。

鼓板，打击乐器，由一个"单皮鼓"和一副檀板组成，由乐队中的鼓师掌管。单皮鼓为扁圆形，单面蒙牛皮或猪皮，演奏时置于一鼓架上，用一副鼓槌

子击打鼓心发声，音质清脆，主要击打音乐中的次重或弱拍，即"眼"。一副檀板，由一副两块檀板组成，用绳串在一起，相互击打发声，音质浑厚，主要击打音乐中的重拍，即"板"。

鼓，打击乐器，远古时以陶为框，后世以木为框，蒙以兽皮或蟒皮。也有以铜铸的，形制大小不一。

戏曲中最为神奇的技艺——变脸

戏曲中的变脸能够表现出剧中人物情绪的变化，兴奋、惊恐、绝望、愤怒……它是一种中国戏剧中的情绪化妆。变脸最早见于明代，初始时用于神怪角色。明杂剧《灌口二郎斩健蛟》中就有"变化青脸"的记载。当时的变脸由演员进入后台化妆完成，后来演变为现场变脸，成为一项表演特技。它是揭示人物内心思想的一种浪漫主义手法。很多剧中都有相关的表演，其中以川剧最为著名。

变脸分大、小变脸。大变脸是指全脸都变，有三变、五变、九变之分；小变脸是指局部的变脸。变脸的手法主要有抹暴眼、吹粉、扯脸三类。

抹暴眼：《放裴》中，当裴生听说贾似道要派人来刺杀他时，立马吓得跌倒在地，站起时眼睛下多了一道黑眶，用的就是这种手法。演员用手指抹上存于眉头或者鬓角的墨青，擦于眉心、眼眶、鼻子等处，剧中人物的神色便能变换。

吹粉：演员事先准备好色粉以改变脸色。色粉的颜色有灰白、黑灰、红、绿、金、银等。色粉的藏法也有许多，《断桥》中小青的几次变脸，色粉都藏在演员的手心里，《伐子都》中子都"见鬼"时的变脸，色粉藏于酒杯之中。

扯脸：扯脸是指演员将画好的薄质面具装在头顶上，需要变脸的时候再一个一个地扯下来。如《望娘滩》中聂郎在江中化龙后几次回头望娘时的变脸，《金山寺》中紫金铙钵神与白娘子大战时的几次变脸，用的都是这种手法。

除了以上常用的三种方法，撕脸和贴脸也属于变脸的范畴。撕脸是将薄质面具叠加贴在脸上，变脸的时候需要一层一层地撕掉；贴脸是在变脸时把画好的面具贴到脸上去。现在这两种方法均已很少用。

变脸时动作要敏捷，并且要密切结合人物情绪的变化，否则容易露出痕迹使表演失败。

脸谱分为几种基本类型？

脸谱是戏曲中角色脸部画的各种图案，用于表现人物的性格特征。作用是用色彩、图案表现角色的性格品质、身份、相貌、特长等。

一般有颜色的变化组合与图案的构成两种手法。戏曲脸谱一般采用谱式和谱色两种方法分类。

谱式分类法是根据脸谱的构图不同而进行的分类，一般分为以下几种基本的类型：

整脸：脸部的颜色采用一个色调，在眉、眼部位处略有不同，构图简单。如包拯一般为黑整脸、曹操一般为白整脸、关羽一般是红整脸。

三块瓦脸：也叫三块窝脸，是最基本的谱式脸谱。以一种颜色为底，黑色勾眉、眼、鼻三处，将整部脸面分割为脑门和左右两颊，像三块瓦一样，因此而得名"三块瓦脸"，如晁盖、马谡、关胜等。

花三块瓦脸：也叫花三块窝脸，在三块窝脸的基础上添加一些纹样，勾画眉窝、眼窝、鼻窝的纹路。如窦尔墩、典韦、曹洪等。

十字门脸：在额顶到鼻尖处的部位画上通天立柱纹，双眼间用横线相连接，在整个脸面上立柱纹与横线交叉形成十字形，故而得名。如《草桥关》中的姚期、汉津口中的张飞等。

六分脸：脑门上的立柱纹和眼部以下面部均画一种色彩，脑门上立柱纹以外部位的颜色占整个脸面的十分之四，眼部以下的面部颜色占整个脸面的十分之六，上下形成四六分的形式，故称为六分脸。如《群英会》中的黄盖、《将相和》中的廉颇等。

碎脸：由花三块瓦脸变化而来，但更为花哨。色彩丰富，形式多样，线条复杂且细碎。如《取洛阳》中的马武、《金沙滩》中的杨七郎等。

歪脸：采用不对称的构图色彩，让人有歪斜的感觉。如《打龙棚》中的郑子明、《落马湖》中的于亮等。

元宝脸：脑门和面颊的色彩不一，形状像元宝，故而得名。如徐盛、麻叔谋等。

僧道脸：包括"僧脸"和"道脸"。"僧脸"也叫"和尚脸"，大圆形眼、花鼻、花嘴，脑门勾出一个红色舍利圆光或九点，代表入了佛门。色彩分白、红、黄、蓝等，其中以白色多见。如鲁智深、杨延德（杨五郎）等。"道脸"也叫"道士

脸",因脑门处画有一个太极图或者八卦符号,表示道士的身份而得名。如《黄泥岗》中的公孙胜等。

太监脸:表现擅权害人的宦官。尖眉菜刀眼,暗喻其奸诈,鱼肉百姓;光嘴岔下撇,表示其狡诈残忍;脑门勾圆光,示其阉割净身;脑门和面颊勾画出胖纹,便是其养尊处优、满脑肥肠的神态色彩,多用白、红、黑三色。如刘瑾、伊立等。

神怪脸:用来表现神魔鬼怪的面貌。以金、银为主色,看上去有虚幻之感。如二郎神杨戬、牛魔王等。

象形脸:将鸟兽整体或局部特征图案勾化在脸部,形似。如孙悟空、白虎等。

丑角脸:也叫"小花脸"、"三花脸"。面部中心一块白色,形状多样,像豆腐块、桃形、枣花形、腰子形、菊花形等。如《群英会》中的蒋干、《女起解》中的崇光道、《连环套》中的朱光祖等。

脸谱的主色由脑门和两颊部位的颜色构成,谱色分类法是按照脸谱的主色来分类的。它有固定的象征意义和特殊寓意。

红脸:大部分代表忠勇耿直有血性的英雄人物,如关羽、姜维等。少部分红脸代表着讽刺,如《法门寺》中的反面人物刘瑾。

粉红脸:代表着年迈且德高望重的忠勇人物,如廉颇。

紫脸:代表着刚毅、威武、稳重沉着的人物,如常遇春、樊哙等。

黄脸:既能代表骁勇善战、残暴的武将,如典韦、宇文成都等,也能代表有心计的文士,如姬僚等。

蓝脸:代表着勇猛刚直且桀骜不驯的人物,如窦尔墩、夏侯惇等。

绿脸:代表着侠骨柔肠的人物。如程咬金、青面虎等。

黑脸:代表着忠耿正直、铁面无私的人物,如包拯、张飞、夏侯渊等。

白脸:分水白脸和油白脸,水白脸代表着阴险奸诈、诡计多端的人物,如曹操、赵高、严嵩等;油白脸多代表着刚愎自用的狂妄武夫,如马谡、高登等。

金银脸:一般代表着神佛鬼怪,象征虚幻神话人物,如二郎神、金翅鸟、牛魔王等。有时候代表英勇无敌的将帅,如李元霸、金兀术等。

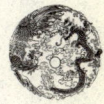

板式变化体是什么?

　　板式变化体是中国戏曲音乐的两大结构体制之一,另一个结构体制为曲牌联套体。板式变化体是以一对上下句为基础,在变奏中突出节拍、节奏变化作用,以不同板式的链接与变化,作为构成整出戏或者整场戏音乐叙述的基本手段,用以表现不同戏剧情绪的一种体制。它来源于民间音乐的变奏方法,具有民族特色。它兴起于梆子系统,后被皮簧系统所丰富发展,在近代被众多兴起的剧种所广泛采用。

　　在各类板式中,原板的地位特殊,因为其他的所有板式变化都是从原板中演化而来的。原板是一种速度不快不慢、句幅中等、拖腔不多、一板一眼的板式。如果乐句的速度减慢,句幅扩充,增加旋律的华彩,并且大幅度地使用拖腔,就能产生一板三眼的慢板类模式。倘若速度加快,句幅缩短,节奏紧促,就能形成有板无眼的流水板或快板板式。板式的转换有两种方式,其一是在前一段板式唱腔结束之后,转为另一个板式;其二是在前一段唱腔的中途,直接从前一板式转换到后一板式。

　　戏曲音乐正是运用各种板式的变化来刻画人物性格、烘托气氛、渲染环境的。

旧时的戏曲界为何被称为梨园行?

　　唐朝皇家禁地之中有一处林园,林园中栽种的全都是梨树,因此,此林园取名叫梨园。唐明皇李隆基坐上皇位后,因酷爱舞曲,便将宫中的歌舞表演者300名集中在梨园学习,以供其宴乐。这是历史上最早的大规模培训学习戏曲歌舞的地方,既有专业的人士在此教学,又有文人雅士编撰戏曲节目。以后世人便称这一行业为梨园行,也正是因为这件事,李隆基被传为是戏曲界的祖师爷。

　　戏曲界被称为梨园行后,从事戏曲演唱的人员便被称为梨园子弟,若祖辈几代都从事戏曲行业,便被称为梨园世家。最出名且对后世影响最大的传奇梨园世家为谭家,谭家延续百余年,每代人对戏曲界的影响都非常大。此外,戏曲界艺人组织的行会也称为梨园公会,也有专门埋葬从事戏曲行业人员的墓地,称之为梨园义地。

菊部为什么代指梨园行？

宋朝周密在《齐东野语·菊花新曲破》中记载："思陵朝，掖庭有菊夫人者，善歌舞，妙音律，为仙韶院之冠，宫中号为菊部头。"是说宋高宗在位时期，宫内有一宫女，姓菊，能歌善舞，精通音乐旋律，所以宫中人都称她为"菊夫人"、"菊部头"。后来在宋代宫中人就将能歌善舞的宫女称为"菊部头"，以后世人便一直沿用，也有许多戏剧家雅称之为"菊坛"。

丁秉燧先生著述的《菊坛旧闻录》、刘东升所著的《菊部赏花记》、清朝赵翼的《青山庄歌》、梁章钜的《归田琐记·萧蛰庵》等都有关于"菊部头"的记载。甚至鲁迅在《中国小说史》中也有"陈森书号少逸，道光中寓居北京出入菊部中"的记载。在戏曲论著中也有《鞠部丛刊》、《鞠部丛谭校补》等以菊部命名的书籍。其中"鞠"通"菊"。

"跑龙套"为什么叫"跑"？

龙套原是京剧戏曲中扮演兵卒、差役等职位角色的人，扮演的戏份比较杂，也算入"杂行"；由于流动性也比较大，也算入"流行"。龙套角色在舞台上以整体的形式出现，烘托出人员众多，起陪衬作用。一般的龙套角色在戏曲舞台上的表演多以静为主，有时站在舞台中一动不动，所以很多人称龙套为文堂。

但是为什么"龙套"要说"跑"呢？在戏曲中，龙套一般都扮演着士兵小卒等无关紧要的角色。在舞台上，扮演者有时候需要跟着主帅跑上跑下，这里的"跑"并不是我们平时所说的"跑"，它是一种舞蹈。上下场、排队形都有一定的调度。队形的改变、方位的调整、场面的烘托、舞台的气氛等都是靠龙套"跑"出来的，所以，"龙套"称为"跑龙套"，而且是舞台上必不可少的组成部分。

"水袖"是怎么表演的？

水袖是京剧中演员在舞台上夸大人物情绪、延长人物表现的一种特技。这种技术的基本动作有甩、掸、拨、勾、挑、抖、打、扬、撑、冲10种。演员靠

着这些基本动作的相互搭配,能表现出许多丰富多彩的情感,塑造出各种各样的人物形象。

舞好水袖的关键是指、腕、肘、肩四个部位的协调和统一,即是指"三节"、"六合"的关键。以手臂来说,"三节"是指手是稍节、肘是中节、肩是根节;以腿来说,脚是稍节,膝是中节、胯是根节;以整个人体来说,头是稍节,腰是中节、脚是根节。"六合"分"内三合"与"外三合"。"外三合"为:手与脚合、肘与膝合、肩与胯合;"内三合"为:心与意合、意与气合、气与神合。

外部动作首先要求头、腰、脚的互相对称以及力量的均衡,其次要求肩、肘、腕的追随配合。舞动时要分清动作的主次、各部位所用力量的大小幅度。肩、肘、腕在运动中关系微妙,既相互促进又相互制约。

什么算是折子戏?

折子戏是一部戏中的一折,或者说是一出。好的折子戏内容上冲突激烈,人物形象生动,每出的故事情节完整,思想观点强烈。在结构上往往都别出心裁,不落俗套,能紧紧抓住观众的眼球。京剧折子戏突出体现了京剧的艺术特征,即生、旦、净、丑的不同行当,唱、念、做、打的基本四功。折子戏作为艺术中的精品,也被京剧大师一代一代地继承与发展着,久演而不衰。经典的折子戏曲目有《四郎探母》、《霸王别姬》、《锁麟囊》、《空城计》、《苏三起解》、《钓金龟》、《贵妃醉酒》、《铡美案》、《清官册》、《梁祝》、《大探二》、《红鬃烈马》、《珠帘寨》、《沙家浜》、《赵氏孤儿》等。

什么是"六场通透"?

在《松柏庵往事》一书中,徐兰沅是一名"六场通透"的琴师。那么"六场通透"指哪六场呢?通透又如何理解呢?

其实,"六场"指的就是古代京剧界对胡琴、月琴、南弦子、单皮鼓、大锣、小锣六件伴奏乐器的总称。胡琴、月琴、南弦子又称"文三场",单皮鼓、大锣、小锣又称为"武三场"。其中"文三场"的三件乐器又共有九弦(胡琴两根,月琴四根,南弦子三根),也称"九根弦"。通透从字面意思可理解为精通。艺术

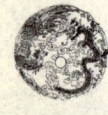

界有"会、好、精、通、绝、化"六字,能达到"精"、"通"已经很不容易了,若能由"通"入"化",就是非常了不起的了,就称为"通透"。

所以"六场通透"就用来形容一个人达到了了不起的艺术境界。

相声中的贯口是怎么一回事?

在相声中有一种常见的表现形式——贯口,也称之为"背口"。"贯"是一气呵成的意思,是相声"说、学、逗、唱"四项基本功中"说"的一种。"贯口"就是要一口气说下来一段韵白,语气要快,一般不换气或者换气不明显,声音由低到高,由弱到强,由慢到快,中间某些地方停顿时声音需要有一个起伏,韵律感必须很强,在整段的高潮与结尾处不可停顿。最常见的练习相声演员的唇齿喉舌和气口的基本功就是《报菜名》。比较经典的传统贯口相声有《八扇屏》、《白事会》、《大保镖》、《开粥厂》、《夸住宅》、《挖宝》等。

倒口为什么又叫"变口"?

"倒口"是指在相声表演中模仿地方语言,又称"变口"。演员在相声表演中使用倒口技巧可以模仿特定人物的说话,突破了籍贯、社会地位、精神气质等限制,也能反映出丰富多彩的风情世态,增强了说唱的语言魅力。在"说、学、逗、唱"中属于"说"的一种。最初仅有山东、山西、江南三地口音,后又扩大到各地方言。"倒口"特技要求演员嘴皮子利索,且有深厚的吐字发音功底。传统段子《绕口令》、《找堂会》、《拉洋片》等都是很出名的"倒口"段子。

相声按人数怎么分类?

相声按表演人数可分为单口相声,即一个人表演;对口相声,即两个人表演;群口相声,即三人或三人以上表演。

单口相声是在民间笑话上发展起来的相声艺术,继承了民间故事和评书的手法。故事性更强,趣味性更多,在社会上流传广泛。代表人物有著名的"单口相声大王"刘宝瑞,其作品有《官场斗》、《化蜡扦》、《解学士》、《珍珠翡翠白玉

汤》、《打油诗》、《斗法》等。

对口相声是以单口相声为基础发展而来的,有逗哏、捧哏两个演员来表演。逗哏是叙述者,捧哏是辅助叙述者。两人以对话形式表现主题、刻画人物。主要作品有《三吃鱼》、《兄妹联句》、《跑海》、《杠刀子》、《韩复榘讲演》、《家务事》、《拔牙》等。

群口相声是指三人或三人以上演出的相声,古代叫"三人活",从左往右依次称为逗哏、腻缝儿的、捧哏。新中国成立之后称"群口相声",也叫"多人相声"。主要作品有《扒马褂》、《金刚腿》、《找五子》、《四字联音》、《训徒》、《翻四辈》、《四管四辖》、《酒令》、《卖马》、《法门寺》等。

为什么刻印章也是艺术?

中国的篆刻艺术是从古代的印章艺术中慢慢发展并完善起来的。要了解篆刻艺术,就必须从古代的印章艺术开始了解。

中国最早出现的印章是商代的三颗玺印。战国时代,经济发展迅速,手工业也逐渐发展起来,玺印的用途也随之渐渐扩大。大多玺印都与当时铜器上的铭文相合,其中也有许多是春秋时期的。由于各国文字都不相同,所以玺印中的文字也不一样。它们的形状和文字的编排表现了强烈的艺术性,这说明战国时代人们的思想非常的活跃。

秦始皇一统天下之后,"六王毕,四海一",对文字进行了很大的改革。秦始皇命令李斯整理文字,使文字精简化,之后制定"小篆",作为全国统一使用的文字。玺印的改革随文字的改革同步进行,具有划时代的意义。以后,天子用的叫"玺",臣民用的叫"印"。

西汉时期,印章艺术进入繁荣时代。开始时西汉印章制作承袭秦印制度,仍然使用白文印用边框,后来将边框去掉,文字也更简洁工整,表现出一种端正庄严的气质,反映了汉朝的强大昌盛。东汉之后,手工业再次快速发展,印章的制作更加精致,这时候称为"缪篆"。汉印的风格有平实、浑穆、方刚、峭拔、圆转等几种。魏晋、南北朝时期,文字相继出现隶书、楷书,人们对篆书书写距离远了,所以印章中的篆书书法远远不及后汉时期的水平。

唐宋时期,印章艺术从表面上看有些"衰落"了,但是从实际来看,却是在变化发展着的。这个时期以前的印章完全是为了实用,而唐宋时期由于禁止私

印的制作和使用，工人们便不再铸造，而是由文人们篆刻，这就使得印章艺术有了质的改变。所以，唐宋时期是印章艺术向篆刻艺术发展过渡的时期。

明代时，王冕发现花乳石刻印效果比较好，从此我国真正的篆刻艺术在明代开始兴起。清代以后，篆刻艺术更是有了长足的发展与创造。篆刻所需使用的工具及技术也随着篆刻的发展而逐渐完善。

宋代绘画革新为什么是必然的？

宋代建朝300多年，其绘画艺术水平，得到了长足的发展。三大绘画体系（民间绘画、宫廷绘画、士大夫绘画）各成一脉，却又彼此影响、吸收、渗透，共同构成了宋朝时期绘画界丰富多彩的面貌。

宋朝时，封建割据造成的分裂局面被消除，社会保持着安定局面，商业与手工业快速发展，打破了坊与市的严格界限，出现了有史以来前所未有的繁荣。民众的文化生活极为活跃，绘画的服务对象与需求量都大大提高。绘画技术进入商业手工业行列，与群众的联系更为密切。许多职业画家将作品在市场上出售。人们争相买画售画，使得民间职业画家创作活跃。

北宋中后期更有不少文人参加绘画实践，用以寄兴抒怀。在题材的选择、形象的处理及审美观上，都有自己独到的要求与感受。他们在画面上题字咏诗，开辟了书画界的新天地。两宋时期的《仲仁》，扬无咎的《墨梅》，文同的《竹》，苏轼的《古木怪石》，米芾、米友仁父子的《云山》，赵孟坚的《水仙》等成为后世画家学习的典范。宋代的绘画艺术影响到辽、金地区，成为明代绘画发展的前导。

由于宋代绘画分科细致、专业，宋徽宗时期又办画学，所以绘画艺术在宋代取得了长足

米芾父子的《云山》

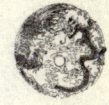

发展。宋代将绘画大致分为佛道、人物、山水、鸟兽、花竹、屋木表6科。《宣和画谱》著录藏画，则分为道释、人物、宫室、番族、龙鱼、山水、畜兽、花鸟、墨竹、蔬果10门。孝宗乾道三年（公元1167年）著成的《画继》辑录画家时，则分为仙佛鬼神、人物传写、山水林石、花竹翎毛、畜兽虫鱼、屋木舟车、蔬果药草、小景杂画等8类。

中国宋代的绘画艺术是空前的，它影响着后来元朝的绘画艺术，具有很高的收藏价值。宋代绘画艺术的革新，是随着商业手工业等行业的兴起与发展而产生的，所以它也是必然的。

元朝的山水"四大家"都有谁？

元朝最著名的四个山水画家黄公望、倪瓒、吴镇和王蒙，被后世称为"元四家"，他们的山水画代表了中国绘画史（山水画史）上的又一个高峰。

黄公望（公元1269－1354年），江苏常熟人，元代画家、书法家。本姓陆，名坚，后过继永嘉黄氏为义子，因此改姓黄，字子久，号一封。青年时候曾做过小官，后因上司贪污，被牵连入狱。出狱后加入"全真教"，改号"大痴"，又叫大痴道人，并在此时开始学习绘画。师从赵孟頫、董源、巨然、荆浩、关仝、李成等。晚年大变其风格，笔墨简远逸迈，风格苍劲高旷，气势雄秀。有作品《富春大岭图》，明朝邹之麟将此图与王羲之《兰亭序》相媲美。后又作《富春山居图》，这两幅画作，代表他一生绘画的最高成就。

倪瓒（公元1301－1374年），江苏无锡人，元代画家、诗人。名珽，字泰宇，后字元镇，号云林、云林散人，别号荆蛮民、净名居士等。倪瓒擅长山水、竹石、枯木等，作品多以纸本水墨为主。师从董源、荆浩、关仝、李成，后加以发展，画法疏简，格调天真幽淡。构图平远，景物极简，多作疏林坡岸，浅水遥岑。用笔变中锋为侧锋，折带皴画山石，枯笔干墨，淡雅松秀，意境荒寒空寂，风格萧散超逸，简中寓繁，小中见大，外落寞而内蕴激情。他也善画墨竹，风格"遒逸"，瘦劲开张。画中题咏很多。他的画简练，多年来伪作甚多，但不容易仿出他的萧条淡泊的气质。倪瓒认为绘画应表现"胸中逸气"，抒发主观感情，不求形似。

吴镇（公元1280－1354年），汉族，浙江嘉兴魏塘人，字仲圭，号梅花道人，尝自署梅道人。他的绘画题材多为渔父、古木、竹石之类，善画山水、梅花。

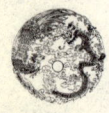

第七章 曲艺国粹

善于用墨,淋漓雄厚,为元人之冠。兼工墨花,亦能写真。书法能结合王羲之和怀素之长而自具面目。每作画往往题诗文于其上,或行或草,墨沈淋漓,诗、书、画相映成趣,时人号为"三绝"。

王蒙(公元1306-1385年),字叔明,号香光居士,湖州人。工诗文、书法、绘画,尤其擅长山水画。重视笔情墨趣,又结合写生,能较充分地表现出客观对象的特征。其笔下的山水,气势雄伟,层次丰富,景物繁密并富有生气,展阅之下,如身临其境。《青卞隐居图》、《夏日山居图》轴,《谷口春耕图》轴等十余幅作品流传于世。

"元四家"注重笔墨技巧,深究意境神韵。但由于元朝的没落,他们的作品偏于淡远、萧疏、幽深,比较脱离现实。"元四家"的作品对明清山水画产生了巨大的影响。

第八章
器皿用具

封建势力权威的象征——惊堂木

惊堂木初期也叫气拍、界方和抚尺，后来被统称为"惊堂木"。惊堂木是一块长方形的硬木，棱角分明，取其"规矩"之意。在中国古时县官审案时，惊堂木用于壮官威、震慑受审者、严肃法堂等。

惊堂木在选料上极为讲究，多为红木、檀木、黄杨木等，以硬实、耐用为根本，选木好才会在敲击堂案时声音响亮。

早在春秋战国时期，人们就已经开始使用惊堂木了。《国语·越语》中记载："惊堂木，长六寸，阔五寸，厚二寸又八。添堂威是也。"唐朝之前惊堂木并无图案。唐太宗时期，为了美观，人们在惊堂木上刻上了各种图案。

在我国古代，因使用人的级别不同，惊堂木的叫法也不一样。帝王使用的称为"镇山河"，以显示至高无上的权威；丞相、宰相等一、二品官员使用的称为"佐朝纲"，意为辅佐、帮助朝廷安邦定国；元帅、将军等使用的称为"惊虎胆"。帝王和元帅、将军使用的惊堂木合称为"龙威虎震"。普通的县官用的才叫"惊堂木"，多为七品芝麻官用。

贫苦百姓的发明——火柴

据记载，火柴是中国人于公元577年发明的，而发明火柴的人是一群无名无权的妇女。当时是南北朝时期，我国正处于内忧外患、国力衰败、四面楚歌的境况。很多人都吃不饱穿不暖，尤其缺少火种来取暖烧饭。在这样的情况下，一群饥寒交迫的妇女竟然神奇地发明了火柴。她们将硫黄、火硝、淀粉等可燃物质混合在一起，并粘在木头上面。直到公元1530年，欧洲还没有火柴。由此可见，中国使用火柴比欧洲早了1000年！

祖先智慧的结晶——算盘

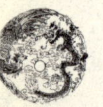

中国是算盘的故乡。在科技发达的今天，算盘并没有被人遗忘，更没有被

先进的计算机淘汰。中国是从什么时候开始有算盘的呢?

关于算盘的源头,最早可以追溯到公元前六百多年。由于算盘制作简单,价格便宜,珠算口诀又便于记忆,运算又简便,所以在中国被普遍使用。同时陆续流传到了日本、朝鲜、美国和东南亚等国家和地区。

打算盘需要手、脑、眼的紧密配合,因此能锻炼人的思维能力。

青花瓷为什么是坚贞爱情的象征?

青花瓷是我国古代陶瓷装饰中出现较早的品种之一,同时也是我国最具民族艺术特色的瓷器装饰品。

青花瓷又被称为白地青花瓷,常简称青花瓷。青花瓷的历史是很久远的,据历史记载,青花瓷被人称为"青花瓷"还有一个动人的故事。

相传我国元代时期,在一个小镇上有个刻画的工匠,叫赵小宝。他有一个未婚妻叫廖青花。两人痴心于瓷器,为了找到一种能在瓷器上画画的颜料,青花和舅舅一起踏上了寻找那种特殊画料的路。

几个月以后,青花还是没有回来,赵小宝很担心他们,便去寻找。谁曾想,找到的却是青花的尸体,还有青花尸体旁边成堆的颜料。他把青花安葬好,擦干泪水,拿着颜料回到了小镇。他经过不断地烧制、试验,终于做成了青花瓷。

后来,人们为了纪念廖青花,便把这种瓷器叫做青花瓷,并一直延续至今。经过历史的洗礼,青花瓷已是我国瓷器的主流品种之一。

你知道多少古代的酒器?

在我国古代,人们喜爱美食美酒,酒器也自然是多种多样,每朝每代都有形态不同的酒器。

"尊"是我国古代酒器的统称,另有壶、爵、角等等。商代是青铜器制造技术的繁盛时期,因此,青铜酒器的生产也有了前所未有的繁荣。青铜酒器多被贵族所用,寻常百姓用的多为简单的"羽杯"。之所以被称为羽杯,是因它的两边有一个类似耳朵形状的羽翼。羽杯可以盛酒也可以盛汤,是中国古代比较普

遍的一种酒器。

我国古代酒器的用途主要分为三类：贮酒、盛酒、饮酒。贮酒多用瓮、罍、缶等大型的酒器，一般被放于阴凉的地窖中或埋于地下。盛酒的酒器多用尊、壶、卣、方彝等，比贮酒器小，多用于给饮酒者斟酒。饮酒酒器中，有两种最常见：爵和角。这两种酒器，人们并不陌生，在古装剧中常常可以看到。

你知道毛笔的来源吗？

"文房四宝"乃笔、墨、纸、砚。我国古代的科技并不发达，古人写字都用毛笔。它是在五千多年前产生的。

据资料记载，大约在夏商时期就已经有毛笔了。古代毛笔的原料主要为兽毛，兔毛做笔最佳，尤其是秋冬时期的野兔毛最好。

现在我们已经很少使用毛笔写字了，毛笔逐渐成为一种艺术。经常练书法不但能陶冶人的情操，还能陶冶人的性情。

"百褶裙"与赵飞燕有什么关系？

"百褶裙"在中国一千多年前就已经流行。这种裙子褶皱比较多，现今世界上很多国家的女子都在穿。

"百褶裙"在现代也称"碎折裙"、"百折裙"，意思是由很多褶皱构成的裙子。

相传在西汉时期，皇后赵飞燕在与皇帝出游的时候，穿着一条云英紫裙在音乐中翩翩起舞。忽然起了一阵大风，风把裙子吹了起来，皇帝慌忙拉住她的裙子。风停了以后，裙子有许多褶皱，汉成帝觉得裙子有了褶皱之后反而更美了。于是，这种褶皱的裙子流传开来。后来被人们称为"百褶裙"。

苗、侗等少数民族的妇女常穿这种裙子。据说，苗族姑娘的裙子都是自己做的，就算人长得再漂亮，如果裙子做得不好，也不会得到族人的赞赏。相反，如果裙子做得很漂亮，一些同族的小伙子就会在姑娘的身旁唱情歌。

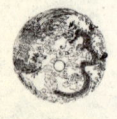

第八章　器皿用具

为什么说胎发笔是新生命的纪念？

顾名思义，"胎发笔"是用婴儿的胎发制成的笔。胎发是婴儿第一次理下的毛发，可谓弥足珍贵，是婴儿离开娘胎后的第一个纪念。胎毛笔的作用一是辟邪，二是作为纪念。

自唐朝开始，就有制作胎毛笔的习俗。相传在我国古代，有些人家在孩子出生时便定下娃娃亲，定亲之物就是互相交换胎毛笔。

话说有一赴京赶考的学子，为感念父母的养育之恩，拿着自己的胎毛笔考试，一举高中榜首。因此，人们也称胎毛笔为"状元笔"。

在唐朝诗人齐卫《送胎发笔寄仁公诗》中有"内为胎发外秋毫，绿衣新裁管束牢"的诗句，便是胎发笔极好的明证。

中国古代女子都有什么饰品？

中国古代的女子皆留长发，发饰自然不能少。古代饰品可谓是千奇百怪，以官宦富豪的家眷的饰品为多。这里略举一二。

步摇，一般都是金银铸成，金制成的又叫"金步摇"。步行则动摇，故名步摇。步摇花样繁多，有百花枝叶形、鸟兽飞禽形等。上面点缀珍珠宝石，更添光彩，上有垂珠，行动时摇晃，插于发髻间甚是晶莹辉煌。唐朝诗人白居易的《长恨歌》中说："云鬓花颜金步摇。"《释名·释首饰》中也说："步摇，上有垂珠，步则动摇也。"

玉笄，在古代饰品中是一种很朴素的饰品。在商代以后，玉笄的制作有了很大的进步，玉笄上雕刻有鸟兽、花草形的花纹。在我国古代，男女都可用玉笄来饰发，长度比较短的是男子用，女子用的则比较细长，花样也比较多。《文选·张衡》有句曰："乃整法服，正冕带，珩紞纮綖，玉笄綦会。"薛综注："笄，簪也。谓以玉饰之。"

玉钗，尖头分为两股，像叉子。钗本做叉，是古代首饰中的两股笄。《千家诗》有注："玉钗，烛花也。……烛花敲断，夜静而更深。"

头花，是由簪子发展而来的首饰。头花从古到今都被女性所喜欢，是现代最普及的首饰之一。头花由两部分构成：花头和针挺。针挺用来固定位置，使花草枝条、鸟兽蝶虫等饰于发间。

耳坠,是耳饰的一种,带有下坠的饰物,也是流传最广的饰品之一。中国古代女子耳朵上的饰物大都是耳坠。在传统的命理学说中,耳朵的厚与薄代表一个人的命运。带上耳坠不仅增加整体美感,也跟命理相关。古代有些地方有这样的说法:在体弱多病的男子耳上打一个耳洞,他们长大之后的灾难就会比较少。

手镯,是一种套在手腕上的饰品。在我国古代,手镯是女子都会带的饰品之一。手镯分为两种:一种是封闭式的,一种是有端口的。古代手镯有金镯、银镯、玉镯等。古代戴手镯大体有两个作用:一是显示其身份尊贵,二是凸显其手臂美感。

项链,古代女子佩戴的项链多是用珍珠串起来的。珍珠圆润光滑,将其串联带于脖颈上,凸显人的尊贵。珍珠也是一种药物,古代一些医生认为,将珍珠戴在身上并紧贴皮肤有助于健康。

我国古代儿童都有什么玩具?

中国古代虽然没有现在的科技发达,但古人仍然有用于消遣的玩具,有些可谓是渊源颇长。

围棋,起源于中国古代,棋盘四方格子状,是两人执黑白二色棋子进行对弈的策略型游戏。现今,围棋已经遍布全世界,围棋文化博大精深,被人们源远流传。古代的围棋下法跟现代有诸多不同,但可以肯定的是,下围棋可以增强人的思维运转能力。

纸鸢,后人称之为风筝。据古书记载:"五代李邺于宫中作纸鸢,引线乘风为戏,后于鸢首以竹为笛,使风入竹,声如筝鸣,故名风筝。"因此,不能发出声音的叫"纸鸢",能发出声音的叫"风筝"。纸鸢有两千多年的历史,源于春秋时代。历史资料记载,纸鸢由我国著名的思想家墨翟发明,后被他的弟子鲁班改进。从隋唐时期开始,风筝就在民间广为流传。

九连环,是中国古代在民间流传甚广的智力玩具。顾名思义,九连环有九个环,环环相扣,以解开九个环为胜。九连环可以训练人的耐心、智力和思维等。

陀螺,也作陀罗,各地叫法不同。陀螺形状呈倒圆锥型,多由木头制成,锥尖有铁珠。玩陀螺时,用绳子缠绕螺身,用力抽绳,使其直立旋转。

七巧板,是我国古代劳动人民发明的一种智力游戏。七巧板由七个不同形状的板组成,因而被称为"七巧板"。七巧板结构简单、操作简便、易懂有趣,可以根据自己的构想拼成多种形象。

泥玩具,是民间颇具特色的玩具,也是一种手工艺品。它的原料简单——泥和水,再以手捏而成,可以根据自己的想象捏成不同的东西。现今,泥玩具被人们看做是一门艺术,它具有很高的艺术价值。

你知道床的由来吗?

古代的人们生活简陋,睡觉也只是将一些兽皮之类的东西垫在身下。人们在掌握编织技术以后,发明了席子之类的铺垫,慢慢地就有了床。商代甲骨文中就有关于床的信息。

在古代,床不只具有歇息这一个用处。《说文》中有"床,安身之坐也"的记载。春秋时期的古人经常把床当做家具,在床上放上案几读书、写字、饮茶等。在唐代桌椅出现以后,人们才不在床上放案几,床便成为人们专门休息的地方。

世界上第一把锯子是由谁发明的?

鲁班是两千多年前鲁国一位著名的木匠,被誉为"木匠的祖师"。世界上第一把锯子就是他发明的。

有一天鲁班被召进皇宫,皇帝命令他三年之内造一座宫殿。鲁班心里一惊:只有三年时间,我怎么造得起来呢?但是他不能违抗皇帝的旨意,只好点头答应。

那时,将大树砍下、分割都需要很多时间。鲁班算着时间,心里暗暗着急,担心无法在规定期限内完工。他常常一个人走小路上山选木材。一天早晨,天刚亮他就上山了,山路崎岖不好走,他脚下绊到东西,摔倒了,手上一阵痛,感觉划到了什么东西。他低头一看,手上划了一道口子,流着血。鲁班马上在草丛中寻找,看到一些两边是小细齿的叶子。他十分惊讶,扯下一片在手上划了一下,又是一道血痕。

鲁班拿着叶子高高兴兴地下山了。他找来一个铁片,做出叶子那样的细齿。做成以后,鲁班拿它去锯树,果然事半功倍。锯子就是这样被鲁班发明的。

古代人的雨衣是用什么材料做的?

古代人的防雨用具是用草、棕或稻草制成的。早在周代的时候,便有了雨衣,古人称其为"蓑衣"。唐代诗人张志在《渔父》一诗中写道:"青箬笠,绿蓑衣,斜风细雨不须归。"

唐代诗人柳宗元在《江雪》中写道:"孤舟蓑笠翁,独钓寒江雪。"宋代苏轼《浣溪沙》中说:"自庇一身青箬笠,相随到处绿蓑衣。"由此可见,古代人们在下雨、下雪时都是穿草制的"蓑衣"。

随着时代的进步,雨衣渐渐不再用草类的东西编制,而是用蜡油涂在布绢上,被称为"油衣"。明代以后,雨衣的制作日益考究,做法比较多,材料也有多种。逐渐产生出一批用料上乘的雨衣,比如用一种柔软且不渗水的草编制而成的,取名为"玉针蓑"。

古代的铜镜是怎样走入人们生活的?

铜镜早在四千多年前就被人们使用。远古时期,人们以水照面。铜器发明以后,人们便以铜盆盛水照面。到了商、西周、春秋战国时期,铜器制造技术有了飞速的发展,工艺更加精良,图案花样也变得丰富多样。

在古代,铜镜跟人们的生活密切相关,是人们生活起居不可缺少的用具之一。每经历一个朝代,铜镜的制造技术就得到改进,直到玻璃出现,它才淡出人们的生活,成为历史。

铜镜以秦时出产的较多,现今出土的铜镜大多被完整保留。古代人死后,殓葬者会将镜子放于棺内,用镜殉葬,取其炤幽冥的意思。古代铜镜做工好,因此经历几千年我们还能看到当时这种伟大的器具。

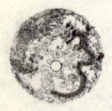

古代四大发明家是谁？

我国古代"四大发明家"分别是：蔡伦、张衡、毕昇和杜诗。

蔡伦，为人谦和温厚，关心国家利益，在永平末年入宫为官。他发明了造纸术。约公元前105年，他将造纸的样品和方法呈献给皇帝，皇帝看后大加赞赏。他的这一发明，为人类做出了莫大贡献，他也因此成为我国古代四大发明家之一。

张衡，字平子，我国东汉时期伟大的发明家、天文学家、地理学家。他发明了世界上第一台利用水力推动运转的大型天文仪器——"水运浑象仪"和世界上第一台预测地震的仪器——"地动仪"等。他的发明为中国乃至世界做出了不可磨灭的贡献。

毕昇，又作毕升，是我国古代伟大的发明家之一，他发明的活字印刷术被全世界认为是最早的印刷技术。据史料记载，他在一种胶泥上将字单个反刻出来，刻好后放在火中烧硬，然后取一个平板铁片，并在上面涂上一层由黄蜡、纸灰和松脂等制作成的固体材料。再将一个铁块放在铁板上，把要印的字有序地排开。排满字后就为一版，随后放在火上烧，等脂腊融化以后，就用另一块很平的铁板压在上面，待其冷却后，活字版就做成了。

杜诗，字君公，东汉时期的官员及发明家。他在青年时就才能出众，为官公平廉洁。他在建武七年任南太守时，发明了水排，即利用水力鼓风的机械，使皮制的鼓风囊连续开合，将空气送入造铁的炉子，用力小、火旺、快。这一发明在造铁、铸具等领域得到了很好的运用。

何为我国古代的"四大发明"？

我国古代的四大发明对世界有很大影响。四大发明即造纸术、指南针、火药和印刷术。

中国四大发明对中国的经济、文化、政治产生了巨大的推动作用。而且这些发明被来到中国的外国旅人带到国外，传至西方国家，并为西方国家开辟新航路提供了技术支持。因此，四大发明对世界文明的发展有很大的影响。

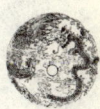

弩是由谁发明的？

弩属弓形，也可称为弓，是古代的冷兵器，在古代远战中起到了很好的作用。相传，弩由黄帝制造。最早的弩是木弓，用韧性比较好的木条制成，再取一些野兽的筋固定在两端，手臂拉开发力。但是这种弩的标准性比较低，因此长时间使用，会使其难以稳定。

春秋时期，铜弩出现了；到了春秋战国时期，弩已经变成了战场上常见的武器。《孙子兵法·作战》称弩为重要的作战武器之一，《孙膑兵法》称这种弩"发于肩膺之间，杀人百步之外"，它可以在百步之内杀死一个花了很长时间训练出来的武士。

唐三彩为什么说是风格独特的中国传统艺术品？

唐代是我国封建社会的鼎盛繁华时期，唐三彩就是在这一时期产生的。唐三彩是一种彩陶工艺品，它色泽美艳、造型逼真生动、形象多异，加上又是唐代所产，所以被后人称为"唐三彩"。

唐三彩是一种具有独特风格魅力的中国传统艺术品。它色泽鲜亮、相互辉映、做工精美，彰显中国古代文明的艺术魅力。唐三彩多被古人用来随葬，作为冥器。它的质地比较松脆，防腐性能比较差，所以在现今保存完好的唐三彩非常难得。

唐三彩形态多样，有人物、动物、家具等等。唐三彩的特点主要表现在两个方面：一个是造型。特别是人物的塑造，需要一定的技巧。另一个方面是釉色，釉色就是给做出的形象着色。唐代的首创本来是在一件器物上使用三种颜色，但是匠人们巧妙地运用施釉的方法，使多种颜色交错在一件器物上，比三种颜色的器物更加斑驳淋漓、多彩多色。

陶灯是中国最早的灯吗？

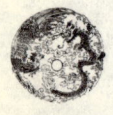

有历史文明的地方，就有光明。在远古时代，人类为了取暖生了火，当时的火把可以说是人类最早的灯。

第八章　器皿用具

中国人应该知道的国学常识

目前为止，人们发现的中国最早的灯是陶灯。汉代时的陶灯最为精彩。当时的陶灯主要有两种：单枝灯和连理灯。我国现存古代陶灯的代表作是河南洛阳涧西七里河东汉墓出土的十三支陶灯。其形态丰富生动、造型别致多姿。

青铜器时期，铜灯的使用较多，但是并没有取代陶灯。陶灯依然不断地以新的姿态进入古代人们的生活。在三国两晋南北朝时期，陶灯被人们大量地使用到生活中，成为古灯具的主流。

汉代的铜灯

唐三彩时期，人们加入了一些唐三彩的制作技巧，因此当时的灯都有唐三彩的独特风貌。南北朝以后，由于瓷灯的出现，陶灯不再被古人广泛使用，慢慢地淡出人们的生活。元代以后，陶灯完全被遗忘，退出了古灯主流。

宫灯为什么被称为"古灯公主"？

宫灯在中国历史上有上千年的文化历史。宫灯作为我国具有独特艺术气息的手工艺品，在全世界都享有盛名。

宫灯以雍容华贵、充满宫廷的富丽高贵气派而闻名于世，因为它长时间被宫廷所用，所以叫宫灯。宫灯主要分为两种：一是外灯，二是屋内灯。外灯被悬挂于屋檐下用来装饰门面，也被设置在宫廷的道路两旁用来照路；大殿屋内的宫灯，做得则比较精美，上面画有彩色图案，做法也比其他宫灯精细。屋内的宫灯除照明外，还需有美轮美奂的外表，以装饰富丽堂皇的殿堂。宫灯与皇宫建筑相辅相成，相互映衬，美丽绝伦，是我国古灯的瑰宝，具有公主风采，因此被人誉为"古灯公主"。

从外形看，正统的宫灯型为八角、六角、四角，各面画屏图案内容多为龙凤呈祥、福寿延年、吉祥如意等，都象征喜庆和福寿祥和。

瓷灯为什么被称为"古灯王子"?

有迹象表明,商代就有瓷器灯。经过一千多年的发展,东汉时瓷器已经近乎完美,顺利地取代了青铜器的地位。瓷灯的使用广泛而年代久远,被誉为"古灯王子"。

晋、南北朝、元时期,瓷器处于繁盛时期,因此瓷灯逐步取代了陶灯成为了古灯主体,古灯的造型发生了较大的变化,小巧、实用、盏与座的分离已经成为灯具最基本的形式。有的瓷灯则是两用,可燃油也可插蜡烛,因此被称为烛台。

宋代瓷灯的形式、色彩等更为丰富。元代的瓷灯业也很发达。明清两代,由于景德镇的瓷器兴盛,书法灯十分流行。书法灯造型简单,外形美观,用起来省油,在当时被广泛使用。明代盛行瓷灯,盆式座上立着一个戴盖的小壶,灯芯由壶嘴插入,其造型也是别具一格。

"宫灯"的说法源自何处?

宫灯,顾名思义,就是皇宫里用的灯。

最初的宫灯由民间一位做灯的老者所做。这位老者每到过年时节,便做几个灯挂在门前增添喜庆,惹得路人纷纷到门前观赏。有一年,老人做了几个灯拿到街上卖,好换些银子过年。刚好县太爷经过,县太爷看后惊叹不已,甚是喜欢,于是就全部买了下来。这年进贡时,他暗自着急,心想:皇帝锦衣玉食,什么新奇玩意没有见过,要送什么才能博取皇帝高兴呢?有人提议,让他把这些灯进贡给皇上,于是他忍痛割爱将灯进贡给了皇帝。皇帝看后龙心大悦,赏了他。后来,"贡灯"便被作为宫廷专用灯。时间久了,"贡灯"便被叫做"宫灯"了。

第九章

神话传说

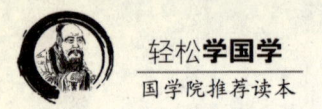

盘古为何要开天辟地？

宇宙的起源一直是人类探索的奥秘。

据民间神话说，天地本来是黑暗混沌的一团，好像一个大鸡蛋，盘古就孕育其中。一万八千年后，盘古从睡梦中醒来，看到周围黑黑的一片。他不能忍受黑暗，就施展法术，用神力锻造武器——盘古斧，向四方劈下。在黑暗混沌中，一些重而浊的物体渐渐下降变成地；轻而清的物体冉冉上升变成天。盘古为使天地不再重新合并，他手托着天，脚踏着地，天每天升高一丈、地每天加厚一丈，盘古的身体也随之增长。这样又过了一万八千年，天终于不再变化，盘古的身体就变成一根巨大无比的柱子，立在天地之中，使天地无法重新合拢，不再变得黑暗混沌，但盘古也因疲劳而死。

盘古临死前，天地间发生了奇怪的变化：他发出的阵阵鼾声变成了奔腾轰鸣的雷霆；从他口中呼出的空气变成了飓风和白云；他的左眼变成了太阳，右眼变成了月亮；他的身躯和四肢变成了大地的四极和五岳；他停止了流动的血液变成了流动的江河湖海；宽阔的筋脉变成了宽敞的道路；坚韧的肌肉变成了蓬松的田土；白发和白胡变成了天上闪烁的星星；身上的皮肤和汗毛变成了大陆上的花草树木；他坚固的牙齿骨头变成了闪光的金属、坚硬的石头和圆亮的珍珠玉石；他流出的汗水蒸发成了雨露；他的灵魂寄居于自己的武器盘古斧中，成为神器盘古斧，又称开天斧。"盘古开天"最早见于三国时徐峥的《三五历纪》。

女娲为何要造人？

自盘古开天地以后，天上就出现了太阳、月亮以及数不清的星星；地上出现了山川草木，甚至还有鸟兽虫鱼，可是却唯独没有人类。在这世间，无论怎样，总是显得有点荒凉寂寞。

一天，一位人首蛇身的美丽仙女从天而降，她就是女娲。她行走在莽莽榛榛的原野上，看到周围的景象，感到非常孤独。她要在这天地之间添一些东

第九章 神话传说

中国人应该知道的国学常识

西,让它赋有生命。女娲走了很久,有些累了,就在一个池子旁边蹲下来清洗自己的仪容,澄澈的池水照见了她的面容和身影:她笑,池水里的影子也向着她笑;她生气,池水里的影子也会生气。于是,她灵机一动:世界上有了许多各种各样的生物,唯独却没有像自己一样的生物,那为什么不创造一种像自己一样的生物呢?

接着,她就从池边掘起一团黄泥,掺了一点儿水,在手里揉着,揉成了一个娃娃模样的小人。女娲觉得这些小人应该和自己有点区别,就把泥人的尾巴改成了两条后肢(双足)。她顺手把这个小泥人放到地面上。这个泥捏的小人,刚接触到地面,就活蹦乱跳,并且开口就喊:"妈妈!"

女娲看着自己亲手创造的聪明可爱的生物,又听见"妈妈"的喊声,不由得一阵欢喜,眉开眼笑。她给她心爱的孩子取了一个好听的名字,叫做"人"。

女娲对自己创造的生命感到很满意,于是她又继续动手造出了许多小人。看着他们在自己的周围跳跃欢呼,她有种说不出的兴奋与安慰。从此,她不再感到孤单和寂寞。

女娲每天从天蒙蒙亮一直工作到很晚,困了就在身旁的山崖上睡一觉,第二天继续自己的工作。她一心想让这些灵敏的小生物布满大地。但是,大地实在太大了,她工作了很久,还没有达到她预期的目的,而她本人早就已经疲倦不堪了。

最后,她想出了一个巧妙地创造人类的方法。她在崖壁边上拽下一条枯藤,将枯藤伸入一个大泥潭,将泥潭搅成了浑黄的泥浆,然后将枯藤抽出向地面挥洒,泥点溅落在地面上,一个一个的小人就出现了,许多小人儿叫着跳着,与先前自己用黄泥捏成的小人儿一模一样。"妈妈、妈妈"的叫喊声,顿时响彻天空。不久之后,大地上就布满了人类。

大地上虽然有了人类,女娲的工作却并没有终止。她又考虑:人是要死亡的,死亡了一批再创造一批吗?这未免太麻烦了。怎样才能使他们继续生存下去呢?这可是一个难题。

后来她想出了一个方法,就是把人们分为男女,让男人和女人配合,自己繁衍后代。因此,在神话传说中,女娲娘娘不仅是人类之母,也是最早的婚姻之神。

在西汉的《运斗枢元命苞》中,女娲和她的哥哥伏羲,还有尝百草救人的神农被誉为中华民族人始之初的三皇。

传说中的女娲补天图

女娲为什么要补天?

《女娲补天》出自《淮南子·览冥训》。

女娲创造的人类在大地上幸福美满地生活着。可是有一年,水神共工与颛顼争帝王,被颛顼打败。共工宁死不降,在盛怒之下一头撞向不周山,不周山不仅是王城所在,也是擎天柱。半边天因此塌了下来。裂口中爆发出的火焰燃烧着人们的房屋和农作物,洪水漫过两岸,地下的水流也从其他隙缝中喷涌出来,淹没了大地,人们生活的地方变成了一片汪洋。女娲不忍看着成千上万的人类饿死和淹死,就全力修补天地。她挑选许多五彩神石,熔炼成胶糊,把天上的大窟窿补好;又杀了一只大乌龟,砍下它的四只脚,竖在大地四方,把天空支撑起来;接着杀了黑龙,赶走各种恶禽猛兽,用芦苇灰阻塞了横流的洪水。从此灾难得以平息,人类得到拯救,人世间又有了欣欣向荣的景象。

神农氏是否就是炎帝?

中国神话人物神农氏和炎帝都对中华民族有很大的贡献。在学术界,关于神农氏是否就是炎帝,一直存在着很大的争议。后来逐渐形成两派:一派认为炎帝即神农。这一派的观点占据上风,为主流派。有些人甚至将炎帝作为神农

第九章　神话传说

祭祀；另一派则认为炎帝和神农是两个派系人物，并非是同一人。

《白虎通义·号》中有记载：神农氏创作出各种农具并且教会人们种植作物，当时的人民生活质量提高了许多，因此人们称他为"神农"。《世本·帝系篇》记载炎帝和神农氏为一人，称"炎帝神农氏"，炎帝为身号，神农为代号。《左传》、《国语》和《礼记》都提到烈山氏擅长播植百谷百蔬等作物。东汉郑玄注《礼记》、三国韦昭注《国语》等都说烈山氏为炎帝。而《路史》中"烈山"即"列山"或"厉山"，因神农氏"肇迹"于列山，故以列山、厉山为氏。《中国上古神话》则认为炎帝为人神，因放火烧山故为烈山氏。

《史记·五帝本纪》则记载神农氏不事征伐，与《庄子·盗跖》说神农氏"无有相害之心"、《商君书·画策》说神农"刑政不用而治，甲兵不起而王"相符。此外，《史记·封禅书》分列炎帝和神农氏为两人，徐旭生在《中国古史的传说时代》中也主张炎帝、神农氏为两人。

迄今为止，关于炎帝、神农氏到底是不是一个人，仍然众说纷纭。

刑天为何舞干戚？

刑天，又名形天，原来是一名巨人。传说炎帝于阪泉之战被黄帝打败之后，刑天就跟随炎帝定居在南方。当时，蚩尤起兵复仇，不敌黄帝，身首异处。刑天一怒之下便手持利斧，杀到南天门外，要与黄帝单打独斗。最后因为打不过黄帝，被斩去头颅挂在常羊山上。没了头颅的刑天并没有死亡，而是重新站了起来，到常羊山脚下寻找自己的头颅。由于看不见，刑天便用手在地上摸自己的头颅。他把周围的大小山谷都摸了个遍。树折了，山断了，但仍然没有找到头颅，他只顾往前摸找，却没有想到，他的头颅就在山脚下。黄帝害怕刑天找到自己的头颅，恢复原身后再来和他作对，便举起宝剑将常羊山劈开。在巨响声中，常羊山一分为二，刑天的头颅便落入了山中，之后山合二为一，刑天的头被埋起来了。刑天听到动静，停止了摸索，他知道狠毒的黄帝将他的头颅埋了起来。他愤怒极了，也不甘心，于是他把胸前的两个乳头当做眼睛，把肚脐当做嘴巴；左手握盾，右手拿斧，想象着看不见的敌人，挥舞着盾牌和大斧与敌人搏斗。

这个故事出自《山海经·海外四经》。《山海经·校注》云："刑天与帝争神。帝断其首，葬于常羊之野。乃以乳为目，以脐为口，操干戚而舞。"

·193·

为什么精卫是"锲而不舍"精神的源头?

精卫,炎帝之女,是一个既善良又可爱的女孩,又名女娃。女娃从小乖巧,炎帝每次见到她都要夸奖,并将她视为掌上明珠。

精卫有一个梦想,到东海——太阳升起的地方看看。精卫每天都想让父亲带她去,但由于父亲经常忙于公事,精卫只能独自玩耍。有一天,精卫趁父亲不在家,自己偷偷地一个人划着小船向东海前行。不幸的是,在海上突然起了狂风大浪,海浪将精卫的小船打沉了,精卫葬身大海,永远也回不到疼她的父亲身边了。炎帝痛念自己的小女儿,却不能使她死而复生,只能独自神伤。精卫死后灵魂化作一只花脑袋、白嘴壳、红脚爪的青鸟,每当这只青鸟鸣叫时便发出"精卫、精卫"的声音,世人便称之为"精卫鸟"。

精卫恨透了无情的大海,她要报仇,因此,她不停地用嘴巴从她所住的发鸠山上叼来一粒一粒的小石子,再飞到东海丢下。她在波涛汹涌的海面上来回奔波、鸣叫,想把东海填平。大海咆哮着对她说:"小鸟儿,算了吧,你就是再活一百万年,也休想把我填平!"精卫恨恨地说道:"即使是一万万年,我也要把你填平!"大海奔腾着说道:"你为什么这么恨我呢?""因为你夺走了我年轻的生命,将来还会有无数的生命被你夺走,我要勇敢地干下去,总有一天你会被我填平的。"一年又一年,十年又十年,精卫往复地飞翔,从未停歇。

《山海经·校注》记录了"精卫填海"的故事。精卫锲而不舍的精神、善良的愿望、宏伟的志向,受到后人的尊敬。因此后人用"精卫填海"比作志士仁人从事的艰巨事业。

后羿为什么射日?

很久以前,东方天帝的妻子常将自己的十个儿子——太阳放在东海洗澡,之后他们便像小鸟一样栖息在一棵大树上。其中,九个太阳栖息在一支较矮的树枝上,另一个太阳则栖息在树梢,每夜一换。

当黎明到来时,栖息在树梢的太阳便坐天火马车穿越天空,十个太阳轮流穿越,给大地带去光明和热量。

那时候,人们感恩太阳带给他们的光明与热量,像尊重神明一样尊重太阳。可是,有一天,这十个太阳想一起周游天空,享受人们对他们的尊敬。于

是，当黎明来临时，他们一起坐上了马车，踏上了一起穿越天空、享受尊敬的旅程。然而，十个太阳带来的热能是恐怖的，大地上的万物和生灵无法忍受十个太阳一起发出的热量，于是河流干枯了，大海枯竭了，农作物枯萎了，许多人和动物都渴死、饿死了；水中的怪物爬上陆地袭击人类，森林中的野兽也跑出来破坏人类的生活；有的人被高温活活烤死，有的人成为了野兽的食物。人们在火海中苦苦地挣扎。

这时，有一个英俊的年轻人，他叫后羿，是个神箭手，百发百中，箭法超群。他看到人们的苦难，便决心帮助人们脱离火海，射掉九个太阳。他爬过了九十九座高山，穿过九十九座干枯的河床，越过九十九座峡谷，来到了东海边。他爬上一座大山，望着茫茫的大海，拉开手中的神弓，架上神箭，瞄准天空中的太阳，"嗖"地射下一个太阳；后羿又拉开神弓，搭上神箭设下了第二个太阳。他将天空中的十个太阳射下来九个，另一个太阳害怕极了，慌慌张张地躲进大海里。世间没有了太阳，变成了一片黑暗，万物无法生长，蛇虫横行，人类还是无法生活。他们便请求天帝，唤出第十个太阳，让人类繁衍下去。

一天早晨，海平面出现了五彩的朝霞，一轮金灿灿的太阳露出海面，人们看到光辉，高兴地齐声欢呼。从此，世间每天只有一轮太阳挂在天上，温暖着人间。后羿因为射掉太阳，拯救世间苦难，被天帝封为天将。

《山海经·海内经》中记录了《后羿射日》的故事，"帝俊赐羿彤弓素矰，以扶下国，羿是始去恤下地之百艰"。

中秋节人们为什么要摆设香案？

远古时候，英雄后羿为挽救天下百姓，用神弓射掉九个太阳，受到后代百姓的尊敬和爱戴。不少百姓前来投师学艺，心术不正的蓬蒙也混入其中。

后来，后羿娶得一位善良美丽的妻子——嫦娥。后羿除授徒技术、狩猎外，终日与妻子生活在一起。一天，后羿到昆仑山访友求道，路上遇到王母娘娘，便向王母求了一包不死药。服下此药，即可升天成仙。后羿不舍得抛下妻子，自己成仙，便将不死药交给嫦娥放于梳妆台的百宝匣中。不想却被蓬蒙看到，于是蓬蒙起了偷盗之心。几天后，后羿外出狩猎，蓬蒙装病未外出跟随。在后羿外出不久，蓬蒙便手持宝剑闯入内宅，逼迫嫦娥交出不死药。嫦娥自知不是蓬蒙的对手，危急之中，她打开百宝匣将不死药吞了下去。嫦娥吞下不死

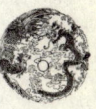

药,身体便飘离地面,升向天空。由于嫦娥思念丈夫,便待在月亮上眷恋着自己的丈夫。晚上后羿回到家听到侍女所说,抽剑要斩杀恶徒蓬蒙,不料蓬蒙早已逃走。悲痛欲绝的后羿连吐三口鲜血,仰望夜空呼唤爱妻的名字。而此时的月亮格外明亮,有个晃动的身影婉若嫦娥。于是后羿跑到嫦娥最喜欢的后花园,摆上香案,放上她最爱吃的美食鲜果,纪念自己的爱妻。百姓知道嫦娥的消息后,也在月下摆设香案,向嫦娥祈求吉祥。

"嫦娥奔月"出自《淮南子·览冥训》。以后世人在每年的农历八月十五都要在月下设香案,向嫦娥祈福。

夸父为什么要追日?

"夸父追日"是《山海经·大荒北经》中的神话故事。

在远古时代,巨人夸父氏族居住在巍峨雄伟的载天山,首领夸父力大无穷,意志坚定。当时,毒蛇猛兽横行,人们生活凄苦。夸父为了部落的人民,每天都跟猛兽搏斗。夸父将捕捉到的毒蛇驯服,并将其挂于耳后,以此为荣。

有一年,天大旱。庄稼枯萎,湖水干涸,人们无法继续生存。夸父看到人们的苦难生活,就下决心把太阳捉住驯服,为人们好好地服务。

第二天,天蒙蒙亮,夸父就拿起自己的手杖开始了逐日征程。夸父从东海出发,像疾风一样地追赶着太阳。饿了,他就摘野果吃;渴了,捧口水喝;累了,坐着休息会就走。他一直坚持着跨过一座又一座大山,穿过一条又一条大河,终于在禺谷赶上了太阳。夸父高兴极了,毫不犹豫地伸出手要将太阳抓住。突然,夸父头晕眼花,晕了过去。过了几天,等他醒来时,太阳早已不见了踪影。

夸父不气馁,鼓足力量重新出发。但是离太阳越近,阳光就越强烈,他就越感到口渴并且骄躁难耐。他浑身的水分都蒸发了,需要大量的水。于是,他跑到东南方将黄河的水喝干了,之后他又去喝渭河的水,喝干了渭河的水,夸父还是口渴,于是又去喝一个大湖的水,但是他太渴了,坚持不到目的地。在途中,他就慢慢地倒下去,死了。

夸父死后,身体变成一条山脉,就是夸父山脉;他的手杖变成一片五彩桃林,桃林地处险势,后人称之为"桃林寨"。

孟姜女为什么能哭倒长城？

秦始皇为了防御匈奴，征兵百万而筑长城。官府抓捕男丁充当民工，被抓之人不分昼夜地修筑长城，累死百姓无数。

苏州有一书生，名范杞梁。他为了逃避抓捕，东躲西藏。有一天，孟姜女在自家后花园中游玩，无意中遇到逃至此处的范杞梁。孟姜女美丽聪明，听说范杞梁的事后，就与父母商定将范杞梁藏了起来。范杞梁一表人才且深受两位老人的喜爱，于是两位老人就将孟姜女许配给他做妻子。新婚第三天，范杞梁被官兵抓走并被发配到长城边上当苦丁。从此之后，孟姜女记挂丈夫，天天以泪洗面。半年之后，丈夫仍然没有一点消息。深秋季节，天气寒冷，孟姜女亲手缝制了寒衣，北上寻夫。

孟姜女经历了无数困苦才走到了长城脚下，但是却无法寻觅到自己的丈夫。后来她听说丈夫已经死亡，尸骨被填在了城墙里。孟姜女心碎欲绝，加上连日赶路，积劳成疾便昏倒在地，等她醒过来之后，她悲伤地哭了个天昏地暗。不知过了多久，只听到一声巨响，长城便崩塌了数十公里，露出无数尸骨。孟姜女咬破手指，将血滴在无数的尸骨上。她心中祈祷，如果是自己的丈夫，血便能渗进骨头；如果不是，就让血流向四方。终于，孟姜女找到了自己丈夫的尸骨。

愚公为什么要移山？

典故"愚公移山"是《列子·汤问》中的一篇，战国时郑国的文学家、历史学家、地理学家列御寇著。

故事讲述的是一位名叫愚公的老人，年近九十。他家门前有两座大山——太行山和王屋山。这两座山使这里的人们进出非常不便，于是愚公召集儿孙们商定把两座大山上的石头全部移到大海里。愚公便带着一家人开始了搬山行动。他的邻居是一名寡妇，听说要搬山，于是把自己只有七八岁的儿子也叫来一起帮忙。可是愚公一家搬山的工具只有锄头和背篓，而大山到大海之间却有很远的距离，一个月之后，大山也没有多大的改变。

有一个老头叫智叟，处事精明，看到愚公一家搬山便出来取笑愚公。说他年纪太大，不可能搬掉两座大山。可是愚公却说我虽要死了，但是我的子子孙

孙们却能把山一点一点地搬完。山不会变高，可是我的子子孙孙却是无穷多的，为什么搬不完这两座山呢？总有一天，他们会把山搬走的。最终，愚公的行动感动了天帝，于是天帝便派神将两座大山移走了。愚公的精神因此流传了数千年，鼓励着一代又一代的人。

除夕为何又称"过年"？

从前，中国有一种怪兽叫"年"，头长尖角，异常凶猛。它长期生活在海底深处，每到除夕，便会到陆地上伤害人畜。因此，每到除夕夜，人们便扶老携幼，逃往深山以躲避"年"的伤害。

有一年的除夕夜，乡亲们正收拾好东西准备逃往深山。此时，村子里来了一个白发老人，想在一位老婆婆家里借宿一晚，并说能将"年"赶走。众人不信，劝说老人赶快前往深山逃难，可是老人却执意要留下，帮大家驱赶"年"。众人见劝说不了，便纷纷上山躲避。当"年"像往常一样爬上陆地，准备肆虐的时候，突然传出巨大的爆竹声，"年"浑身颤抖，不敢前行。这时大门被打开，白发老人身披红色长袍大笑而出。"年"大惊失色，仓皇而逃。

第二天，当人群从深山回到村里时，发现村里安然无恙。人们看到身穿红袍的白发老人，这才恍然大悟。原来，白发老人是来帮助人们驱赶"年"的。白发老人将自己驱赶"年"的"法宝"留给人们，并告诉他们制作和使用方法。从此以后，每到除夕夜，每家每户都会贴对联、燃放爆竹，熬夜守岁。后来人们便称这天为"过年"。

吴刚为何伐桂？

"吴刚伐桂"有许多个版本。

唐代段成式《酉阳杂俎·卷一·天咫》中记载：月亮上有一颗月桂树，高达五百丈。汉朝有个叫吴刚的男人，因醉心于仙道而不专心学习，被天帝发现，并因此被拘留于月宫之中，让他砍伐桂树。如果他能把桂树砍倒，就能获得仙术。吴刚从此便开始伐桂。但他每砍一斧，桂树就自动愈合，吴刚没有给桂树带来一点伤害，因此他的愿望没有实现，他只能在月宫年复一年地砍伐桂树。

《山海经》中记载吴刚又名吴权,西河人氏。他在年少时曾离家学道三年。在此期间,炎帝之孙伯陵与其妻子私通,并生下三个孩子。吴刚学道归来时得知此事,于是他一怒之下杀死了伯陵。太阳神炎帝因此把吴刚贬到月亮上,命令他砍伐不死之树——月桂。月桂高五百丈,每次被砍后都能自行修复。炎帝就是用这种方法来惩罚吴刚的。而吴刚的妻子羞愧于丈夫,便将自己的三个儿子放在月亮上陪伴吴刚,他们一个变成蟾蜍,一个变成兔,一个不详。

凤凰为什么被百鸟朝拜?

在很久以前,凤凰只是一只不起眼的小鸟,羽毛也很平常,不像传说中那么光彩夺目。但是它却很勤劳,不像其他鸟吃完了就玩。它从早到晚都努力地把别的鸟扔掉的果实一颗一颗捡起来,收藏在自己的栖身之地。别人都说它是个大傻瓜、财迷。但是凤凰一点都没有因为别人的语言攻击而停止自己的工作。

终于有一天,森林大旱,所有的小鸟都找不到吃的食物,饿得头昏眼花。这时候凤凰打开了自己的山洞,把多年来收集到的食物分给大家吃,帮他们渡过难关。灾难之后,众鸟为了感谢凤凰的救命之恩,把自己身上最漂亮的羽毛拔下来做成一件百鸟衣送给了凤凰,并推举它为鸟王。从此之后,每到凤凰生日,四面八方的鸟儿都会飞回来给凤凰祝寿,这就是百鸟朝凤。

还有一说法是,在4500多年前,黄帝统一天下,百姓生活安定。忽然有一天一只五彩大鸟在皇宫上方徘徊,无数的珍禽在它周围翩翩起舞,欢乐啼鸣。黄帝因见到这一现象而高兴。后来在汉文帝时,韩婴将此记入《韩诗外传》,流传至今。

杜鹃是望帝的化身吗?

传说在很久以前的蜀国,有一位国王叫做望帝,是个人人爱戴的好皇帝。他带领蜀国人民开垦荒地,种植五谷。辛苦数年,终于将蜀国建成丰衣足食的天府之国。

有一年,在湖北荆州地区,一个深井里的大鳖成精,幻成人形。可是他刚

从井中出来便无故而亡。奇怪的是，他的尸体掉进河水中，河水便变道向西而流。鳖精的尸体随水流向西，从荆水沿长江往上浮。经过三峡，游过巴泸，最后到达岷江。在岷山山下，他复活了。

于是他便朝拜望帝，自称鳖灵。那一年，因蜀人烧山开荒而被赶走的蛇怪，因不愿意离开自己的家园，便使用妖术在夔峡、巫峡一带兴风作浪，并用大石将本应归入大海的水流挡住。结果水位升高，黎民百姓的房屋、作物都被无情地埋葬在洪水之中。百姓遭殃，可是面对妖怪，谁也没有办法。望帝因此茶饭不思，心中难受了许久。适逢鳖灵朝拜，望帝便封鳖灵为相，命他治理巫峡一带的妖怪。鳖灵带领兵马、工匠先和龙蛇斗了六天六夜，再和鬼怪斗了九天九夜。鳖灵将所有的妖魔鬼怪降服之后，又将夔峡、巫峡、西陵峡等弯成峡谷，再将汇积在蜀国的洪水顺七百里河道引向东海。从此，蜀国又成了物产丰富的天府之国。

望帝爱才，见鳖灵立下如此大功，才能又高于自己，便择日举行仪式将王位让给了鳖灵，自己隐居到西山。鳖灵做了国王，改号从帝。他领导蜀国人民兴修水利，开垦田地，做了许多利国利民的事情。

可是后来，从帝居功自傲，变得独断专行，既不听众臣意见，也不体恤老百姓的生活了，百姓为此发愁。消息传到望帝耳中，望帝也非常着急，寝食不安，并且经常在半夜起来思考劝导从帝的方法。最后，他决定进宫劝导从帝，人们得到消息后，都期待从帝能真心悔过，便成群结队地跟随望帝进宫请愿，于是连成了一支很长的队伍。

从帝远远地看到，以为望帝是带着百姓来推翻他的，便命令士兵紧闭城门。望帝无法入城，在城门痛哭了一天一夜之后，无奈地回到了西山。有一天他看到天空中的鸟儿，便想到了只有化身为鸟才能进入宫中，将爱民、安天下的道理亲自告诉从帝。

于是，望帝便化身为杜鹃，从西山飞过了城门，飞入了宫中，飞到御花园的楠木树上，高声叫着："民贵呀！民贵呀！"

从帝也是个清明的皇帝，听到杜鹃的劝告，明白了望帝的善意，知道是自己多疑了，心中很是愧疚。从此，从帝更体恤百姓、关注民情，成为了一个名副其实的好皇帝。但是望帝化身杜鹃鸟，无法变回人身，只能昼夜不停地对着千百年来的帝王喊着："民贵呀！民贵呀！"

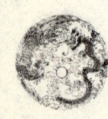

第九章　神话传说

中国人应该知道的国学常识

"与虎谋皮"的典故出自哪里？

"与虎谋皮"的故事出自《太平御览》。鲁国的国君想让孔子担任司寇一职，便去征求左丘明的意见。左丘明对国君说："孔丘是当今众人公认的圣人，圣人担任官位，那么其他人就得离开这个官位。您与那些可能因此事而离开的人商量，能有什么结果呢？我听说过这么个故事：周朝时有个人喜欢穿皮衣服，还爱吃精美的食物。他想制作一件狐狸皮袍，于是就跟狐狸商量：'把你们的皮毛给我几张，让我做成狐狸皮袍！'狐狸听罢，便逃到了深山中，再也没有出来。有一天他想办一桌美味的羊肉宴席，就找到羊说：'把你们的肉给我两斤，我要办宴席……'没等他说完，羊就吓得跑掉了。这样，那个人十年也没制作出一件狐狸皮袍子，五年都没办成一次羊肉宴席。这是为什么呢？就是因为他找错了商议对象！你现在想请孔丘当司寇，却与那些要因此辞官的人商量，这不是与狐谋皮，与羊要肉么？"

"与狐谋皮"比喻如果跟所谋求的对象有利害冲突，就一定不可能成功。后来变成"与虎谋皮"，多形容跟恶人商议，要其牺牲自己的利益，一定办不到。

共工为何怒撞不周山？

自从女娲修补好天宇之后，在很长的一段时间内，日月星辰都在正常运行，但是，水神共工与天帝颛顼之间的一场大战打乱了这个局面。

水神共工有着人脸蛇身红头发，他是火神祝融的儿子，掌管海洋、湖泊、池沼等领域，占世界面积的十分之七。在黄帝与炎帝的一次大战中，共工帮助炎帝作战。天帝颛顼是黄帝的曾孙，黄帝曾令他行使神权。在此期间，他不顾念黎民百姓，派人将人间与天界的通道隔开，压迫所有对他不满的神，甚至将太阳、月亮、星辰等都挂在北方的天空中，不准它们移动，给人们带来了无穷的灾难。水神率领部下发难，想推翻天帝颛顼的统治，夺取天地宝座。他们从天上打到不周山山脚下。

不周山地处西北，是一根极高的撑天柱。双方在此鏖战不息。共工见无法取胜，陡然怒气横生，一头向不周山撞去，刹那间将不周山拦腰撞断。整个宇宙便发生了一场大变动，西北的天空因为没有不周山的支撑，向下倾斜，日月星辰也不再固定不动。东南面的大地因山崩的震动，陷了下去。自此以后，河

水向东流,日月星辰东起西落。

"共工怒触不周山"选自由西汉淮南王刘安及其门客撰写的一部巨著——《淮南子·天文》,又名《淮南鸿烈》。

神农为什么要尝百草?

在远古时候,人类并没有太多种类的食物,只能依靠咀嚼草籽、采摘野果和猎捕野兽来维持生命。有时候,人们吃到一些有毒的或者能导致疾病的食物,抵抗力不强的人们就会被毒死或者被疾病折磨致死。神农很担心,于是决定亲自尝百草,定下它的药性,希望能帮大家消灾祛病。

有一天,他的女儿花蕊公主生病了,全身难受,腹胀如鼓。神农抓了一些草根、树皮、野果共十二种,熬成汤让公主喝下,自己便去做地里的工作了。花蕊公主吃下药后不久便生下一只小鸟。众人害怕,便要将它打死,但是鸟通人性,见家人要打它,便飞出房间,飞到地里寻找神农。此时神农正坐在树下打盹儿,忽然听到"外公,外公"的声音,便睁开眼睛。他看到是一只小鸟,便挥胳膊将它赶走。但是不久,小鸟又飞了回来,"外公,外公"地叫个不停。于是神农伸出左胳膊说:"你若是我外孙就落在我的左胳膊上。"那小鸟就扑棱棱地落在神农的左胳膊上了。神农细看小鸟,见它浑身翠绿且透明,连肠道里的食物都能看到。神农拿出些草籽,小鸟便吃了下去,连草籽在肚子中怎么消化的都看得一清二楚。神农高兴极了,便将小鸟带回家,家里人看到小鸟回来了,害怕得连连后退。神农说:"这不是妖怪,是宝贝。"后来,神农给其取名花蕊鸟。

从此以后,神农便带着花蕊鸟,看着它吃各种未知的东西,同时观察这些东西在小鸟肚子中的变化,然后自己亲口品尝,再记录下它们的性能以及疗效。所有的东西都只能在十二经脉中游走,天长日久,神农就编写了《人体十二经脉》和《本草经》。

但是神农不肯就此罢休,于是带着小鸟来到太行山,在这里停留了九九八十一天,最后到达小北顶。在这里神农用全冠虫喂小鸟,但是这种毒虫毒气很大,将小鸟毒死了。神农很伤心,大哭了一场,之后就选了一株上好的木材,另刻出一只木鸟,陪伴着它。再后来,神农因在小北顶旁边的百草洼中误尝了断肠草而死亡。为了纪念神农创中医、制本草,后来的人们改小北顶为神农

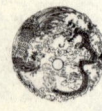

坛，并在此处修建神农庙。庙里有神农像，左手托花蕊鸟，右手拿药。后世将《本草经》改为《神农本草经》。

为什么要拜土地神？

土地神又称土地公、土地爷、福德正神，属于道教神系，地位较低，但却是民间信仰度极高的众神之一。虽然土地庙只是修建于街头田尾，但却是众神庙中最多的。旧时，只要是人生活的地方就有土地庙，就有祭祀土地神的人。

土地神源于古代的"社神"，是管理一小块地面的神。《公羊传》注曰："社者，土地之主也。"汉应劭的《风俗通史·祀典》引《孝纬经》曰："社者，土地之主，土地广博，不可遍敬，故封土为社而祀之，报功也。"清翟灏的《通惜编·神鬼》中说："今凡社神，俱呼土地。"

此外，也有另一种关于土地神的传说：土地神名叫张福德，生前是周朝的收税官，为人公正，体恤百姓苦难，做了许多对老百姓有利的事。他死后，人们为了纪念他，为他建庙祭祀，称其为福德正神。也有传说，土地神是古代的大善人唐肃，生前经常用自己的财产救济贫民百姓，而他的家产却没有减少。他死后，被人尊为土地公。虽然各时各地的传说都不尽相同，但是土地神的形象却大都是衣着朴实、笑脸相迎、须发全白的老人。后世认为土地公的钱财是上天派发的，取之不尽用之不竭，因此，社会上许多生意人，每逢初一、十五（或初二、十六）都会去祭祀土地公，祈求平安发财。

雷公和电母是什么神？

雷公电母，原本只管制着雷电。但是从先秦两汉开始，人们就将雷电视为可以惩恶扬善、伸张正义的形象。《史记》的《殷本纪》称："武乙无道，暴雷震死。"王充《论衡》的《雷虚》篇称"盛夏之时，雷电迅疾，击折树木，坏败室屋，时犯杀人"，"其犯杀人也，谓之阴过，饮食人以不洁净，天怒击而杀之。隆隆之声，天怒之音，若人之响嘘矣。"其中的雷电都带有辨世间善恶，替天行道，击杀有罪之人的意思。

雷公又称雷师、雷神，雷公名最早见于《楚辞》，雷为天庭阳气，故称

"公";电母又称金光圣母、闪电娘娘,属阴,故称"母"。

关于雷公,战国屈原在《远游》中称"左雨师使经待兮,右雷公而为卫";在《离骚》中记载:"鸾皇为余先戒兮,雷师告余以未具。吾令丰隆乘云兮,求宓妃之所在。"《山海经》中有许多关于雷公的记载,称雷公是"龙身而人头,鼓其腹",是兽形。汉代王充在《论衡》中也描述到了汉代的雷公:"若力士之容,谓之雷公。使之左手引连鼓,右手推椎,若击之状。其意以为雷声隆隆者,连鼓相叩击之音也。"此时,雷公是人形。魏晋南北朝时期,雷公又变为兽形。《搜神记》称雷公"色如丹,目如镜,毛角长三尺,状如六畜,似猕猴"。

关于电母,在唐宋时期,闪电之神称为电母。唐崔致远有句称"使电母雷公,凿外域朝天之路"。宋苏轼亦有诗称"麾驾雷公诃电母"。宋元以后,电母便有了名姓,《铸鼎馀闻》中有记载:"电母秀使者,名文英。"《元史》的《舆服志》说,军中有"电母旗",旗上画的神人与女子形态相似,"纁衣朱裳白裤,两手运光"。在明代小说《西游记》和《北游记》中都写到电母,称"金光圣母"或"朱佩娘"。

癞蛤蟆能吃到天鹅肉吗?

《天鹅仙子与蛤蟆神》是云南地区白族民间流传的传说。

在很久以前,通甸坝子还是一片汪洋。每年的正月十五都会有一群化身为白天鹅的美丽仙女在黎明前来到这里洗浴。她们成群结队地在湖中玩笑嬉闹,梳洗羽翼,直到太阳落山时才离开湖泊。

在这个湖泊周围,居住着以耕作为生的白族先祖。他们世代在湖泊旁边耕作、放牧,却没有人知道湖中的天鹅就是仙女所化。直到村子中的一个放牛人落入水中却不死,他们才听到关于仙女的故事。

在一年的正月十五,放牧人阿琰四处寻找自家丢失的牛。当寻找到湖边时,他隐隐约约听到女孩子的欢笑声从湖中传来。起初他认为是与自己同村的女孩子,便想向她们打听自家牛的消息,于是循声而去。但阿琰始终没看到人影,只看到几只天鹅扑打着翅膀,在微微泛着金光的湖面上戏水。此时天快黑了,阿琰转身欲离开这里,却不小心摔倒,一头栽进了湖水中。阿琰拼命地挣扎呼喊,可是他的手和脚像被淤泥拽着一样,渐渐地往下沉去。就在他快要绝望时,他感觉到有人抓着自己,把自己往岸上拉。终于,阿琰再次呼吸到新鲜

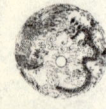

第九章 神话传说

中国人应该知道的国学常识

的空气。他大口大口地呕吐，感觉稍微舒服一些后望向四周，却只看到一群白天鹅腾空而起，向东方飞去，空气中留下淡淡的清香。

阿琰获救之后逢人就说自己被仙女所救，但是村子里却没人相信他，大家都笑他疯癫。阿琰身高不足五尺，瘦长的脸，五官就像被胡乱捏上去的泥巴一样，年近三十而未婚，姑娘家看到他就心生厌恶，甚至故意用力拍打他的头部；男孩子也常常打他，骂他丑八怪，所以大家都以为他是痴人说梦。

阿琰相信自己没有说谎，也气不过村子里边的人说三道四，便天天把牛赶到湖边，日复一日地对着湖中的天鹅说话，希望找到曾救自己性命的那只白天鹅。但是村民们却更加厌恶他，不再接近他。

有一天，阿琰在湖边放牛，那阵陌生又熟悉的嬉笑声又响了起来。尽管不是很大，但阿琰却肯定：这一定是救他的那个天鹅仙子的声音。他朝湖中望去，看到一只白色的天鹅在湖中嬉闹，声音正是从它们中传来的。这一天正是第二年的正月十五，阿琰高兴地手舞足蹈，朝湖中心的天鹅群欢呼着。天鹅被这突然出现的欢呼声吓了，并朝他这边张望。不论阿琰怎么呼喊，天鹅群都不予理睬。湖边的村民哈哈大笑，说阿琰这次真的疯了。阿琰围着天鹅群蹦跳，但天鹅却没有理睬他。

直到傍晚，村民们回家吃饭休息时，有一只白天鹅离开鹅群朝他的方向游来。天鹅慢慢地游到湖边，走到湖岸上，变成了一位身着白衣的美丽姑娘。她的脸像初开的桃花，眼睛闪烁着迷人的光芒，姑娘微笑着说道："我们姊妹都是观音大仕身边的侍女，每年的正月十五都要下凡帮观音菩萨在瓶里盛满水。因为这个湖泊美不胜收，所以才迟迟不肯离去。仙界本禁止与世人相见，只因前次不忍看你落水淹死，所以才与姊妹一起将你救出，送上湖岸。今日只是被你的真诚与执著感动，但又害怕触犯仙规，所以到此时才与你相见。"阿琰就像做梦般听着仙女所说，自己却一句话都说不出来。直到仙女与其他天鹅腾空而起，向东方飞去，消失在自己的视野中，他才清醒过来。这一次，阿琰非常高兴，因为知道了仙女的来历，便告诉了几个平时看不起他的人，说明年正月十五她们还会出现。

又是一年的正月十五，阿琰一早就跑到湖边，等待着天鹅仙子的降临。天蒙蒙亮时，一群白天鹅缓缓地飞行而来，停留在湖面上。突然，一只只弓箭从芦苇中射向湖面上的白天鹅群，天鹅们被射中，发出一阵阵悲惨的鸣叫，在水中扑腾着自己的翅膀，却无力飞去，白色的躯体漂浮在湖泊中，鲜血染红了大

半个湖泊。阿琰愣愣地看着发生的一切,这一切太突然了,他不敢相信自己的眼睛。村上的几个少年听到阿琰的奇遇,根本不相信他的话,所以早早地埋伏在芦苇中,等到天鹅降临便猎杀,还嘲笑阿琰想美女想疯了,编假故事欺骗众人。

因为泄露仙女行踪,致使人类杀死天鹅仙子,所以阿琰内心无法忍受煎熬,在湖边徘徊了一天一夜后便失踪了,没有人再见过他。有人说他跳河死了。阿琰消失的那一年,湖水干涸了,许多植物也枯死了。原来流经这里的澜沧江从此改道,向南流的通甸河也倒流向北。湖水干涸后,露出一座孤零零的石山,与周围的沙石山截然不同,人们都说这是阿琰变的,是上天对人类的惩罚。从此,这个湖泊周围再也无人居住。人们虽然受到了惩罚,但是却不愿意承认自己的残忍与自私,把阿琰的死说是"癞蛤蟆吃天鹅肉,海枯石烂不悔改",从此,这里便叫做"蛤蟆山"。

鲤鱼为什么要跳龙门?

传说,黄河的鲤鱼如果能够跳过龙门,便能够化身为龙,遨游天地,成为一方霸主。《埤雅·释鱼》中写道:"俗说鱼跃龙门,过而为龙,唯鲤或然。"清李元的《蠕范·物体》中写道:"鲤……黄者每岁季春逆流登龙门山,天火自后烧其尾,则化为龙。"于是后人就用"鲤鱼跳龙门"比喻中举、升官等飞黄腾达之事,后来又用作比喻逆流前进、奋发向上。

很久以前,龙门山还没有开凿,伊河水流到这里,便会被龙门山挡住而无法前流,于是在山南聚积了一个很大的湖泊。此时,在黄河中居住着一群鲤鱼,它们听说龙门山风光非常好,都想去观赏。它们从孟津的黄河出发,游过洛河,又顺伊河游到龙门山,但往前就没有水路可走了。它们只好聚集在龙门山的山脚下商量。一个大红鲤鱼对大家说:"我们只能跳过去了!""那么高,怎么跳啊?""跳不好会摔死的!"大家七嘴八舌,不知该怎么做。大红鲤鱼自告奋勇地说:"我先跳,试一试。"说着从半里外就使出全身的力气,像离弦的箭一样,纵身一跃,跳到了半天云里,带动着空中的云和雨跃过龙门山。但在此时,天空中出现了一团天火,从身后烧掉了它的尾巴,它强忍着痛苦,继续飞跃,终于跃到了山南的湖中,眨眼间便变成一条巨龙浮现在天空之中。而山北的鲤鱼们看到巨龙之后都吓得不敢说话。这时,巨龙却说道:"不要怕,我是你

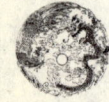

们的同伴大红鲤鱼，我跳过了龙门山，就变成了龙，你们也要勇敢地跳过来啊！"鲤鱼们听到它的话后受到鼓舞，一个一个地跳龙门山。可是除了部分跳过去化成了巨龙，大部分的鲤鱼都跳不过去，从空中掉了下来，并在他们的额头上落下了一块黑色的伤疤。后来，唐朝的大诗人李白写道："黄河三尺鲤，本在孟津居，点额不成龙，归来伴凡鱼。"

孟母为什么要三迁？

《孟母三迁》出自西汉刘向的《烈女传·卷一·母仪》："孟子生有淑质，幼被慈母三迁之教。"意思是孟轲的母亲为了给儿子选择良好的教育环境，多次迁居，防止他学坏。现在用"孟母三迁"来表示人应该接近好的人、事、物，才能学到好的习惯；也说明环境能改变一个人的爱好与习惯。

从前，有一个叫孟轲的小男孩。在他很小的时候，父亲就去世了，母亲给父亲守节没有改嫁。开始，孟轲的母亲带着他住在墓地旁边。孟轲经常和邻居家的孩子一起学别的大人跪拜、哭嚎，玩办理丧事的游戏。孟轲的母亲看到，就皱着眉头说："不行！我不能让自己的孩子住在这里了！"于是孟母就带着小孟轲搬到了市集去居住。他们的隔壁是个杀猪宰羊的人家。于是到市集之后，孟轲又和邻家的小孩学做生意与屠宰猪羊的事情。孟轲的母亲知道后，又皱起了眉头："这个地方也不能再居住下去了！"于是，她带着孟轲再次搬家。这次他们搬到了一个学校附近。每月夏历初一时，官员都到文庙行礼跪拜，互相谦让、礼貌相待，孟轲见了都能够一一学习并且记住。孟轲的母亲很满意地点着头道："这个地方才是我儿子应该住的地方啊！"

孟母教子的影响颇为深远，早在西汉时期韩婴的《韩诗外传》中，就用孟母的故事来解释诗义，在刘向的《烈女转》中首次出现了"孟母"这个专用名词，东汉女史学家班昭曾作《孟母颂》，西晋女文学家左芬也作《孟母赞》。

南宋时的启蒙课本《三字经》引证的第一个典故就是"昔孟母，择邻处，子不学，断机杼"，《三字经》经明、清学者修订补充，而孟母三迁、断机教子的故事始终冠于篇首。

随着孟母故事的流传，统治者也尽力将孟母塑造成符合其统治需要的偶像，封建皇帝对孟母屡次封谥。乾隆二年（公元1737年），孟母被加封为"邾国端范宣献夫人"。

第十章

哲学宗教

轻松**学国学**
国学院推荐读本

佛教中"大乘"与"小乘"有何不同之处？

最初的佛教并没有对"大乘"与"小乘"进行详细的区分。但是随着社会的发展，佛教逐渐分为大乘佛教和小乘佛教。

佛教中的"大乘"为菩萨道，它认为"小乘"的教法只注重自己的觉悟和解脱，它们最高只能修成"罗汉"。所以"小乘"通常被意为狭小之车乘，指运载狭劣之根基以达小果之教法。"大乘"佛教认为自己不但注重自己，还能度尽众生，最终会修成正果成为最高的"佛陀"。

它们的不同之处还包括："小乘"主张"我空有法"，"大乘"主张"人法两空"；"小乘"把释迦牟尼当做自己的教主、导师，认为他是一个达到彻底觉悟的人，"大乘"把释迦牟尼尊贵地称为威力广大、法力无边、全知全能的佛陀。

有关大乘的佛教经典如《般若经》、《法华经》、《华严经》等经，以及《中论》、《摄大乘论》等论。我国的藏传佛教及日本的佛教等都属于大乘佛教。如今的学术界只是把"大乘"和"小乘"作为一个称呼，并没有褒贬的意思。

佛家有哪"三宝"？

佛家"三宝"指佛教所尊敬供养的佛、法、僧，又可解释为三尊。

"佛"指觉悟了人生真相，并教导他人的佛祖释迦牟尼，或泛指修成正果的一切佛；"法"指佛所说之法；"僧"指奉行佛所说之法的人。在佛家看来，"佛"、"法"、"僧"威德至高无上，永不变移，像世间之宝一样，因此，成了"三宝"。

具体地说，"佛宝"包括佛身、佛德。前者说的是法身，是诸佛的清净无漏功德所依，为真如实相的理体，常住不灭。后者说的是成就佛果的诸佛具足十力、四无所畏、十八不共法、四五量心及寿命自在、神通自在等德相，也是智、断、恩三德的意思。

"法宝"包括：以涅槃解脱，常乐我净为本性；以三十七道品为方便；以八万四千法门为调伏众生的甘露法药。

"僧宝"又可分为"义僧"、"贤圣僧"和"福田僧"。

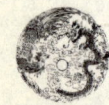

"义僧"指诸佛如法而住于世间，随众生的机缘和悟境显现差别相，而其实相不可亲见、不可捉持、不可破坏、不可思议，为一切众生的良佑福田。

"贤圣僧"指见道位以上的贤圣。若在"小乘"，指证得初果以上的境界；"大乘"指初发心住以上的菩萨。

"福田僧"指在凡夫位的出家沙弥，虽然未证道果，但亦能庇荫众生，能给予众生安稳快乐，所以为众生种福田的处所。

禅宗六祖惠能在《坛经》里讲到，"佛宝"是自性觉，"法宝"是自性正，"僧宝"是自性净。所以"三皈依"就不再是"皈依佛、皈依法、皈依僧"，取而代之的是"皈依觉、皈依正、皈依净"，也就是后来说的"自性三宝"了。

为什么要说"无事不登三宝殿"？

前面我们说"三宝"是佛宝、法宝、僧宝。不难理解，"三宝殿"就是"佛、法、僧"之地。

"佛宝殿"就是所谓的"大雄宝殿"；"法宝殿"则是名不见经传的"藏经阁"；"僧宝殿"则是名副其实的"禅房"。

"无事不登三宝殿"由来已久，如今用来形容一些带有目的的拜访。可是，最初，这个词只是针对僧众们的说道。"三宝殿"是庄严肃穆的场所，僧众们闲暇之时，是不能随便到大雄宝殿和藏经阁去的，即使是自家的禅房，也是用来打坐清修的。

佛教在社会上传播甚广，渐渐地，这种规定就演化成俗语了。

人们所处的环境为何又称"大千世界"？

人们常说"大千世界，无奇不有"，殊不知"大千世界"还有一个意义深广的典故。

佛教中的"世界"是时、空的集合，"世"是时间流变，"界"是空间边线。按照佛经的说法，在大海中，以须弥山为中心，四方有四大部洲，即东胜神洲、西牛贺洲、南赡部洲、北俱庐州，由一日月所照的范围为一世界。

千个这样的世界为"小千世界"，千个小千世界为"中千世界"，千个中千世

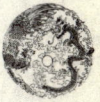

界为"大千世界",共有三"千"(小千、中千、大千),叫做"三千世界"。而"大千",又属于三千之中的大为目标,因此就叫"三千大千世界"或者"大千世界"。

同时,"大千世界"也叫"婆娑世界"("婆娑"意为"堪忍"。婆娑世界众生安于十恶,堪于忍受诸苦恼而不肯出离),由释迦牟尼,也即大日如来教化。

佛陀要教化世人,以"大千世界"为单位。现在,"大千世界"已经被用来形容人世间的纷繁复杂了。

佛家的"唯心"与哲学的"唯心"是一回事吗?

在哲学中有"唯心主义",这其中的"唯心"与佛家所说的"唯心"是一回回事吗?如果不是,分别又代表什么样的意义呢?

哲学中的"唯心"主要是对立于"唯物主义"这一种理论体系,也就是"唯心主义"。它主张的是精神、意识为第一性,物质是第二性,也就是说物质依赖意识而存在。"唯心主义"又被分为"主观唯心主义"和"客观唯心主义"。"主观唯心主义"是注重"我"的感觉,"客观唯心主义"指以客观精神(如上帝、绝对精神等)为世界本源。

而佛家所讲的"唯心",是说"三界唯心"。佛家所认为的"三界"其实就是欲界、色界、无色界。欲界就是具有淫欲、情欲、色欲、食欲等的世界;色界指远离欲界的淫、食二欲望,却仍具有清、净、色、质等的世界;无色界则是只有受、想、行、识四心而无物质的世界。

佛家的"唯心"是出世间法,哲学的"唯心"是世间法。后者是前者要破的对象之一。

什么是佛家的"十二因缘"?

"十二因缘"就其表面意义,似乎讲的是十二种因缘关系。

而佛家的"因缘"的意思是:"因",是引发结果的直接的内在原因;而"缘"是外来相助的间接原因。

佛家说,一切万有皆因缘之聚散而生灭,称为因缘生、缘生、缘成、缘起。

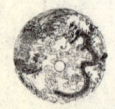

总的来说,"十二因缘"是具体讲"缘起",即有情众生生死流转的过程。又名十二有支,其中"十二"即无明、行、识、名色、六入、触、受、爱、取、有、生、老死。

"无明"是以贪、嗔、痴等烦恼为生死的根本;"行"是制造诸业;"识"是识投胎;"名色"指有胎形六根未具;"六入"指胎儿长成眼、耳等六根的人形;"取"是追求造作;"有"即成业因能招感未来果报;"生"是再受未来五蕴身;"老死"即未来之身又渐老而死。

佛教中的"因果报应"有什么内涵?

佛教《三世因果经》对"因果报应"的释义是:一是人的命是自己造就的;二是怎样为自己造一个好命;三是行善积德与行凶作恶干坏事的因果循环报应规律。

"因果"的字面意思就是原因与结果,即因果律。其中"因"又称作"因缘",分为六因、十因、四缘、五果。

佛教因果论的特点概括为八个字就是"已作不失,未作不得",即任何思想或行为,都会导致相应的后果,"因"未得"果"之前,不会自行消失,反之,没有业因,也不会得到相应的结果。

"因果"也可分为世间之因果、出世界之因果和悟界之因果。在世界上,因果遍于过去、现在、未来三世。在空间上,则除为无法(无生灭变化而既然常住之法,比如说"涅槃")之外,一切事物皆受因果支配。佛、菩萨亦然。

因此,佛也只是能证得"因果报应"的人,即有因必有果。只不过佛种的是善因,结的是善果。而在现实中,人们却赋予了它更为宽泛的意义!

何为"六道轮回"?

佛教的基本理论是"轮回"理论。

"六道"是指众生轮回的道途。又称作六趣、六凡或六道轮回。六道主要分为"地狱道"、"恶鬼道"、"畜生道"、"修罗道"、"人间道"以及"天道"。其中天道、人道、修罗道为三善道;畜生道、恶鬼道、地狱道为三恶道。

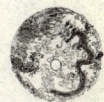

佛家讲的"因果报应"就是说善有善报,恶有恶报。得到这些善恶果报的众生都会在新的生命活动中制造新的果报,都在这"六道"中周而复始,循环往复,就像车轮的回旋,于是就有了佛教所说的"六道轮回"。

世界一切都是由善与恶显现出来的。人们只有在生的时候做了好事才会有好的报应;如果作恶,会必定会恶道相逼。这也是"六道轮回"中"因果报应"的必然结果。

"如来"从哪里来?

在影视艺术中,"如来"是长着大耳朵的佛祖,但是"如来"从哪里来?对于它的称呼怎么又是如此的神秘?

原来,"如"在佛经中称"真如",就是绝对真理,"如来"是说掌握绝对真理并来到世上普度众生的圣者。"如来"和"佛"其实是一个意思。比如,称释迦牟尼佛和称释迦牟尼如来都是一样的;但称释迦牟尼如来佛就错了。因为如来佛是一切佛的通称,并不说明某佛。

佛有十种称号,"如来"是其中之一。另外九种是:应供、正遍知、明行足、善逝、世间解、无上士、调御大夫、天上师、佛世尊,这就是"如来十号"。

佛祖如来

有关"如来十号"在佛教藏经《妙法莲花经》、《佛说十号经》、《成实论》、《法华经》、《药师经》等中都有解说。有人列举出"如来十一号",其实这些都是关于佛的真实尊称。"如来"是乘如实之道而来成正觉。

佛教中的"四大金刚"都是谁？

佛教中的"四大金刚"分别为五台山秘魔岩神通广大泼法金刚、峨眉山清凉洞法力无量胜至金刚、须弥山摩耳崖毗卢沙门大力金刚和昆仑山金霓岭不坏尊王永住金刚。

这里"四大金刚"是佛家"四大天王"的一种俗称,"四大天王"是佛家二十诸天中的四位天神,职责是守护弥须山周围四大部洲的平安,因此又称为"护世四大天王"。

后来,民间把"护世四天王"称为"风调雨顺",其中增长天王持剑代表"风",持国天王持琵琶代表"调",多闻天王持伞代表为"雨",广目天王持龙代表"顺"。"风调雨顺"四大天王之中又以多闻天王地位最尊。这也反映了农业社会人们对丰收之年的渴望。

佛家中的"十八罗汉"指的都是哪些人？

"十八罗汉"是指佛教传说中十八位永驻世间、护持正法的阿罗汉,是由"十六罗汉"加二尊者而来,他们均为释迦牟尼的弟子。"十六罗汉"流行于唐代,宋代才盛行十八罗汉。

中国文化习惯用"十八"来表示吉利,如"十八世"等。佛教中也有许多"十八",如"十八界"、"十八变"、"十八层地狱"等。"十六罗汉"变为"十八罗汉"应该也与这种"十八"情结有关。在历史上,嵩山少林寺也曾出现少林十八罗汉。

虽然关于另外两个罗汉考证不一,但是这其中"十六位罗汉"却是在佛经上有明确的记载。他们分别是：坐鹿罗汉、欢喜罗汉、举钵罗汉、托塔罗汉、静坐罗汉、过江罗汉、骑象罗汉、笑狮罗汉、开心罗汉、探手罗汉、沉思罗汉、挖耳罗汉、布袋罗汉、芭蕉罗汉、长眉罗汉、看门罗汉。后人为保持"十八罗汉"的完整,补上了降龙罗汉和伏虎罗汉,这就是俗称的"十八罗汉"。

"菩萨"的主要职责是什么?

《西游记》中的菩萨浓眉大眼,温文尔雅,不愠不怒,料事如神,一副十足完美的女性形象,大家都称她为"观音菩萨"。

关于八大菩萨,有多种说法,大致可分为文殊菩萨、观世音菩萨、弥勒菩萨、虚空藏菩萨、普贤菩萨、金刚手菩萨、除盖障菩萨、地藏菩萨。

"佛陀"是佛家的智者,那菩萨主要是干什么的呢?

菩萨的地位仅次于佛,是协助佛传播佛法、救助众生的人物。菩萨在古印度为男子形象,流传到中国后,因为菩萨具有深切的人情味,便逐渐转为温柔慈祥的女性形象。

观世音菩萨

人们最熟悉的菩萨就是观世音,它又称光世音、观自在、观世自在,全称尊号是"大慈大悲救苦救难观世音菩萨"。

"菩萨"的任务是将所有轮回的众生度化成佛。"菩萨"虽说有大慈与大悲之心,但是并非所有的菩萨都是慈眉善目的。"文殊菩萨"就是勇猛无畏的菩萨,他有过"仗剑迫佛"这样令人诧异万分的行为。

"鸠摩罗什"是什么人?

鸠摩罗什(梵语Kumārajīva,公元344-413年),音译为鸠摩罗耆婆,又作鸠摩罗什婆,简称罗什。汉语的意思为"童寿"。东晋时期著名的佛经翻译家,与真谛(公元499-569年)、玄奘(公元602-664年)并称为中国佛教三大翻译家。另说还有与义净(公元635-713年),又说为不空(公元705-774年)并称为四

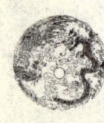

大译经师。

据《出三藏记集》和《高僧传》等的记载，鸠摩罗什的父母均为出家人。鸠摩罗什的父亲鸠摩罗炎，天竺人，家世显赫，世代为相。鸠摩罗炎气质高洁，按习俗他应该继承相位，然而他不愿继承相位，毅然出家。随后，他东渡葱岭到龟兹国。龟兹王非常敬慕他的高德，亲自到郊外迎接，并请为国师。鸠摩罗什的母亲是龟兹王白纯的妹妹耆婆，聪敏才高，过目不忘。她的身体上有红痣，正是富贵的象征。当时，她已经二十余岁，虽有各国显贵提亲，但她却不肯答应。当她见到鸠摩罗炎，十分倾心，决意嫁他。不久就生了鸠摩罗什和弗沙提婆兄弟二人。

鸠摩罗什年仅七岁就随母亲出家学"小乘"，后来又学习"大乘"，精通汉语，曾游学天竺诸国，遍访名师，深究妙义。东晋后秦弘始三年(公元401年)，姚兴派人把他接到长安(今陕西西安)从事译经，成为我国一大译经家。他带领弟子僧肇等八百余人，翻译了《摩诃般若》、《妙法莲华》、《维摩诘》、《阿弥陀》、《金刚》等经和《中》、《百》、《十二门》和《大智度》等理论，共74部，384卷，为佛教的发展做出了贡献。

"达摩祖师"是何方人士？

达摩祖师和中国的禅宗有着微妙的关系。

据《景德传灯录》记载，达摩是南天竺香至王的第三个儿子，属印度刹帝利种姓，通晓大小乘佛法。公元527年，中国南北朝时期，他渡海来到属南梁的南海(今广东广州)，受到了广州刺史的厚礼相迎，梁武帝派遣使者请他到金陵(今江苏南京)，但是他们之间的谈话却并不愉快。于是达摩同年潜行到北魏，来到嵩山少林寺，九年"面壁而坐，终日默然"，世称"壁观婆罗门"，并继承了安心禅法。

达摩以《楞伽经》为据，提出"理入"(冥想体悟)和"行入"(实践修行)的"入道"路径。"理入"即"凝住壁观"，就是指"借教悟宗，深信含生同意真性。客尘障故。令舍为伪归真，凝住壁观，无自无他，凡圣等一，坚住不移动，不随他教，与道冥符，寂然无为"。这种重心性的大乘壁观，主要比喻人心如壁立，不偏不倚，从认识上舍伪(抛弃闲适世界)、归真(追求超现实的真如世界)、无自(否认个人存在的真实性)、无他(否认他人乃至客观世界存在的真实性)并且排

除一切执见。

"行入"是指万行同摄的"四行",即抱怨行、随缘行、无所求行、称法行。

"达摩"奉行的"二入四行"的禅法,被他的弟子慧可等以后几代禅师发扬光大,到惠能时正式形成"禅宗"。慧能认为南宗为禅宗正统,自达摩至惠能六代系一脉相承,从此达摩被尊为东土禅宗的祖师爷。

"唐僧"是个什么样的人?

《西游记》中那个骑着白马的唐僧不知道成为多少人追捧的对象。但究竟"唐僧"是个什么样的人,却很少有人知道。

历史上的唐僧其实就是玄奘(公元602-664年),唐朝著名的三藏法师,历史上汉传佛教最伟大的译师。俗姓陈,本名祎,出生于河南洛阳洛州缑氏县(今河南省偃师市南境),佛教法相宗创始人、高僧、佛教学者、旅行家,与鸠摩罗什、真谛并称为中国佛教三大翻译家。小说《西游记》讲的便是唐僧师徒四人经过千辛万苦取得真经的故事。

玄奘家族本是儒学世家。他有三个哥哥,二哥陈素,早年于洛阳净土寺出家,以讲经说法闻名于世,号长捷法师。

玄奘的求学历程可谓十分坎坷,但是他却是无人能比的天才。在曲女城无遮辩论法会上,他立真唯识量论旨,等待十八天,结果无人敢与他辩论,他因此不战而胜,声名鹊起,威震天竺,被当时大乘行者誉为"摩诃耶那提婆",亦即"大乘天",被小乘教徒誉为"木叉提婆",亦即"解脱天"。他取经归来后,继续从事梵文经书的翻译工作。

玄奘一生所翻经论共74部,总共1338卷,为中土一切译师之最。另外,由玄奘大师口述,弟子辨机笔撰的《大唐西域记》,堪称中国历史上的经典游记。

"八戒"有什么佛教含义?

佛教中,"五戒"是居士,是信佛的、不出家的人所受的戒,也就是不杀生、不偷盗、不邪淫、不妄语、不饮酒的人。"八戒"是在家信佛的人可以受持的最严格的戒律。最短可以只受一天,最长也可以终生持守。但是在家信佛的

第十章 哲学宗教

人的"五戒"之中没有不食肉的戒律。

佛家"八戒"是"八关戒斋"的简称,指在家男女信徒于一日一夜中所受的八种斋戒法。其内容包括:一戒杀生,二戒偷盗,三戒淫,四戒妄语,五戒饮酒,六戒着香华,七戒坐卧高广大床,八戒非时食。在这八种戒斋中,前七为戒,后一为斋,总称"八戒斋"。

"口头禅"都是骂人的话吗?

"口头禅"最初是佛教禅宗用语,本意指未经心灵证悟就把一些现成的经言和公案挂在嘴边,装作得道。演变至今,口头禅成了个人习惯用语的代名词,形容人们说话未经大脑就脱口而出。

李逵爱说"鸟人",武汉人爱说"苕货",长沙人喜欢在人名后加"鳖"……当然,"口头禅"也未必尽是些骂人的话。俗话说:"卖什么的吆喝什么。""三句话不离本行。"各行各业皆有其常用的行话,用得多了,自然不免向日常生活用语中渗透,便成了"口头禅"。

什么是"天人合一"?

"天人合一"的思想概念最早由庄子阐述,后被汉代思想家、阴阳家董仲舒发展为天人合一的哲学思想,并由此构建了中华传统文化的主体。它是两千年来儒家思想的一个重要观点,也是中国古代很多贤人志士追求的最高境界。

"天人合一"与"天人之分"相对立。"天人合一"有两层意思:一是天人一致,二是天人相通。是说人和自然在本质上是相通的,因此一切人事均应顺乎自然规律,达到人与自然的和谐。

"天人合一"主要有道家、儒家、佛教三家观点。

道家说,天是自然,人是自然的一部分。天人本是合一的,但人制定了各种典章制度、道德规范,因此丧失了自然本性,变得与自然不协调。人类行动的目的,便是"绝圣弃智",打碎这些加于人身的藩篱,将人性解放,重新复归于自然,达到一种"万物与我为一"的精神境界。

儒家说,天是道德观念和原则的本原。在人们心中,天具有道德原则,这

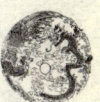

"天人合一"的石刻

种"天人合一"乃是一种自然的却不自觉的合一。但由于人类后天受到名利和欲望的蒙蔽,不能发现自己心中的道德原则。人类修行的目的,就是排除外界欲望的蒙蔽,"求其放心",达到一种自觉履行道德原则的境界,这就是孔子所说的"七十从心所欲而不逾矩"。

禅宗说,人性本来就是佛性,只缘迷于世俗的观念、欲望而不自觉,一旦觉悟到这些观念、欲望都不是真实的,本性就会自然显现,也就达到了成佛的境界。因此,他们提出"烦恼即菩提,凡夫即佛"。真正达到觉悟后的境界是什么呢?从某种观点看,有点像道家的一切顺应自然之意。

"天人合一"也归属于唯物主义范畴。唯物主义认为,物质世界是绝对运动的,思维反映存在,所以思维也应当是不断变化、与时俱进的。

"天人合一"还包含了饮食养生、天文气象等方面的内容。这在《内经》、《黄帝内经》中都有解说。"天人合一"的思想和自然与矛盾的规律对人类的生存发展起到了极其重要的作用。

人之初是性本善还是性本恶?

《三字经》中有一句话:"人之初,性本善。"那么,人来到这个世界,到底

是善的还是恶的呢？

"人性本善"要归于儒家学说的一个思想内容。孔子曰："性相近。"他承认有人性，却没有说明人性是什么。到孟子的时候，才有了"人性善"。《孟子·告子上》中讲，"水信无分于东西，无分于上下乎？人性之善也，犹水之就下也。人无有不善，水无有不下。今夫水，搏而跃之，可使过颡；激而行之，可使在山。是岂水之性哉？其势则然也。人之可使为不善，其性亦犹是也。"

孟子说，关于人性的学说，除了他自己的学说以外，还有三种学说。一是人性既不善又不恶；二是人性既可善也可恶；三是有些人的人性善，有些人的人性恶。第一种学说是哲学家告子提出的。

孟子的"人性本善论"、荀子的"人性本恶论"和告子的"无所谓善恶论"之间的争论一直持续至今。

"人性本恶"是谁提出来的？

既然"人性本善"，那么为什么还会有"人性本恶"的说法呢？这是一个极其矛盾的话题。"人性本恶"是由荀子提出的。

荀子有自己的一套理论体系，他认为人性本来是恶的。他说，人生来就贪图物质利益、喜欢美丽的女人和悦耳的音乐，并且为了得到这些而憎恨别人。荀子说，所谓本性，就是不通过学习而得到的东西，假如必须通过学习才能得到，那就谈不上本性，而是人为的结果。经过学习才能得到仁、义、礼、智信，所以它们不是本性，而是人为。仁义或者礼仪都是圣人规定的，他们规定这些就是用来矫正人的恶劣的本性。

荀子的"人性本恶"，相对于孟子的"人性本善"来说是一个进步。他对人性下了定义："生之所以然者谓之性。"就是说人性是天赋的、与生俱来的原始质朴的自然属性，不是后天学习而成的能力。与"性"相对的是"伪"。"伪"是人为、后天加工的意思。

荀子"人性本恶"的观点是中国思想史中最早出现的性恶论。其观点主要出现于他的《性恶篇》、《正名篇》。但若要完整地了解荀子的性恶论，还必须参考《解蔽篇》、《王制篇》等重要篇章。

人与天是什么关系？

人与天的关系，从古至今都是人类哲学研究的一个问题。荀子也提出了自己的天人关系理论，就是所谓的"人定胜天"。

人定胜天指人掌握天的运行法则且利用它们。

荀子说："人之命在天，国之命在礼。"也就是说，国家的命运决定于礼仪制度；人的命运则决定于天。在这里，荀子和其他儒者一样，也是一个天命论者。

墨子曾经批评儒家的天命论，认为主张天命会使人懒惰，因为既然天赋予了自己这样的命运，那么自己的努力就没有作用了。所以墨子主张天治，认为没有天赋予的命运，天只是根据人的行为善恶决定给人幸福或灾祸。荀子作为儒者不否认天命，但是主张人应该掌握天命，并且加以利用。

很多人以为如今常用的"人定胜天"为破坏自然的一种狂妄，为此颇为深恶痛绝。实际上，破坏自然的人类群体一般是只消费、索取，不是"定胜天"的精神。"人定胜天"的现代本意，首先是掌握自然规律。掌握自然规律本身就是一种"人定胜天"，它使人类脱离了动物低层次的生存，使人类和自然的互动不再是一种低层次的被动，而是掌握了规律，得到了"道"的一种生存状态；其次，掌握自然规律的另一个方面，就是让自然与人类都向有益的方向发展，这是更高层次的"人定胜天"。人类历史就是顺应规律、改造自然的历史。

中国传统文化的一个重要特征就是强调人与自然的和谐统一，而不是两者的排斥对立。即使是皇帝也只敢称自己为"天子"，而没有必须战胜老天爷的胆量。

"道"字有什么哲学内涵？

"道"字出自于金文，指的就是人们陌生却又必须走才能到达目的地的路径。这可能就是古人单用"道"字表示道理、法则、规律之类抽象概念的原因。例如，治国之道、为人之道、养生之道等。

《老子》把"道"作为哲学的最高范畴，认为道既是产生宇宙万物和支配宇宙万物的法则，又是人类社会必须遵从的准则。但是，在不同的哲学体系中，其涵义却有所不同。

春秋时期,"天道"指天象的运行规律,"人道"是指人的行为准则。《左传》曾有"臣闻小之能敌大也,小道大淫。所谓道,忠于民而信于神也"和"王禄尽矣,盈而荡,天之道也"之说。这里的"道"是规律性的意思。

孔子所说的"道",是"中庸之道",是一种方法。

佛家所说的"道",是"中道",是佛家的最高真理。不极端的道理即为中道。佛家的"道"是中观的思想,中观思想涉及"中道"和"空"。"空"的思想似空非空,不能著空相求空。

战国时期儒家学者所著的《易传》也提出了关于"道"的学说,认为"道"就是对立面相互转化的普遍规律。《周易·系辞上》说:"一阴一阳之谓道。"这里把一阴一阳相互转化视为道。又说:"形而上者谓之道,形而下者谓之器。"这里又把"道"视为无形的抽象规律,与有形的具体事物区别开来。

庄子是战国中后期道家学派的代表人物。他认为"道"是世界的终极根源,是无所不覆、无所不载、自生自化、永恒存在的宇宙本体,否认有超越道的任何主宰。他还认为不可能给道提出明确的规定,"道不当名","道昭而不道",即使取名为道,也是"所假而行"。

到宋代,张载以"道"为气化的过程,说"由气化,有道之名";程颐、朱熹则以道为理,表现了气本论与理本论的不同。

在中国哲学史上,"道"这一范畴是道家提出的,后被各家学说吸收,虽各有不同理解,但已成为宇宙本原、普遍规律的代名词。它对于提高理论思维水平、探究事物的本原和规律起到了促进作用。

"庄周梦蝶"有什么哲学内涵?

"庄周梦蝶"出自《庄子·齐物论》:"昔者庄周梦为蝴蝶,栩栩然蝴蝶也,自喻适志与!不知周也。俄然觉,则蘧蘧然周也。不知周之梦为蝴蝶与,蝴蝶之梦为周与?周与蝴蝶,则必有分矣。此之谓物化。"

人们把这段记载理解为这样一个有趣的故事:有一次庄周做梦,梦见自己变成了蝴蝶,翩翩飞舞,自由自在,很是得意。梦醒之后,发现自己还是庄周,于是不知道是庄周梦见自己变成了蝴蝶,还是蝴蝶梦见自己变成了庄周。

这是一则寓言,庄子用这则寓言表示出一个哲学问题,即人如何认识真实。如果梦足够真实,人没有任何能力知道自己是在做梦,也就是说人不可能

确切地区分真实还是幻想。这也阐明了生与死的问题,梦境象征死亡,蝴蝶象征死后的庄子,生和死都是人必经的阶段。庄子认为,人们如果能打破生死、物我的界限,则无往而不快乐。

因此,人们还是不要忧虑,安心活着就好。至于死后怎么样,还是等死后再说吧!

"朝三暮四"与"花心"有什么关联?

"朝三暮四"常常形容一个人的"花心"。那么在古代,也是说人的"花心"吗?

这个词出自《庄子·齐物论》:"狙公赋芧,曰:'朝三而暮四。'众狙皆怒。曰:'然则朝四而暮三。'众狙皆悦。"这里说,宋国有一个叫狙公的养猴人,他很喜欢养猕猴。有一天,他的经济状况下降了。因此,他要限制猕猴们吃橡栗的数量,但又担心猕猴们不愿意,就跟它们商量:"我给你们吃橡栗,早上三颗,晚上四颗,怎么样?"听到这话,猕猴发怒了。他又说:"那早上四颗,晚上三颗,行不行?"听到这话,猕猴们极其高兴。

这个故事原本揭露狙公愚弄猴子的骗术。橡栗的总数没有变,只是分配方式有所变化,猴子们就转怒为喜。那些追求名和实的理论家,总是试图区分事物的不同性质,而不知道事物本身就有同一性,最后不免像猴子一样,被朝三暮四和朝四暮三蒙蔽。这个故事告诫人们,要注重实际,防止被花言巧语所蒙骗。因为无论形式有多少种,本质只有一种。

不过,"朝三暮四"发展到今天,但无论是说人有多么反复无常、不讲信用还是说人的花心,都是被后人引申而来的。

有人说你"呆若木鸡"吗?

"呆若木鸡"出于《庄子·达生》:"鸡虽有鸣者,已无变矣,望之似木鸡矣;其德全矣,异鸡无敢应者,反走矣。"

这个故事是这样的,说有一位名叫纪渻子的人为周宣王驯养斗鸡。过了十天,周宣王问:"鸡驯好了没有?"纪渻子说:"还不行,这些鸡还很骄傲,自大得不得了。"再过十天,周宣王又问,纪渻子说:"不行,它听见响声就叫,看

见影子就跳。"再十天后，周宣王又来了，当然还是关心他的斗鸡。纪渻子说："不行，还是目光犀利，盛气凌人。"又是一个十天，周宣王已经不抱有希望了。纪渻子却回答："差不多了。别的鸡即使打鸣，它也不会有什么变化。它看上去像木鸡一样，不过，它的德行却完备了，别的鸡不敢应战，见了他就掉头逃跑。"

庄子用这则寓言表达了一个深刻的哲理，就是古人所说的"大智若愚"、"大巧若拙"和"大勇若怯"。在庄子看来，真正有大智慧的人也许表现出的是愚钝，真正有高超技巧的人有时候看起来却很笨拙，真正勇敢的人往往被别人误解为胆怯。但是，如果真正处于非常境况时，这些人往往能够表现出非同寻常的能力。庄子通过这则寓言，阐明了"相反的两极在某种高度便相互接近转化"的道理，这正是道家思想特有的辩证思维。

文人为什么喜欢称"居士"？

李白号"青莲居士"，白居易自称"香山居士"，苏轼号"东坡居士"，李清照自称"易安居士"……历史上的"居士"还真不少。为什么大家都称自己为"居士"呢？

"居士"在梵语中意为家长、家主、长者和"居家之士"，原指古印度吠舍工商业中的富人，或德高望重的有道之士。

佛教将在家修道尊称为"居士"，源自《维摩诘经》。据罗什、智者、玄奘等大师的解释，维摩诘是东方阿閦佛国的一补处菩萨，因后来在家相化度众生，所以用"居士"一词称在家的佛教徒，也含有尊为大菩萨的意味。

在今天的中国佛教领域，一切在家的佛教徒都可以称为"居士"。但"居士"并非佛教的专有。

在中国的《礼记》中就已有了"居士锦带"一语，指的是为道为艺的处士，含有隐士的意义。

唐宋时期，佛教在我国盛行，道教修行之人也自称居士。因为他们对中上层知识分子影响很深，所以许多文人雅士便以"居士"为号。今天，很多艺术名人也会称自己为"居士"。

什么是"濠梁观鱼"?

"濠梁观鱼"出自战国庄周的《庄子·秋水》:"庄子与惠子游于濠梁之上。庄子曰:'鲦鱼出游从容,是鱼之乐也。'"这里记载的是庄周和惠施同游濠梁观鱼的事情。

来回一日,两人同游于濠上,只见一群鲦鱼游动,悠然自得。庄子说:"白鲦鱼游得多么悠闲自在,这些鱼一定很快乐啊!"惠子说:"你又不是鱼,怎么知道鱼的快乐?"庄子说:"你不是我,怎么知道我不知道鱼儿的快乐呢?"惠子说:"我不是你,固然不知道你的快乐;但你不是鱼,因此不知道鱼的快乐,也是完全可以肯定的。"庄子说:"还是从头说起吧。你刚才所说的'你怎么知道鱼的快乐',就是已经知道了我知道鱼儿的快乐;而我则是在濠水的桥上知道鱼儿快乐的。"惠子自叹不如。

庄子的真实观点是:人与鱼、人与人之间是可以相互认识彼此的情感、意志的。这也说明了哲学的认识论的问题,即在认识主体与客体之间,人类作为认识主体是否能够认识外在事物的情感、意志,同时在一定程度上也涉及了人的人身极限的问题。庄子无疑是认识论上的相对主义者。

为什么说"魏晋风流"?

"风流"是个不朽的话题,古代人是怎么"风流"的呢?

《世说新语》描绘了三四世纪信奉"风流"思想的人物。这也一直是研究"风流"的主要资料。

其中有一个关于刘伶的故事,这个故事说:刘伶很放纵自己,有时在家里脱光衣服赤身裸体。大家都讥讽他,刘伶觉得不满,因为他认为自己这样没有什么不好。《世说新语》记载了当时"名士"的许多古怪行为。

"魏晋风流"是魏晋士人追求的一种具有魅力和影响力的人格美,或者说是他们所追求的艺术化的人生,用自己的言行、诗文和艺术使自己的人生艺术化。

构成"魏晋风流"的条件是:玄心无情、洞见、妙赏、深情,其外在特点是:颖悟、旷达、真率。"魏晋风流"的代表人物是:陶渊明、王羲之以及竹林七贤等。

中国的"风流"中其实也有"性"的含义。晋代新道家对于性的态度,似乎是纯粹审美的。《世说新语》里有一个故事:阮籍喝酒之后经常躺在漂亮女人的身边睡觉,但从来没有其他的举动。他只是欣赏异性的美,而不是性爱。也或许是他只欣赏,而忘记了性的成分吧。

在今天看来,"魏晋风流"似乎成了中国古代文化中抽象的一个部分,但在当今社会,也有一些人向往那种回归自然、超然洒脱的生活方式。

为什么说"只可意会,不可言传"?

"只可意会,不可言传"这个词出自《庄子·天道》。即"意有所随,意之所随者,不可以言传也"。在庄子看来,人们的意思从"道"而来,而"道"是无迹象可寻的,因此意思是不能用语言来表达的。这也体现了"道"的最高真理,或者说人们对这种最高真理的认识和感悟。

这与孔子的"书不尽言,言不尽意"有些类似的地方,也传承了孔子的哲学思想和理论。

"只可意会,不可言传"是庄子由一个故事引发的想象。

据说,春秋时期,齐桓公在堂上看书。一个名叫伦扁的老木匠在堂下做活,看到齐桓公看得很认真,就好奇地问:"大王,您读的什么书啊?"齐桓公说:"我读的是圣人写的书。"

伦扁问:"这些圣人现在还活着吗?"

齐桓公回答:"他们早死了。"

伦扁笑道:"既然写这些书的圣人早就死了,那么您现在读的只是那些古人的糟粕而已,哪里值得你这样下工夫呢?"

齐桓公很生气,说:"哪有你说话的份?今天你如果能够说出些道理,这件事情就容易解决,如果你说不出道理来,我就要治你的死罪。"

伦扁急忙解释说:"大王请息怒,我并没有不尊重你的意思,也不是故意要诋毁古代的圣人。我是用自己做车轮子的经验来做对比的。做车轮子是一件细致、微妙的技术活,砍木头的速度如果慢了,做出来的车轮就不会坚固;快了,又会滞涩而难以嵌入。要做到恰到好处,即不慢不快,得心应手,这其中自有奥妙。但这种奥妙只可意会,不可言传,我没办法把这样的绝技传授给我儿子,我儿子也没有办法从我这里学到这样的绝技。所以,我现在70岁了,还

找不到接班人，只好在这里为大王做车轮子。由此类推，古代的圣人死了，他们高妙的思想因为不可言传而随圣人一道消失了，因此说，你现在所读的书，只不过是圣人的糟粕而已。"

这个故事体现了"言"和"意"的关系。伦扁认为语言是僵死的，人类的思想意识却是极为丰富、微妙的，因此，语言和思想是两码事，很多事情"只可意会不可言传"。

"无为而治"的实质是什么？

"无为而治"的思想最初见于老子的《道德经》。老子所处的春秋时代，诸侯混乱，统治者恣意妄为，贪得无厌，民不聊生。

"无为"主要是要求统治者限制和约束权力；反对实行违背人民群众意愿的行为；反对随意颁发法令和制度，或朝令夕改，不讲政策的连续性。老子提倡：一切法令、政策的颁布都要以百姓为中心。

在老子看来，世界的本原是"无"，只有"无"才符合"道"的原则。"圣人处无为之事，行不言之教。""无为"，即"不为物先，不为物后"，顺乎自然以为治。"无为"是实现无不为、无不治的前提和条件，"以无事取天下"。

"无为而治"的实质是避免反自然，这是老子崇尚的治国安邦政策。"无为"的本意，不同时代的哲学思想有不同的理解。这个词表面容易给人一种消极、无所作为的错觉，因此经常受到误解和批评。

老子认为天地万物都是由道化生的，而且天地万物的运动变化也遵循道的规律。这是道家的基本思想，也是其修行的基本方法。

现在，"无为而治"也被引申到一种新的哲学思想中，强调不要过多干涉，让人们都能发挥自己的聪明才智。

"天人感应"是怎么来的？

"天人感应"像是一个神话，天和人能互相发生感应是多么神奇的事情。真的会有"天人感应"吗？它又是怎么来的呢？

"天人感应"是古代的哲学术语，源于先秦哲学，后被西汉董仲舒发展为一

个系统的神秘学说,即他创立的天人关系学说。

在中国古代,人们把自然界中,特别是日月星辰的异常变化看做是天意,认为这是上天在向人们预告吉凶。到了春秋时代,人们发现,许多被认为是天意表达的自然现象,并不是天向人们预告吉凶。于是就说:"天道自然。"这一事实表明,事物的存在和运动状态往往是与其他事物相互关联的。到秦汉年间,人们终于总结出结论:一个存在物可以和其他存在物发生感应,气是它们感应的中介,传递着相互的作用。

受传统宗教观念的影响,汉朝初期就有不少思想家把物与物之间的感应推广到天与人之间,认为天与人也可以相互感应,尤其可以和君主发生感应。

天人感应的思想在汉代占据了统治地位,并在中国封建社会广为流传。一些思想家曾利用天人感应说作为推行其政治改良的理论工具。天人感应说在历史上曾起过一定的积极作用,但是,这种学说歪曲了人和自然的联系,束缚了人们对自然界和社会的认识。它在后来的历史发展中基本上是消极的和有害的。天人是否感应还需要人们继续探索。

"鹅湖之会"是什么会?

古有"弭兵之会"、"渑池之会"、"绝缨之会"、"汧渭之会"、"赏花钓鱼之会"等,这么多"会"还真是优雅脱俗。而这里要了解的是"鹅湖之会"。

"鹅湖之会"是有关哲学史的一次著名的辩论。南宋淳熙二年(公元1175年),在信州(今江西上饶)鹅湖寺由吕祖谦邀集,意图调和朱熹和陆九渊两派的争执,而举行了一次辩论会。实质上是朱的客观唯心主义和陆的主观唯心主义的一场争论。

当时正是著名的哲学家朱熹"理学"和陆九渊的"心学"发生理论分歧的时候,他们常常因此而争论。吕祖谦为了使两人的哲学观点"会归于一",于是出面邀请陆九龄、陆九渊兄弟前来与朱熹见面。

会议辩论的中心议题是"教人之法"。《陆九渊集》卷三六《年谱》记载道:"鹅湖讲道,诚当今盛事。伯恭盖虑朱、陆议论犹有异同,欲会归于一,而定所适从。……论及教人,元晦之意,欲令人泛观博览而后归之约,二陆之意欲先发明人之本心,而后使之博览。"所谓"教人"之法,就是关于认识论的问题。

朱熹强调"格物致知",并认为格物致知只是一事,是认识的两个方面,他

主张"泛观博览,而后之约",也就是多读书、多观察事物,根据经验加以分析与归纳,然后得出结论。陆九渊则从"心即理"出发,认为格物就是体认本心。主张"先发明人之本心,而后使之博览。"心明则自然贯通万事万物的道理,既不必多读书,也不必忙于考察外界事物,去此心之蔽,就可以通晓事理,所以尊德性、养心神是最重要的。反对多做读书穷理之工夫,认为读书不是成为至贤的必由之路。双方争议了三天,陆氏兄弟略占上风,但最终结果却是不欢而散。

因为这场具有深远意义的辩论会极其激烈,所以闻名遐迩的"鹅湖之会"就被广为流传。

为什么说"祸兮福所倚"?

古代的"祸兮福所倚"和现在的"祸福相依"是一个意思,是说祸与福可以相互转化,它们互为依存。

"祸兮福之所倚,福兮祸之所伏"出自《老子·第五十八章》。其中有一段内容讲的是:政策稍有宽松,百姓就淳朴;政策稍有苛刻,百姓就躲避。祸里有福睡着;福里有祸藏着。谁知道最终结果是什么?这个问题没有正解。所以圣人方方正正却不孤傲,廉洁清白却不清高,直来直去却不放肆,光芒万丈却不刺眼。

这即是老子对于天地万物发展变化的认识,也是老子根据社会历史与政治方面的成败、存亡、新旧、福祸等对立物的相互关系以及事物内部的辩证规律而总结出来的一个辩证道理。

"塞翁失马,焉知非福"非常典型地说明了"福"和"祸"这样一对矛盾在事物的发展过程中互相包含、互相转化。

故事说,古代有一位老人在边塞丢了一匹马,邻居都因可惜而安慰他,他反而很释怀地说:"丢了马,不一定是件坏事,说不定还会有好的结果呢!"不久,马回来了,还带回一匹骏马。邻居得知,都来向老人表示祝贺,老人却忧心忡忡地说:"谁知道这件事会不会给我带来灾祸呢?"又过了不久,他的儿子因骑这匹马把腿摔坏了。邻居又来安慰他,他却说:"谁知道会不会带来好的结果呢?"又过了一年,边塞发生战争,身强力壮的青年都被征兵,十有八九都死在了战场上。而老人的儿子因为是个瘸腿,免服兵役,父子二人也避免了这场

生离死别的灾难。

这也跟相辅相成、物极必反是同样的道理。就是说,凡事都有对立的一面,没有绝对的好,也没有绝对的坏。这正是老子道家思想的一种哲学体现。

为什么说"天行有常"?

"天行有常"是荀子的天道观,也是他对春秋战国时期唯物主义思想的一次高度总结。

荀子在《荀子·天论》中提出了"天行有常"的生态理论观:"天行有常,不为尧存,不为桀亡。应之以治则吉,应之以乱则凶。强本而节用,则天不能贫;养备而动时,则天不能病;修道而不贰,则天不能祸。"他在这里表明,自然界的运行变化是有规律的,它不是因为尧等好的帝王而存在,也不是因为世上有桀等暴君而消失。人们顺应自然规律,就有好的结果,否则就会遭遇灾祸。开源节用不会贫困。养生之道全面而完备并且因时而动,就不会患病;遵循事物的规律,坚定不移,就不会遭到灾祸。

值得注意的是,荀子提出人类社会出现的饥荒、疾病、殃祸不可以怨天,而是由于人们没有处理好人与自然的关系。为什么说"天行有常"呢?荀子在《荀子·不苟》中作出了这样的解释:"天不言而人推高焉,地不言而人推厚焉,四时不言而百姓焉——夫此有常,以至其诚者也。"上天不说话,人们却认为它最高;大地不说话,人们却认为它宽广无边;春夏秋冬四时不说话,老百姓却都能感知节气的变化。这些"不言"的事里包含了它们自身的规律,即"有常"。他通过把"天地"和"天人合一"关系突现出来,也表现了一种伦理道德行为。这一伦理行为是荀子生态伦理观的集中体现。

荀子肯定天道运行有自己的"常道"、"常数",并对有神论和迷信观念进行了批判。"天行有常",因此人们应该"制天命而用之"。他的先秦唯物主义思想因此而发展到一个高峰。

"道家"是怎么自我修炼的?

"道家"的目的是什么呢?当然是修道。那么,道家如何修炼自己呢?

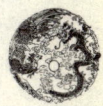

老子是道教的先祖,他提出的"道"给道教修炼者提供了很大的精神支柱,并著有《老子》即《道德经》。他在《道德经》中提出"虚其心,实其腹","专气致柔,能归婴儿乎",使后来的道教创造了胎息法。

道家学者和道教门徒修道的主要功法是"道家功"。"道家功"是《道藏》里所记述的功法,它包含了修身养性和设坛祭炼等方法。

"道家功"把长生不老作为追求的主要目的,道家在修炼功法时都是以炼养阴阳、性命双修作为第一要义;以返璞归真、天人合一作为最高境界;以延年益寿和长生不老作为追求的最终目的。

在修炼功法方面,道家功有守一、吐纳、导引、行气、存神、坐忘、心斋、还精、辟谷、踵息、胎息、内丹、太极拳、八卦掌等等。除老子创立并提倡的守一法之外,还有庄子创立的心斋、坐忘、踵息、吹嘘呼吸和熊经鸟伸等仿生导引功。

"道家功"吸收了许多古老的养生术和"仙术",成为我国古代气功史上的一条主要流派。

第十一章

字词涵义

"明日黄花"为什么被用来形容过时的事物?

"明日黄花"是一个成语,比喻过时或无意义的事物,出自宋代苏轼的《九日次韵王巩》名句:"相逢不用忙归去,明日黄花蝶也愁。"这两句诗讲的是两个人既然已经相聚,就不要着急回去,还是趁这菊花盛开的重阳节日赏花为好。如果到"明日",重阳已过,不但人观之无趣,恐怕飞舞的彩蝶看了那过时的菊花也会犯愁。

"明日"指重阳节后,"黄花"也是菊花的意思。重阳赏菊是我国的民俗之一。古代的文人骚客常在这一天相聚赏花,吟诗作文。我国有不少歌咏重阳或颂菊花的佳作,如王维的《九月九日忆山东兄弟》、王安石的《城东寺菊》等。后来,大家便将"明日黄花"作为一个固定词组(成语),来表达事情已"过期"之意。现在,人们经常把"明日黄花"比喻成已失去新闻价值的报道或已失去应时作用的事物。

"点心"有什么含义?

现在,人们把糕点之类的食品叫做"点心",那么它又包含了什么含义呢?

相传,南宋梁红玉击鼓退金兵时,见到战士们日夜血战沙场,英勇杀敌,多次荣立战功,很受感动。于是他传令:烘制民间喜爱的美味糕饼,送往前线,慰劳将士,以表"点点心意"。因此"点心"的名字就用到了今天。

在古代,"点心"指在正餐之前用来充饥的小食品,如清吴炽昌《客窗闲话·补骗子》中的:"徐曰:'我尚未餐,腹中馁甚,官人肯同一点心否?'";也可以指糕饼之类的食品,如宋周密《癸辛杂识前集·健啖》的:"闻卿(赵温叔)健啖,朕欲作小点心相请,如何?"

据有关烹调资料记载,"点心"出现的时间比这个民间传说要早得多。例如,宋人吴曾撰写的《能致斋漫录》中有如下的一段描述:"世俗例以早餐小食为点心,自唐代之时,已有此语。按唐人郑修为江淮留后,家人备夫人晨馔,夫人顾其弟曰:'治妆未结,我未及餐,尔且可点心。'"吴曾与梁红玉同一时代,

在高宗绍兴二十四年至二十七年间完成著作,所载唐人郑修一事有按有据,应当足信。这样,"点心"一词的出现,比传说的要早200年以上。

据考察,北方的点心历史久远,南方的点心历史较近。北方的点心可以称为"官礼茶食",南方的点心则是"嘉湖细点"。

现在,包、饺、糕、团、卷、饼、酥、条、冻、饭、粥等通过点心师们的创作,都成了人们喜爱的"点心"。

东施为什么要效颦?

"东施效颦"是一个成语,"东施"是越国的丑女,"效"是指仿效,"颦"是指皱眉头。

"东施效颦"出自庄周《庄子·天运》:"故西施病心而颦其里,其里之丑人见而美之,归亦捧心而颦其里。其里之富人见之,坚闭门而不出;贫人见之,挈妻子而去之走。彼知颦美而不知颦之所以美。"

这里讲的是一个流传千古的故事:西施是中国历史上的"四大美女"之一,是春秋时期越国人,她的一举一动都十分吸引人。只可惜她的身体不好,有心痛的毛病。有一次,她在河边洗完衣服准备回家。就在回家的路上,突然胸口疼痛,所以她就用手扶住胸口,皱着眉头,但是见到她的村民们却都称赞说她这样比平时更美丽。同村有位名叫东施的女孩,长相并不好看。她看到村里的人都夸赞西施用手扶心的样子很美丽,于是也学着西施的样子扶住胸口,皱着眉头,在人们面前慢慢地走动,认为这样就有人称赞她。由于她本来就长得丑,再加上刻意地模仿西施的动

西施

作，装腔作势，让人更加厌恶。有人看到之后，赶紧关上大门；有些人则是急忙拉妻子和孩子躲得远远的，他们比以前更加瞧不起东施了！

现在，人们经常用"东施效颦"形容模仿者的愚蠢可笑；也表示模仿别人，不但模仿不好，反而出丑。有时，"东施效颦"也作自谦之词，表示自己根底差，没有学到别人的长处。

"九牛一毛"为什么表示"微不足道"？

"九牛一毛"的意思与"沧海一粟"相近，通常用来比喻极大数量中极微小的部分或微不足道的意思。

"九"并不是传统的数字，而是表示多数的意思。"九牛一毛"是西汉的一个典故，出自司马迁《报任少卿书》："假令仆伏法受诛，若九牛亡一毛，与蝼蚁何以异？"

相传汉武帝刘彻听说李陵带着部队深入到匈奴境地，士气旺盛，心里很高兴。这时，许多大臣都识趣地祝贺皇帝英明，善于用人。后来李陵战败投降，汉武帝非常生气，原来祝贺的大臣也反过来责骂李陵无用和不忠。这时司马迁却站在旁边一声不响。汉武帝便问他对此事的意见。司马迁爽直地说，李陵只有五千步兵，却被匈奴八万骑兵围住，但还是连打了十几天仗，杀伤了一万多敌人，实在是一位了不起的将军。最后因粮尽箭完，归路又被截断，才停止战斗，李陵不是真投降，而是在伺机报国，他的功劳还可以弥补他的失败之罪。汉武帝听他为李陵辩护，一怒之下将司马迁囚禁在狱里。次年，又误传李陵为匈奴练兵，武帝未把事情弄清楚，就把李陵的母亲和妻子杀了。廷尉杜周为了迎合皇帝，诬陷司马迁有诋毁皇帝之罪，竟把司马迁施予最残酷、最耻辱的"腐刑"。

司马迁受到了这种摧残十分悲痛。痛苦之余，就想自杀；但转念一想，像他这样地位低微的人死去，在许多大富大贵的人的眼中，不过像"九牛亡一毛"。他不但得不到同情，且更会惹人耻笑。于是，司马迁决心忍受耻辱，用自己的生命和时间完成了伟大的《史记》。

司马迁把他的这种想法告诉了他的好友任少卿，后来人们将他信中所说的"九牛亡一毛"，引申为"九牛一毛"这句成语，用来比喻某种东西或某种人才只是极多数里面的一小部分，好像九头牛身上的一根毛。

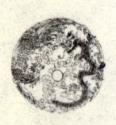

"坟"与"墓"有什么区别？

"坟墓"会让人想到死亡，想到葬礼。人们既不只说"坟"，也不只说"墓"，那"坟"和"墓"有什么区别呢？

现在说的"坟墓"是表示埋葬死人的穴和上面的坟头。

"坟"最初的意义和"墓"没有联系。据考古发现和记载，古代人死后，亲朋一般只挖好墓穴将人掩埋，是不堆起土堆的，这种没有土堆的穴就是墓。"坟"的意义有很多种。屈原《楚辞·九章》中的"登大坟以远望兮"，指的是登上大的土堆向远处张望，这里"坟"是指高出地面的土堆；王粲《登楼赋》"背坟衍之广陆兮"中的"坟"指沿河的高地。

在奴隶社会后期和封建社会，等级制度的划分变得愈来愈严重。统治者会早早地为自己大修墓穴，并且把封土面积的大小作为一种身份的象征。后来平民百姓死后也能有墓穴和封土。经过时代的变迁，再加上受到环境的影响，"坟"和"墓"就被很自然地联系在了一起。一直到现在，人们都把这种埋葬亡者地方的"坟"和"墓"一起使用。

怎样以血缘划分家族？

现在的"家族"指具有血缘关系的人组成的一个社会群体，一个家族通常有几代人。那么古代人对"家族"的理解又是什么呢？

在我国古代，人们把始祖叫做"祖"，始祖之后的历代先人的庙叫做"宗"。宗法制奉行嫡长子继承制，嫡长子享有建立、奉祀历代宗庙的特权，被称为"宗子"，他的弟兄们则被称为"别子"、"支子"或"庶子"，仍属于原有的家族。古时奉行"五世而迁"，指满五代时就要有一个支脉从宗子之族分出，作为一个家族的分支，另建祖庙。奉祀支的庙叫做祖庙，标志这一分支的始祖，同祖庙的一支就称作"一族"。

所谓"家族"就是奉祀同一宗庙的家族分支，它是以宗庙为中心聚集起来的分群，也是以血统为标准划分的。也就是说，以血统关系为基础而结成的社会单位，包括同一血统的几辈人叫做"家族"。

"足下"是如何成为对他人的尊称的？

古人的尊称有四种：陛下、殿下、阁下、足下。这四种称呼共同的一个意思就是：我不敢看你的脸，因为你地位太高，面子太大。现在我们称呼他人为"足下"，这也是一种比较尊敬的称谓。

古代对于"足下"一词其实有多重定义。一种表示古代下称上或同辈相称的敬词，如三国魏嵇康《与山巨源绝交书》中的："足下昔称吾于颍川，吾常谓之知言。"一种表示脚底下，如唐冯贽《云仙杂记·飞云履》中的："乐天着示山中道友曰：'吾足下生云，计不久上升朱府矣。'"一种指脚底板上，如《汉书·宣帝纪》中的："（宣帝）身足下有毛，卧居数有光燿。"一种指足所立之处，如《老子》中的："合抱之木，生于毫末；九层之台，起于累土；千里之行，始于足下。"还有一种是喻指身边，如《宋书·夷蛮传·诃罗陀国》中的："所遣二人，一名毗纫，一名婆田，令到天子足下。"

相传在春秋时期，晋公子重耳逃亡在外，后来又回到晋国当了国君，即晋文公。晋文公即位后，想封赏有功的人，而当年跟随他逃出的介子推却不愿意接受封赏，带着老母隐居绵山中。晋文公到绵山找他，他仍不肯出来。晋文公用烧山的办法迫使他出来，不料介子推却抱着大树被烧死了。晋文公得知后，十分悲痛，于是命人砍下这棵大树，制成木屐，穿在脚下。每当他怀念介子推时，就看看脚下的木屐，说："悲乎，足下。"

"足下"一词，虽然和脚有关系，但这里是指睹物思人、感怀昔日之情，是对朋友的敬称。

"一丝不挂"就是裸体吗？

"一丝不挂"这个词出自《楞严经》，佛家用来表示能够自然专一的清净之心。

"丝"有两种解释：一种解释是一缕衣饰。《五灯会元》卷十二："诸上座终日着衣吃饭，未曾咬着一粒米，未曾挂着一缕丝。"另一种解释是一根钓丝。《五灯会元》卷十四："僧问：一丝不着时如何？师曰：合同船子并头行。"意思是说，"一丝不着"便达到了船子和尚超脱的境界。

"一丝不挂"本是禅语，比喻超然洒脱，绝无患得患失的念头，丝毫不受尘俗的牵绊，是很高的修持境界。后用以泛指毫无牵挂。

现在常用来指人裸体，或借此来比喻输得很惨的。

"格物致知"是怎样成为社会上普遍流行的观念的?

"格物致知"这个成语其内在意思有种"实事求是"的精神,但却并不只是简简单单的实事求是。

"格物致知"的真正涵义,已经成为了儒学思想历史上的一个千古之谜。从最早的为《大学》做注的东汉郑玄,到现代的儒学学者,已经争论了一千余年,至今仍无定论。明末刘宗周就说:"格物之说,古今聚讼有七十二家!"

"格物致知"源于《礼记·大学》八目:"格物、致知、诚意、正心、修身、齐家、治国、平天下",是儒家思想的一个重要概念。

儒者求学的目的是治理国家,使天下太平,因此,儒者要先提高自身的道德修养,把自己的家治理好;若想治理好家,首先又要使态度端正而诚恳。那么这个根本的方向又是什么呢?当然是考察事物,获得知识。这就是当时所说的"格物致知"。

宋代朱熹将"格物致知"提到了崇高的位置,他是儒学史上承先启后的一代大儒。现在的观点和朱熹观点的差异,是关于"致知"的解释。朱熹所说的"知"是知性,包含了智慧与知识;而现代流行观点的"知"只是指知识。

事实上,朱熹学说在南宋时因政治党争而被斥为"伪学",后世的许多儒家学者也大力批判朱熹的"格物致知"的观点。朱熹的《四书集注》在元朝中叶就被官方采用为科举取士的应试准则,同时从明太祖开始,历代帝王独尊朱熹学说为《四书》上的唯一官方思想权威,朱熹学说因此成为明清两代在科举应试上的官方教条观点。朱熹在"格物致知"上的观点在数百年的官方教条权威下,成为后世社会上的普遍流行观点。

无论这个词是讲智慧与知识,还是只表明知识,都是告诉人们要有一种"格物致知"的精神。

"萧墙"与"家族内部"有什么关系?

现在,大家经常用"祸起萧墙"来形容家里或者内部发生的祸乱。那么"萧墙"的说法是怎么得来的呢?为什么后来被比喻成"内部"呢?

"祸起萧墙"出自《论语·季氏》中的:"今由与求也,相夫子,远人不服而不能来也;邦分崩离析而不能守也;而谋动干戈于邦内,吾恐季孙之忧,不在颛

臾，而在萧墙之内也。"在古代，"萧墙"指国君宫殿大门内（或者大门外）面对大门起屏障作用的矮墙，又称"塞门"。"萧墙"的作用是遮挡外人的视线，防止外人向大门内窥视。臣子到宫室里觐见君王，首先要经过萧墙，所以萧墙之内指的就是宫内。

《论语·季代》中讲的故事是：季孙氏是鲁国最有权势的贵族，他把持国政，专横一时。他准备攻打小国颛臾，以扩大自己的势力。孔子得知这一消息后，认为季孙氏之忧不在外部，而在国内。萧墙之内指的就是鲁国国君的宫内，也就是指的鲁国国君鲁哀公。孔子认为鲁哀公不会坐视季孙氏的专横跋扈，会寻机惩治季孙氏。

后人根据这个典故，把内部祸乱称作"萧墙之祸"，或称为"祸起萧墙"。

谁在"金屋藏娇"？

据《汉武故事》记载：汉武帝六岁时说，如果能娶到表姐陈阿娇做妻子，就会造一个金屋子给她住。

汉武帝刘彻在中国古代历史上赫赫有名。汉武帝的原配妻子，大汉孝武陈皇后，小名叫"阿娇"，世人称她为"陈阿娇"或者"陈娇"。相传，在汉武帝刘彻小的时候，他姑母将他抱在膝盖上，问他："你想要妻子吗？"他回答说："想。"姑母指遍左右侍女，他都说不要。最后，姑母指着自己的女儿陈阿娇问："阿娇好吗？"刘彻笑着回答："若得阿娇做妻子，我要专门修金屋给她住（若得阿娇为妻，吾当造金屋储之）。"姑母大喜。后来，刘彻果然被立为太子，阿娇也就嫁给了他。汉武帝继位后，阿娇被专宠了十多年。

因此，"金屋藏娇"成了一个令人津津乐道、羡慕不已的婚姻传奇。

"沐雨栉风"与大禹有什么关系？

"沐雨栉风"形容人经常在外面不避风雨地辛苦奔波。"沐雨栉风无暇日"，也就是说在风雨中奔波，不得闲暇，

这个词出自《庄子·天下》："沐甚雨，栉疾风。"三国时期魏国曹丕《黎阳作》中也有记载："载驰载驱，沐雨栉风。"

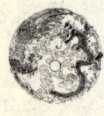

"沐"是洗头发的意思，"栉"表示梳头发。"沐雨栉风"源于一个典故——"大禹治水"。相传，距今约四千多年前，我国是尧、舜相继掌权的时代，也是我国从原始社会向奴隶社会过渡的父系氏族时期。那时，生产力低下，生活条件艰苦，大河经常发生水灾。有一次，黄河流域发生了特大的水灾，洪水横流，滔滔不息，房屋倒塌，田地被淹，五谷不收，人民死亡。活着的人们只能逃到山上。当时正是舜当政期间，他派禹去治水。禹吸取了其父治水的教训，采用疏通的方法，依地形修建水道，引洪水入河、入海，终于平定了洪水。他历经了千难万险，常常不顾雷雨仍在工地中干活；由于过度劳动，手脚上都起了厚厚的一层老茧。

人们耳闻目睹了他在这次特大洪水中所经历的艰辛。因此，人们用"沐甚雨，栉疾风"来表达对大禹的崇敬。

何谓"一字千金"？

古人用"增损一字，赏予千金"来称赞文辞精妙，不可更改。而"一字千金"却是用来比喻文章或字写得好。

"一字千金"最早出现在《史记》中：战国末期，大商人吕不韦作了一笔中外历史上最大的投机生意。他不惜巨资，把作为人质的异人立为秦国国君。异人当了秦王之后，封吕不韦为丞相。官员都不服气，于是，吕不韦就召集门客商议。有个门客说："我们知道，孔子的名声很好，那是因为他写了部叫《春秋》的书；孙武能当上吴国的大将，是因为吴王先看了他写的《孙子兵法》。我们为什么不能写部书，既能扬名当世，又能垂范后代呢？"吕不韦认为这个办法很好，命令门客立即组织人员撰写。果然写出了26卷，共160篇文章，书名提作《吕氏春秋》。书写成后，吕不韦命令把全文抄出，贴在咸阳城门上，并发出布告："谁能把书中的文字增加一个或减少一个，甚至改动一个，赏黄金千两。"布告贴出许久，因人们畏惧吕不韦的权势，无人来自讨没趣。于是"一字千金"便留传到今天。

南北朝时，梁朝有个叫钟嵘的人，他写了一部评论诗歌的著作，名为《诗品》。在书中，他写道："文温以丽，意悲而远，惊心动魄，可谓几乎一字千金。"这句话的意思是，好的文章一字不能多，一字不能少，每个字的作用价值一千两黄金。

"三姑六婆"都是指的什么人？

"三姑六婆"原本指的是中国古代民间女性的几种职业。现代汉语中的"三姑六婆"常指社会上各式市井女性。

"三姑"分为尼姑、道姑、卦姑，分别指的是佛教、道教及专门占卦的三种宗教的出家女性。

"六婆"分为牙婆、媒婆、师婆、虔婆、药婆、稳婆。在六婆中，牙婆是专门贩卖人口的人贩子，专为人买卖奴婢、妾侍；媒婆是为人介绍姻亲的女性；师婆是专门画符施咒、请神问命的巫婆；虔婆是妓院内的鸨母；药婆是专门卖药的女人；稳婆则是接生婆，如果发现女尸，也会由稳婆负责验查是否被人先奸后杀。"六婆"是各种专业的名称，有时一人可以身兼数职。

"三姑六婆"最早出现在明代。明代有位叫陶宗仪的学者，他记载了"三姑六婆"的身份。清代李汝珍在他的小说《镜花缘》中也曾写过："吾闻贵地有三姑六婆，一经招引入门，妇女无知，往往为其所害，或哄骗银钱，或拐带衣物。"这里也很明确地揭示了"三姑六婆"的招摇撞骗形象。

为什么说是"买东西"而不是"买南北"？

"东西"的含义很多，但是买"东西"的"东西"却不是一个简简单单的含义。让人不能理解的是，人们为什么说买"东西"，而不说买"南北"。

古人以五行对应方位，东西南北中对应木金火水土，东西主木金；南北主火水。在古人看来，因东属金，西属木，南属火，北属水，而金木为可乘之物，故能买卖；而水火为不可乘之物，故不能买卖。因此，属金木的"东西"可以被买卖，而属水火的"南北"却不能买卖。因此，在中国，人们可以说"买东西"，却不能讲"买南北"。甚至在一些人看来，倒卖军火、石油会导致国家不安，也与此有关。后来，"金"、"木"指代范围又进一步扩大，不是单纯意义上的金银、木料、木材之类了，而是指生产、生活工具、资料等等。另外，古人以面南背北为上，即南北为通路、顺达，这就是皇帝面南背北而坐，衙门朝南开的原因。

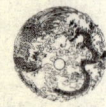

不过，也有考证指出，买"东西"一词起源于东汉，当时有东、西两京，到东京买货物叫买"东"，到西京购货物叫买"西"，久而久之"东西"便成了货物的

代名词。宋代著名理学家朱熹在街头遇上好友盛温和。盛手提一竹篮子说自己要去店铺,并约朱到家长叙,朱望盛手中竹篮问:"贤弟手提竹篮何用?"盛答:"装东西",朱问:"不能装南北吗?"盛答:"不可,东方属木,西方属金,竹篮子装得,南方属火,北方属水,竹篮子何装?"后世据此,将买货物称"买东西"。

清代对此说有精确解释:"民生日用所需俱出于木,而以金易之",也就是说,百姓的吃穿用都取自草木的根、茎、叶、花、果和种子。而这些东西不是直接得来的,而是用金钱买的,所以,"东西"又是食物的代名词。

五行八卦方位图

"老鼠"为何被称作"耗子"?

在十二生肖中,老鼠排在第一位,称之为"子"。老鼠是一种群居型啮齿类动物,通常喜欢寄居在人类的居所内,以食粮食为生,消耗人类资源。"老鼠"也称"耗子",这个称呼也有其典故。

五代时,封建军阀割据,争战频繁。统治者为了满足自己穷奢极侈的享受,变本加厉搜刮百姓。他们给苛捐杂税立了许多稀奇古怪的名目。据《旧五代史·食货志》记载,赋税除正项之外,还有许多附加税,如农家吃盐要上盐税,酿酒要交酤税,养蚕要上蚕税。不仅如此,附加税之外还有附加,名为"雀鼠耗"。官府规定:每缴粮食一石,加损耗两斗。连丝、棉、绸、线、麻、皮这些雀鼠不吃的东西,也要加"雀鼠耗",每缴银十两加耗半两。到后汉隐帝时,"雀鼠耗"由纳粮一石加耗两斗增到四斗。百姓更是苦不堪言,但又不敢抱怨皇帝,便将一肚子怨气发泄到老鼠身上,咒骂老鼠是"耗子"。于是,"老鼠"就成了"耗子"。

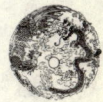

"马后炮"有什么意义？

"马后炮"是中国象棋术语。在象棋中，若一方的马与对方的将处于同一直线或同一横线，中间隔一步，再用炮在马后将军，称为"马后炮"。这个词最早出自元代无名氏的杂剧《隔江斗智》第三折："今日军师升帐，大哥须要计较此事，不要做了马后炮，弄的迟了。"

在这个故事中，"马后炮"说的并不是象棋，而是旧时戏剧界的一个引语。"马"谐音"码"。"马后"意思是把演出时间延长一些；与它配套的说法是"马前"，这里的"马"谐音"抹"，"抹前"即把演出内容去掉一些，提前结束。也就是说，"马后炮"其实应该是"码后炮"。

"马后炮"是随着古象棋的出现而出现的。在古象棋中"马后炮"是很厉害的一着，它往往可以"将死"对方，正如现在象棋中的"马后炮"也常常是能置对方于死地。其实，马后炮原本的涵义是积极的，而现在人们用"马后炮"代指"码后炮"，意义也变成了不积极的举动。

"太太"为什么是对已婚女子的尊称？

现在人们把自己的妻子称为"太太"，但在古代，只有上层社会的官员或有权势富贵的人才能称自己的妻子为"太太"。

"太太"这一称呼的起源是：周族太王古公亶父有贤妃曰"太姜"，即泰伯、仲雍、季历三兄弟之母。太姜有美色，而且性情文静柔顺，并且极有智慧。教导诸子成人，从来没有过失。古公在做决定时，必与太姜互相商量。

季历即位，又娶有贤妃曰"太任"，史载："其端庄诚一，德行无缺失。及有身孕，即自开始胎教。"她"目不视恶色，耳不听淫声，口不出傲言"，因此生文王。

周室由古公亶父到季历、文王三代，都有贤妃良母助兴周室，便形成了姬周王室七八百年的宗室王朝。这由其上辈"齐家、治国"的德育教化而来，并非偶然形成。后世尊称别人的妻子为"太太"，就是从周室有三位"太"字辈贤妻良母的典故而来。

汉哀帝时，"太太"用来尊称老一辈的王室夫人。后来，汉室又称皇太后为皇太太后。"太太"的称谓，在贵族妇女中逐渐推广起来。

明代"太太"要具备这样的条件:"凡士大夫妻,年来三十即呼太太。"即中丞以上的官职的妻子才配称太太。清朝的人则喜欢叫家庭主妇为太太,不过都以婢仆呼女主人居多。

北洋政府和民国时期,"太太"的称呼泛滥,从大帅到芝麻官,其眷属都可称为太太,如官太太、经理太太、校长教授太太等。

改革开放以来,随着港澳台和外籍华裔、侨胞的归乡入里,"太太"的称谓同小姐、先生一样也时髦起来,成为人们对朋友间已婚女子的敬称,而且少了官职的味道,变得更平民化了。

为何"工资"被称为"薪水"?

"薪水"又叫薪俸、薪给、薪金,在部队、警察中被称为"薪饷"。现代人称之为薪资。由于现代人多是工人阶级,所以称为工资。

在东汉以前,俸禄都是实物(粮食、布帛)。从唐到明清,"俸禄"主要以货币形式发给朝廷官员。古代官员俸禄的名称不止一种,如"月给"、"月薪"、"月钱"等,明代曾将俸禄称为"月费",后又改称为"柴薪银",意思是帮助官员解决柴米油盐等日常开支的费用。而在魏晋六朝时,"薪水"一词除了指砍柴汲水外,也含有日常开支费用的意思,如《魏书·卢昶伟》中记载:"如薪水少急,即可量计。"这里的"薪水"就是指日常费用。

如今,人们按月支取的工资近乎古代的"月俸"、"月费",主要也用来应付日常生活开支。因此,人们常把工资称为"薪水"。

"埋单"和"买单"是一回事吗?

现在,人们常用"买单"和"埋单"来形容结账。但在历史上"买单"和"埋单"的意思并不同。

"埋单"源于广东话。在粤语中,"埋"与"买"两字,读音相近意义却不一样。粤语的"埋"字,有聚合、结算之意,如"埋口"指伤口愈合;"埋堆"指志趣相投者常相聚在一起等。做生意的人年终结算,叫"埋年";到饭馆吃饭结账就是"埋单"。

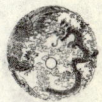

"买单"最初用于广州异地间商业票据往来,付款取货分布两地,于是付钱"买"到的只是一纸提单。从这里看来"埋单"与"买单"是不一样的。

很多人不知道广东话的字义和文化,又喜欢跟风。因此喜欢把广东话作为一种爱好并加以学习模仿,"埋单"和"买单"被大家一致理解为结账的意思,所以人们把"埋单"与"买单"混淆也不足为奇了。

"一问三不知"的典故出自哪里?

提问问题时,总会有人不知如何回答,于是便有这样一句话:"一问三不知"。"三不知"是一个形容"不知道"的概念。

"三不知"的故事出自《左传》。

话说晋国的荀瑶率兵攻打郑国。齐国不能容忍晋国吞并郑国而变得强大,对齐国造成威胁,于是派陈成子带领军队帮助郑国。晋军统帅荀瑶见此气势,十分害怕,于是一边撤兵,一边派使者报告陈成子:"我们的统帅让我告诉你,这次进攻晋国是为了替您报仇。你们国家是从陈国分出来的。陈国虽然是被楚国灭掉的,但都是由郑国引起的。我国国君这次派我来调查陈国被灭的原因,问您是不是在为陈国发愁。"陈成子听了,十分生气:"欺负别人的人是没有好下场的,像荀瑶这样的人难道能够长久吗?"使者走后,一个名叫荀寅的部将报告陈成子:"有一个自称晋军的人对我说,晋军将要出动一千辆战车来袭击我军的营门,要把我军全部消灭。"陈成子听了严肃地说:"国君命令我说:'不要追赶那些小士兵,也不要害怕大批的人马。'我们一定不能逃避。你刚才竟然讲出这样没有志气的话来,回国以后,我要把你的话报告国君,让他处置你。"

荀寅知道自己说错了,十分后悔地说:"直到今天,我才知道,自己为什么总是得不到信任而要逃亡在外了。聪明人谋划一件事情,要对事情的开始、发展、结果这三方面都有所了解,然后才向上报告。现在我对这三方面都不知道,就向上报告,难怪会碰壁啊!"几天后,晋军撤退兵马,陈成子也率领兵队回到自己的国家。

《左传》中所说的"三不知"也就是对始、中、终三阶段、三方面都不了解的意思。现在人们都解释为对内情一无所知,有时又是某些人假装糊涂说出来的。

"冷板凳"的典故与梨园行有什么关系？

通常，人们将"被冷落"称为"坐冷板凳"，那么"冷板凳"是什么意思？怎么得来的呢？

"冷板凳"原来是对私塾教师的讥讽，比喻因不受重视而担任清闲的职务，也比喻长期等候工作或长久地等待接见。

关于"冷板凳"，还要从旧社会说起。旧社会台上唱戏，道具大多是靠椅，板凳都放在下场门的一侧，是敲锣打鼓的人坐的。台上唱戏敲鼓，场子里就十分热闹。台侧有锣鼓，敲锣打鼓的人坐着，板凳肯定会被坐热。如果没有场面锣鼓，演员清唱是不会这么热闹的，如此，台侧的板凳自然也就会冷。所以，梨园有句行话，说清唱是"冷板凳"。

据说，有一个演员到上海唱戏。登台那天，戏院里里外外都不允许打广告。开场子时冷冷清清，只有很少的人对着台上喝彩。等到换场时，他们又放了条板凳在中央，这下，更无法演出了。"冷板凳"也在当时流行开来。现在，"冷板凳"渐渐变成一个通俗的说法。

"闭门"与"羹"有什么关系？

"吃了闭门羹"通常用来形容没有被接见或者被拒之门外。为什么说"吃了个闭门羹"呢？"闭门羹"真的是食品吗？

"羹"最初指肉类，后来人们把蔬菜也称作是羹，再后来人们把凡是用粮食、果品和蔬菜熬成的有浓汁的食品都称为"羹"，如莲子羹、燕窝羹等。但是"闭门羹"并不是食品，而是古代闭门拒客的说法。

"闭门羹"意为拒客，但"闭门"与"羹"是怎么联系起来的呢？这个还要追溯到唐代冯贽《云仙杂记》所引《常新录》的一段话："史凤，宣城妓也。待客以等差……下列不相见，以闭门羹待之。"

唐代，宣城女子史凤是个才貌双全的女子，受到众多年轻男子的青睐。很多人都拜访她，但是不少人却因为很难见到她而不能如愿。因为她会客时，要求客人先献上一首诗，她看中了诗文后，才愿意与客人相见。如果客人不会作诗，或者写的诗文不能让她满意，她就会叫家里人在门口拿一碗羹招待这些客人，婉言表示拒绝会客。于是，来访的客人们见了羹，就会自动告退。

以羹待客就是拒绝会见的意思,因此后人把"闭门羹"作为拒绝的代名词,再也没有以"羹"招待客人的了。现在的"闭门羹"没有有婉言拒绝的意思,而是更加直接的拒绝。

"籍贯"中的"籍"和"贯"各是什么意思?

对于"籍贯"二字,大家并不陌生,都知道这一词是祖居地或者原籍的意思。但是,将"籍"与"贯"分开,很多人就不知道这两个字的涵义了。

在古代,"贯"就有原籍、出生地的意思。如唐朝白居易的《新丰折臂翁》中说:"翁云贯属新丰县,生逢圣代无征战。"这里指的就是原籍、出生地。

古书以竹制成,故从"竹"。"籍"的本义是登记册、户口册,与出生地有些关系,但并不是指出生地。原先,"籍"指一个人的家庭对朝廷负担的徭役种类,也指所从事的职业。从事徭役的人都有特殊的户籍,这些人的户役就是他们的"籍",也就是"户籍"。同一种户役的人户都编入一份册籍,地方官府按籍征役。户籍一旦确定,就不能改变。

现在社会已经没有"籍"与"贯"的单独说法,"籍贯"已经成为不可分开的固定词组。

"三百六十行"是怎么得来的?

人们常常说:"三百六十行,行行出状元。"这三百六十行是怎么得来的呢?

据有关史料记载,最早只有"三十六行",分别是:肉肆行、宫粉行、成衣行、玉石行、球宝行、丝绸行、麻行、首饰行、纸行、海味行、鲜鱼行、文房用具行、茶行、竹木行、酒米行、铁器行、顾绣行、针线行、汤店行、药肆行、扎作行、仵作行、巫行、驿传行、陶土行、棺木行、皮革行、故旧行、酱料行、柴行、网罟行、花纱行、杂耍行、彩兴行、鼓乐行和花果行。宋代的周辉在《清波杂录》中对三十六行做了详细的论述。

当然这"三十六行"是确有的,只是随着社会发展而增多。"三十六行"为什么发展为"三百六十行"呢?在徐珂的《清稗类钞·农商类》中有记载:"三十六行

者,种种职业也。就其分工而约计之,曰三十六行,倍则为七十二行,十之则为三百六十行。"这里说的三十六行,是唐代社会的主要职业的总称。其实,宋代已经增至七十二行了,到了元朝,七十二行又变成了一百二十行,在《元曲选·关汉卿》中就有说:"想一百二十行,闷闷都好着衣吃饭。"而"三百六十行"只是一个虚指数,并非具体数字。

现在社会更不止三百六十行了,人们只能将其理解为很多行业,但是人们还是习惯地称之为"三百六十行"。

"分道扬镳"为何被用来形容分离?

两个曾经很好的人最后分开了,会用"分道扬镳"来形容。那什么叫"分道扬镳"呢?

"道"是道路的意思;"镳"是指马嚼子;"扬镳"意指驱马向前,分路而行。"分道扬镳"就是说各自提起马嚼子,驱马前进,指分开道理行走,也比喻志趣不同,各走各的路。

这个成语的来源是这样的:南北朝时期,有一个名叫元志的年轻人,他才华横溢而且清高。但是孝文帝很赏识他,封他为洛阳令。不久,孝文帝到洛阳建立国都。于是,洛阳令成了"京兆尹"。在洛阳,高傲的元志很瞧不起朝廷中一个学问不高的达官贵族——李彪。

一天,元志出外游玩。正好李彪的马车从对面过来。按理说,元志官职比李彪小,应该给李彪让路,但他一向看不起李彪,偏不让路。李彪见他目中无人,就问元志:"我是御史中尉,官职比你大,你为什么不给我让路?"元志说:"我是洛阳的地方官,你在我眼里不过是一个洛阳的住户,哪里有地方官给住户让路的道理?"他们很快就争吵起来,还吵到了孝文帝那里。李彪说,他是"御史中尉",洛阳的一个地方官居然不肯给御史中尉让道。元志说,他是国都所在地的长官,住在洛阳的人都编在他主管的户籍里,他怎么可能向一个御史中尉让道呢?孝文帝听了他们的争论,觉得他们各有各的道理,于是笑着说:"洛阳是我的京城,我觉得你们都有道理。你们可以分开走,各走各的,不就行了吗?"

这就是北齐魏收的《北史·魏诸宗室·河间公齐传》中所记载的:"洛阳我之丰沛,自应分路扬镳。自今以后,可分路而行。"

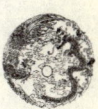

第十二章

文学艺术

竹林七贤图

"竹林七贤"都是哪"七贤"?

三国魏晋时期,有七位名人常聚在当时的山阳县(今河南辉县、修武一带)的竹林之中,肆意酣畅,世人称他们是"竹林七贤"。

他们都崇尚老庄哲学,在虚无缥缈的神仙境界中寻找精神寄托,用清谈、饮酒、佯狂等形式来排遣苦闷的心情。

这"七贤"都是谁呢?他们是嵇康、阮籍、山涛、向秀、刘伶、王戎及阮咸。在社会动荡、民不聊生的年代,他们成了文人的代表。

嵇康善鼓琴,以弹《广陵散》而著名。有《嵇中散集》,后世以鲁迅辑校《嵇康集》为精善。他爱好打铁,曾被孙登说:"保身之道不足"。

阮籍是"正始之音"的代表,他的《咏怀》八十二首最为著名。阮籍通过不同的写作技巧,如比兴、象征、寄托,借古讽今,寄寓情怀,形成了一种悲愤哀怨、隐晦曲折的诗风。除诗歌之外,阮籍还擅长散文和辞赋。

山涛在竹林七贤中年龄最长,他很晚才当官。他与其他六贤的差别是:本质上他不是一个文学家或政治家,而是一个拘守世俗礼法的君子。

向秀喜好老庄之学,对儒家思想也有研究。他在二十岁时,曾写过一篇《儒道论》,从他后来的《庄子注》一书的思想可以约略猜出,这篇文章想将儒道两家的思想调和。

刘伶身高仅六尺,既矮小又丑。但是他的性情豪迈、胸襟开阔、不拘小节。平常不滥与人交往,沉默寡言,对人情世事一点都不关心,只和阮籍、嵇康投机,遇上了便有说有笑。

阮咸不仅擅长演奏,也精于作曲,据说唐代流行的琴曲《三峡流泉》就是他所作。阮咸和阮籍一样,也鄙视礼法。一方面,这固然是由于他们崇尚老庄之说,鄙视种种所谓的繁文缛节;而另一方面,这也是他们对当代权贵们的一种实际抗议。

在"七贤"当中,王戎的年纪是最小的,他生于大富之家,也是"七贤"中最庸俗的一位。

什么是"楚辞"?

"楚辞"又名"楚词",本指楚地歌谣。战国时代伟大诗人屈原以当时流行的楚国民歌创作了新诗体,后人仿效屈原作风写出名篇巨作,这种独具特色,自成风格的文学作品,如《离骚》、《九歌》、《天问》等共23篇,通称"楚辞"。

为其整理成集的是汉代刘向,他把屈原、宋玉等人的作品都归类为骚体类文章,命名为《楚辞》。

关于"楚辞"的特征,宋代黄伯思在《校订楚辞序》中说:"盖屈宋诸骚,皆书楚语,作楚声,记楚地,名楚物,顾可谓之'楚辞'。"《楚辞》中所包含的历史、神话、风俗等都具有楚文化色彩。这种以诗歌的形式出现的赋是具有诗情画意和浪漫主义特色的作品,因此《楚辞》是一部浪漫主义诗歌总集。

"楚辞"的诗风铺排夸张,充满各种奇特的想象而且篇幅极大,不拘一格。另外,文中结合楚地方言和楚地民歌所使用的"兮"、"些"等字作为虚词叹语是楚辞的一种独特作风和鲜明标志。

"风骚"指的是什么?

毛泽东的《沁园春·雪》中有一句:"唐宗宋祖,稍逊风骚。"

这里的"风骚"指的是《诗经》和《楚辞》。《诗经》里最具特色的是《国风》,所以用"风"来代表《诗经》;《离骚》是《楚辞》中最具代表性的作品,所以就用《离骚》

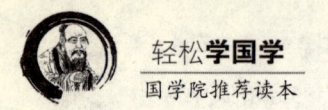

代指《楚辞》。如《宋书·谢灵运传论》中说:"原其飚流所始,莫不同祖《风》《骚》。"唐代贾岛的《喜李馀自蜀至》诗中也说:"往来自此过,词体近《风》《骚》。"清代姚莹的《论诗绝句》中说"辛苦十年摹汉魏,不知何故远《风》《骚》。"

《诗经》和《楚辞》既是在我国文学史上最早出现的现实主义和浪漫主义的作品,也是文学艺术的重大创举和成功典范。因此,后人常用"风骚"来代指诗文、文学;再后来,"风骚"又发展出风流倜傥,女性水性杨花之意等。

"章回体小说"有什么特点?

"章回体小说"就是分章回叙事的长篇小说,也是我国古典长篇小说的主要形式。是由宋元时期的"讲史话本"发展而来的。

所谓"讲史"就是说书的艺人们讲述历代的兴亡和战争,"讲史"的内容较长。艺人每讲的一次,就是后来章回体小说中的一回。在每次讲说之前,艺人要用题目向听众揭示主要内容。从"章回体小说"中常见的"话说"和"看官"等字样,足可以看出它与话本之间的继承关系。

"章回体小说"的格式即特点是:将全书分为若干个章节,也就是"回";每回前用两句对偶的文字作题目,称为"回目",概括本回的故事内容,如"宴桃园豪杰三结义,斩黄巾英雄首立功";每回末有"……如何,且看下回分解"。如"毕竟董卓性命如何,且看下文分解";每一回都叙述了一个比较完整的故事段落,具有相对的独立性,但又承上启下,而且段落整齐,叙事清楚,便于阅读欣赏。

明代初年的《三国志通俗演义》、《水浒传》及明代中叶的《西游记》、《金瓶梅》以及清代的《红楼梦》等都是广为流传的章回体小说。

"工笔"与"写意"有什么区别?

在中国画中,绘画表现技法共分两种,那就是"工笔"和"写意"。

"工笔"也可以叫做"细笔","写意"也可以叫做"粗笔",两种是相对的。

"工笔"技法有:描、分、染、罩。"描"是指白描,分别用浓墨、淡墨描出底稿;"分"是指用"墨"色上色,用清水分蕴开来,表现出画面的层次;"染"和

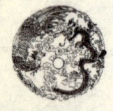

分是一个意思,只不过用的是彩色来分蕴画面;"罩"色指的是整体上色。

"工笔"属于工整细致一类密体的画法,如宋代的院体画,明代仇英的人物画,清代沈铨的花鸟走兽画等。

"写意"用笔不讲究工细,注重神态的表现和抒发作者的情趣,它主要通过简练概括的笔墨,着重描绘物象的意态神韵,如南宋梁楷、法常,明代陈淳、徐渭,清初朱耷等,均擅长此法。总的来说,"写意"比"工笔"豪放、大胆。

文学艺术的起源是什么?

"文学艺术"是借助语言、表演、造型等手段塑造典型的形象,并由此反映社会生活的意识形式,属于社会意识形态。

"文学艺术"有着很丰富的内容,它包括语言艺术(诗歌、散文、小说、戏剧文学)、表演艺术(音乐、舞蹈)、造型艺术(绘画、雕塑)和综合艺术(戏剧、戏曲、曲艺、电影)等,文学是语言艺术,广义的艺术概念包括文学在内。

关于"文学艺术"的起源,要从远古时代人类的生产劳动说起。

原始人通过劳动而生存,劳动推动了思维和语言发展。在协同劳动中伴随劳动的节奏而发出的劳动号子,形成了最初的音乐和诗歌。旧石器时代晚期洞壁绘画和中石器时代的岩画都说明,原始艺术是直接来自生产劳动的。

作为观念形态的文学艺术作品,是一定的社会生活在人类头脑中的反映。社会生活推动了文学艺术的发展和思想的进步。

"文学艺术"同其他社会意识形态相互影响、相互渗透。政治、法律、道德、宗教、哲学和科学影响着文学艺术并作为思想内容包含在文学艺术作品中。

"文学艺术"是与人类的生活息息相关的,也在一定程度上反映了社会的进步。

为什么"先天下之忧而忧,后天下之乐而乐"?

这句话出自北宋文学家范仲淹的《岳阳楼记》:"其必曰'先天下之忧而忧,后天下之乐而乐'乎!噫!微斯人,吾谁与归?"

"先天下之忧而忧,后天下之乐而乐"的意思是,应当在天下人忧愁之前忧愁,在天下人都享乐之后才享乐。当然这句话的含义深广,它所表示的意义远非如此。但从这里可以看出作者忧国忧民之情,这也体现了一种伟大的爱国主义精神。

为什么范仲淹说"先天下之忧而忧,后天下之乐而乐"呢?据说,范仲淹苦读诗书,又经历了悲欢离合与自然灾难,见识了朝廷政治的罪恶和腐败,因此忧心忡忡,发出了诸多的感叹。这句话表达了他的崇高理想和美好愿望以及他内心深处所饱含的对祖国和人民的爱。

"先天下之忧而忧,后天下之乐而乐"作为千古佳句一直被沿用至今。

敦煌壁画中的"飞天"有什么意义?

敦煌壁画中有各种各样的"飞天",画中人物动作优美、身体柔软、四肢纤细,像天仙一样。为什么会有这么多美丽的"飞天"呢?她们又代表着什么样的意义呢?

在古代,"飞天"是敦煌艺术的标志,是一种不朽的艺术品。人们看到"飞天"就会想到敦煌莫高窟艺术。在敦煌莫高窟492个洞窟中,几乎每一窟都有"飞天"。"飞天"的发展与佛教有关系,佛教曾经把敦煌壁画中的"飞天"叫做"飞仙"。经过不断的发展和变化,佛教的飞天、道教的飞仙把佛教石窟壁画中的空中飞神统一称为"飞天"。

敦煌飞天就是画在敦煌石窟中的飞神,它成了敦煌艺术最宝贵的象征和财富。

敦煌飞天的风格特征是不长翅膀、不生羽毛,凭借飘曳的衣裙和飞舞的彩带翱翔在空中。飞天造型千变万化、美不胜收,它是人们在吸收了外来艺术成就的基础上创作出来的一种民族艺术,但它并不是一种独立的文化艺术形象,而是多种文化的复合体。它

敦煌壁画中的飞天图

第十二章 文学艺术

是印度、西域和中原三种文化共同孕育成的,也是印度佛教天人和中国道教羽人、西域飞天和中原飞天结合在一起的,是具有中国文化特色的"飞天"。

敦煌飞天是世界美术史上一个经典的艺术传奇。因此在后来,不少人都模仿飞天的形象创造出各种各样的飞天作品。

你知道"连环画"是怎么来的吗?

"连环画"在20世纪80年代流传得比较广泛。那时,电脑技术还不是很发达,人们可以从"连环画"中欣赏绘画艺术,它也是小孩子们最喜欢的休闲读物之一。

如今,艺术的多元化发展、各种新兴文化的泛滥、电脑科技的发达,让很多人对"连环画"渐渐陌生了。但是作为绘画艺术中不可缺少的一部分,"连环画"对于青少年的学习还是很重要的。

"连环画"的发源地应该是古埃及。据考察,在4000余年前埃及的寺库和陵墓中,曾经出现过画面内容连贯的"系列壁画",据说这就是人类历史上最早的连环画。壁画与连环画只是形式上有些相似,叫法上还不能称为"连环画"。不过,它的确是为后来"连环画"在世界的发展和流行奠定了基础。

在中国,"连环画"应该是起源于汉朝的画像石和北魏的敦煌壁画等,它们共同的特点是用连续的画幅描绘故事或人物传记,是"连环画"的雏形。隋唐时,佛家用配有图画和文字的绢幡等形式来传播佛教,对民间也产生了深远的影响。宋代印刷术的发展,使其出现了内容丰富的多幅故事插图,连环画的形式就基本定型了。现在"连环画"已经成为一种具有收藏价值的艺术品,受到很多爱好者的青睐。

你知道什么是"拉洋片"吗?

"拉洋片"是一种民间文艺娱乐活动,在装有凸透镜的木箱中挂着各种画片,表演者一边讲唱片的故事并配以演唱,一边在箱外拉动拉绳,使画片卷动,观众可以从透镜中看到放大的画片,因此"拉洋片"也叫"拉大片"。

"拉洋片"最初叫"拉大画儿",表演者在天桥上说唱。这种表演形式在河北

兴起。它的唱词分为上下句，通常上句落仄声，下句落平声；上句起韵，下句入韵；一韵到底。唱词均以七言为基本，句前可加"三字头"，句式中或嵌字，每段唱词少则四句，多则七八十句。它的唱腔由河北民间小曲传入北京后，与北京语音结合而成，基本唱腔为小曲体。有两种：一种为四句体，另一种是在二三句间半说半唱的平腔上下句。

"拉洋片"的演唱语言通俗易懂、活泼有趣，它独具特色的风格和唱腔以及所包含的感情色彩，使之成为当时的一种时尚。

拉洋片表现方式和技巧也有很多，其中便包括"琉镜"、"推片"、"西湖景"、"水箱子"、"大洋船"等。

"拉洋片"的传统曲目有《纣王宠妲己》、《渔樵耕读》、《刘伯温修造北京城》、《夸美人》、《大花鞋》等等。现在，这种流行一时的民间艺术几乎不存在了。

"报纸"是怎样诞生的？

我国最早的"报纸"是西汉的"邸报"。最初的"报纸"是朝廷内部专门用于朝廷传知朝政的文书和政治情报的新闻传抄，后来又张贴于宫门以供传抄，又称"宫门抄"或"辕门抄"。它具有报刊的特点，可以说是最早的一种新闻载体。

后来，"邸报"逐渐采取了购买的方式。这种商业化的形成加剧了报纸的变化和发展。在清代末期出现了独具规模的发行部门，如清末发行的《京报》就很像现在的日报，只是内容上有很多的局限性。

中国现代的报纸琳琅满目，有着更轻松活跃的传播方式，它的发展也将对今后的生活产生重大影响，这也是体现人类精神文明和物质文明进步的一个重要标志。

"相声"是怎么形成的？

"相声"最早是宋代的"像生"，原指模拟别人的言行，后发展成为"象声"。民国初年，"象声"逐渐从一个人模拟口技发展成为单口笑话，成为了一种类型的单口相声，后来逐步发展为多种类型的单口相声、对口相声、群口相声，综

合为一体,成为名副其实的"相声"。

在形式上,"相声"最早由一种叫"俳优"的杂戏派生出来。"俳优"多在宫廷里演出,用诙谐的语言,尖酸、讥讽的嘲弄达到惹人"捧腹大笑"的目的。在这些笑料中,艺人们往往寄托了对统治者的嘲弄和鞭挞。

"相声"最初在北京,后流行全国各地,它通常指以说笑话或滑稽问答引起观众发笑的曲艺形式。

作为一种"说、学、逗、唱"的艺术形式,"相声"演出所产生的剧场效果,往往是其他舞台艺术无法企及的。所以,"相声"在人们的生活中已经占据了很重要的地位。

"小品"是一种什么艺术品?

"小品"就是一种小的艺术品,它的内容短小精悍。"小品"本属于佛教用语,《世说新语·文学》就有"殷中军读小品"的说法。在佛经中,"小品"对应的是"大品",如鸠摩罗什翻译的《摩诃般若波罗蜜经》中解释:"释氏《辨空经》有详者焉,有略者焉。详者为大品,略者为小品。"在这里小品是按篇幅的大小来规定的。明代晚期,"小品"也逐渐发展成为文人所追究的文学体裁,大体上就是篇幅短小的散文体等。

对于现在百姓所熟悉的"小品",从狭义上来讲是一种表演艺术,在电视节目类型中属语言类节目。它主要是以生动幽默的语言和怪异的行为来逗人发笑。

现在的小品具有一般文字内容所无法企及的更深远的影响力,也是一种具有文学性与艺术特色的综合艺术。

"谜语"是怎样形成的?

古时候,人们需要互相交流,但在语言沟通上又会遇到诸多问题,因此人们用另一种方式来表达自己意思,这种方式逐渐演变成谜语。早在黄帝时代就出现了"曲折隐喻"的语言现象,如《弹歌》诗里的"断竹,续竹,飞土,逐肉",即隐示古人捕猎的情形。在春秋战国时期,逐渐有了"隐喻"的名称,也叫"瘦

辞"。战国后期具有代表性的"谜语"名称是"赋体隐语"。在宋代,"谜语"的发展是最为迅速的,当时还有专门的谜语组织机构,具有代表意义的是"灯谜",这也是现在最常见的一种谜语形式。清朝时期,元宵节猜灯谜的活动更是盛行,而且还有专门的研究谜语的文献著作。

如今,谜语在不断地发展与革新,并在人们的学习与娱乐中占据了十分重要的位置,这也是社会文化艺术发展的一个必然趋势。

"秧歌"是怎样产生的?

现在的人们都知道"秧歌"是一种舞蹈,但对于这种特殊的艺术文化大多数人还是很陌生的。

"秧歌"又名"扭秧歌"或"秧歌舞",主要流传在民间,是一种具有戏剧因素的化妆表演形式,也是一种独具一格的集体歌舞艺术。秧歌的形式一般是表演者装扮成各种各样的人物,拿着各种各样的道具,伴随敲锣打鼓的声音,在特定的舞台环境中边舞边走。这种场面是十分热闹的。

秧歌起源于古人在农田里插秧等劳动活动。据说,它也和古代祭祀有关系。古代人比较迷信,他们的生活依赖于耕田。那时,人们必须唱歌来祈求丰收。后来,秧歌吸收了农歌、菱歌、民间武术、杂技以及戏曲的技艺和形式,发展成了民间歌舞,并出现在各种热闹的场合。

由于地方的差异,秧歌在不同地域不断地发展创新,形成了不同的秧歌形式,代表着不同的地方文化。如北方的"陕北秧歌"、"东北秧歌"、"西北秧歌";南方的"花鼓"、"花灯"、"采茶"等。

作为中国的非物质文化财产,秧歌将是一笔极其伟大的精神财富,并将继续在人们的休闲娱乐中发挥重要的作用。

什么是"三寸金莲"?

古人把女性拥有小脚当成是美的标准,并且认为这是一种美德,女孩到了五六岁,父母就强迫自己的女儿缠足,还美其名曰"尽职尽责",保证她们的婚姻生活。这种方法是用长布条将拇趾以外的四个脚趾连同脚掌折断,弯向脚心

成"笋"形。他们把裹过的脚称为"莲",而不同大小的脚是不同等级的"莲",大于四寸的为铁莲,四寸的为银莲,而三寸则为金莲。"三寸金莲"被认为是最美的小脚。

古代为什么盛行这么残忍而可怕的行为呢?据说南唐后主李煜喜欢小脚的女人跳舞的姿势,他觉得这样更加优美,于是就专门制作了高六尺的"金莲",命令嫔娘们缠足后在其上跳舞。后来,女人们便把拥有一双天然的大脚当做一种耻辱。缠过的小脚更是被誉为"金莲"、"香钩"、"步步生莲花"等等。如《南史齐东·昏候转》记载:"凿金为莲华以贴地,令潘妃行其上,曰此步步生莲花也。"

这种把脚缠得小小的现象对于女人来说,却是悲喜交加的,可喜的是她们能受到更多的喜爱,可悲的是造成生活的不便和痛苦。

"木偶戏"与"木"有关系吗?

"木偶戏"是用木偶来表演故事的戏剧。表演时,演员在幕后一边操纵木偶,一边演唱,并配以音乐。根据木偶形体和操纵技术的不同,可以分为布袋木偶、提线木偶、杖头木偶、铁线木偶等。

"木偶戏"在中国古代又称"傀儡戏"。它有着悠久的历史。中国的木偶源于俑,如商代的奴隶陶俑,春秋战国的木俑,西汉的乐俑、歌舞俑等,它的形成经历了由工艺到表演的过程。"木偶戏"兴起于汉代。在唐代就有人用木偶演出歌舞戏剧。宋代是木偶艺术的鼎盛时期,在当时,工艺制作和操作技术都比较成熟。当然,随着时代的变迁和发展,木偶戏也越发流行起来,并且出现了各种各样的品种,如江西木偶戏、泉州提线木偶戏、高州木偶戏、潮州木偶戏等等。

木偶戏在外国也有着十分古老的历史,木偶戏的演出形式也变得更加丰富多彩。作为一种艺术形式,木偶艺术更是中国文化艺术中的一枝奇葩。

"岁寒三友"为什么是文人高洁品质的象征?

中国古代文人喜爱借物抒情,借自然物来表现自己的理想品格和对精神境

界的追求。松、竹经冬不凋,梅花耐寒开放,它们都有着崇高的精神品格,一直以来都为人所赞赏,因此冠名"岁寒三友"。

"岁寒三友"的由来,还要从苏轼的一个小故事说起。

北宋神宗元丰二年,苏轼遭人陷害,被贬到黄州(今湖北黄冈),心情极为苦闷,后来稍有缓解,却又遇到了经济危机。于是,苏轼就讨来了数十亩荒地,种植稻、麦等农作物,这块地被叫做"东坡",于是苏轼给自己取了个别号"东坡居士"。然后,他又筑园围墙做了个屋子,取名"雪堂",并在四壁画了雪花;他还在园子里植松、柏、竹、梅等花木。有一回,黄州知州徐君猷来雪堂看望他,打趣说:"你这房间起居睡卧,外面到处是雪。人们难得过来看你,你不觉得太冷清寂寞了吗?"苏轼指着院内花木,爽朗地笑着说:"风声和泉声就是可解寂寞的两部乐章;枝叶常青的松柏、经冬不凋的竹子和傲霜开放的梅花,就是可伴冬寒的三位益友(风泉两部乐,松竹三益友)。"徐君猷听了这句话,对苏轼肃然起敬。

苏轼有一句话:"梅寒而秀,竹瘦而寿,石丑而文。"后来,文人觉得把"石"换成"松"更好些,于是,松、竹、梅就成了固定的组合,被人们用来比喻高风亮节。如今,"岁寒三友"成了具有传统意义的吉祥图案。

"图腾"为什么是古人心中的守护神?

中国的图腾文化历史悠久,神秘莫测。人们对这种集考古、文化、艺术为一体的带有传奇色彩的东西十分感兴趣。

在古人的心中,"图腾"就是他们的保护神。实际上,它是一个被人格化了的崇拜对象。"图腾"这个词,原为美洲印第安鄂吉布瓦人的方言词汇,意思为"它的亲属"或"它的标记"。

在"图腾"的神话中,图腾崇拜的对象是动植物、非生物及自然现象,其中以动植物为主。在动植物中,动物又占绝大多数。由于生存智慧还不够完善,原始人单纯地认为动物与人类有很多相似的地方,而且动物有很多人类没有的优势,它们有的会飞,有的会游,有的甚至具有人类无法抵抗的强大威力。这些都是原始人类把图腾神化的原因。

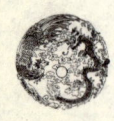

"扬州八怪"指的是哪八怪？

"扬州八怪"的说法由来已久，它作为一个绘画的流派，在中国画历史上占有很重要的位置。那么"扬州八怪"又是哪八怪呢？

"扬州八怪"是在中国清代中期，一批活跃于扬州地带的画风相似、行为处事方式怪异、趣味相投的画家的总称。但对于具体的八怪，却有着不同的说法。清末李玉棻《瓯钵罗室书画过目考》中的"八怪"为罗聘、李方膺、李鱓、金农、黄慎、郑燮、高翔和汪士慎，而某些书的"八怪"，还有高凤翰、华喦、闵贞、边寿民等。还有另一种说法，说"扬州八怪"指的是扬州地区画风怪异的"丑八怪"。不过，后人把李玉棻所提出的八人作为最终的参考标准。

"舞蹈"为什么说是古人表达感情的方式？

艺术是一个大家族，每一种艺术对社会生活和人类的思想感情都起着促进作用。"舞蹈"作为艺术中的一员，也是人们生活娱乐中不可缺少的一部分。

苏轼《水调歌头》中有一句话："起舞弄清影，何似在人间！"他把自己的诗和舞结合在一起，展现了一种深沉的思想和自我陶醉的境界。由此可以看出，古代的"舞"对于人的放松和愉悦以及这种文学的意境，有着各种各样的牵连。

"舞蹈"与一切艺术都是息息相关的，那么它是怎么形成的呢？据艺术史学家的考证，人类最早产生的艺术就是舞蹈。原始人类在尚未发明语言之前，就开始用动作、姿态的表情来传达各种信息并进行情感、思想的交流了。

在中国古代神话传说中，舞蹈是神创造出来的；也有人说，舞蹈是人用有节奏的动作对各种野兽动作和习性的模仿；还有学者认为，在艺术的起源中，模仿虽然重要，但不是真正的起因。艺术的起因是"游戏的冲动"，游戏是人性的表现。当然也有人认为舞蹈与图腾崇拜、原始宗教、巫术祭祀等有关，或者是择偶、求婚和进行情爱训练的主要方式和手段，还有人认为舞蹈起源于性爱活动等。

作为中国最古老的行为艺术，舞蹈的起源和世界上一切事物的构成一样，都不是单一的，而是有着多种因素的。同时，舞蹈也是古代人类生存的动力和智慧。

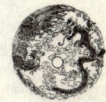

你对"绘画"认识多少呢?

"绘画"是一种在平面上,以手工方式临摹自然的艺术。在中世纪的欧洲,人们常把绘画称作"猴子的艺术",因为如同猴子喜欢模仿人类活动一样,绘画也是模仿其他场景。

关于中国绘画的历史,最早可追溯到原始社会新石器时代的彩陶纹饰和岩画。原始的绘画造型比较简单幼稚,但是却在古代人类的文化交流中发挥了很重要的作用。

油画和水彩画是最为著名的西方绘画艺术形式。中国最具代表的绘画艺术形式则是中国画。中西方在绘画的风格和主题上都有着丰富而且复杂的系统。

对于中国绘画,按工具材料和技法的差异,可分为中国画、油画、版画、水彩画、水粉画等主要画种;按技法的工细与粗放,可分为工笔画和写意画;按照描绘对象的不同,又可以分为人物画、风景画、静物画等;人物画又依据描绘题材内容的不同,分为肖像画、历史画、宗教画、风俗画、军事画、人体画等。

绘画是中国传统文化艺术中的重要组成部分,因此了解绘画对于人们了解中国文化艺术有很大的帮助。

"诗歌"在古代是如何表现的?

中国古代盛行诗歌,诗人通常以诗歌来描述社会的事实,寄托自己的感情,发表自己的感慨。很多对于古代的历史发展及人物的研究都与古代诗歌有关。

现在,人们所讲的"诗歌"中的"诗"来源于上古歌谣,如神农时期的《蜡辞》:"土反其宅,水归其壑,昆虫毋作,草木归其泽!"这就是古代先民的一首农事祭歌。在《尚书·尧典》中记载了:"诗言志,歌咏言,声依永,律和声。"这里用"诗"、"歌"、"声"、"律"阐明了"诗歌"与"声律"的密切关系。"诗歌"作为最早的文学形式之一,是与音乐、舞蹈结合在一起的。《礼记·乐记》说:"诗,言其志也;歌,咏其声也;舞,动其容也;三者本于心,然后乐器从之。"早期,诗、歌、乐、舞是合为一体的。诗即歌词,在表演中总是配合音乐、舞蹈而歌唱。后来,诗、歌、乐、舞各自发展,独立成体,诗与歌统称"诗歌"。

"诗歌"的历史源远流长,它的形成和发展依次经历了《诗经》、《楚辞》、汉

赋、汉乐府诗、建安诗歌、魏晋南北朝民歌、唐诗、宋词、元曲、明清诗歌和现代诗的历程。

"戏剧"的艺术特征是什么？

现在的"戏剧"品种繁多，各式各样。它的独特艺术魅力吸引了很多爱好者。"戏剧"是指以语言、动作、舞蹈、音乐、木偶等形式达到叙事目的舞台表演艺术。

对于文学里所指的戏剧，主要是指为戏剧表演创作的脚本，也就是剧本。戏剧的表演形式多种多样，按容量大小，戏剧文学可分为多幕剧、独幕剧和小品；按题材，可分为神话剧、历史剧、传奇剧、市民剧、社会剧、家庭剧、科幻剧等；按戏剧冲突的性质及效果，可分为悲剧、喜剧和正剧；按表现形式，可分为话剧、歌剧、诗剧、舞剧、戏曲、音乐剧、木偶戏等。

"戏剧"包含着文学元素、音乐元素、美术元素、舞蹈元素等多种元素，它是由演员扮演角色在舞台上当众表演故事情节的一种综合艺术，有两种含义：狭义的戏剧专指以古希腊悲剧和喜剧为开端，首先在欧洲各国发展继而在世界广泛流行的舞台演出形式，中国称之为"话剧"。广义的戏剧还包括东方一些国家、民族的传统舞台演出形式，如中国的戏曲、日本的歌舞伎、印度的古典戏剧、朝鲜的唱剧等。

作为一种综合艺术，戏剧的最直接外在表现是：①文学。主要指剧本。②造型艺术。主要指布景、灯光、道具、服装、化妆等。③声音。主要指戏剧演出中的对白、音乐等，在戏曲、歌剧中，还包括曲调、演唱等。④舞蹈。主要指舞剧、戏曲艺术中包含的舞蹈成分，在话剧中转化为演员的表演艺术——动作艺术。戏剧如今已成为中国艺术文化的一个必不可缺的部分，对戏剧艺术的研究也是一个很高深的课题。因此，戏剧需要后人不断地继承、发展和完善。

对于"散文"你了解多少？

散文的重心是形散而神不散，它是与诗歌、小说、戏剧并称的一种文学体裁，包括杂文、随笔、游记等，是最自由的文体。通常，一篇散文具有一个或

多个中心思想,以抒情、记叙、论理等方式表达。

关于散文的历史,最早可以追溯到甲骨文时代。当时的散文指除诗歌、戏剧、小说、辞赋以外的所有散体文章,包括政论、史论、传记、游记、书信、日记、奏疏、小品、表、序等各体论说、杂文。这些散文都具有很高的审美价值,对文学的发展起到了积极的作用。

殷商时代的人们发明了文字,因此出现了记史的散文。先秦历史散文为中国的历史文学奠定了基础。春秋战国具有代表性的思想家有儒家、墨家、道家、法家等,这些思想派别的著作促进了说理散文的发展,如《论语》、《孟子》、《墨子》等。汉代出现了一种新的文体"赋"。南宋出现了大量的笔记杂文,晚明出现大量的小品散散文。清初主要是传奇性散文。新文学诞生初期的散文主要以议论散文为主,鲁迅是写作议论散文成就最高的作家。在议论散文之后,记叙性散文、小品文相继问世,现代散文进入蓬勃发展阶段,出现了多样化、多元化的趋势。

散文的意境深远,语言文字优美,极富文采。对人们来讲,学习散文可以提高自身的修养和文化素质,增加自己的内涵。

"传奇"是怎么发展而来的?

现在,"传奇"指情节离奇或人物行为不寻常的故事。

最初的"传奇"特指唐代的短篇文言小说。人们将唐朝小说称为"传奇",起于晚唐小说集《传奇》。宋人尹师鲁也将《岳阳楼记》称为"传奇体"。后来,人们干脆将"传奇"作为唐人文言小说的通称。

唐代传奇的兴盛和发展引起了当时人们对文化娱乐的要求,也激起了唐代文人写作传奇的兴趣和想法。同时,唐代举子的"温卷"风气,也对唐人传奇的发展起了一定的作用。此外,唐代的变文、俗赋、话本、词文等通俗文学的盛行及其佛道教义、神圣传说也是传奇形成的一部分因素。唐传奇给后代说唱和戏剧提供了不少素材,元末明初时也有人将元杂剧称为"传奇"。

自从传奇在明代进行了一系列的变化和革新之后,才成为不包括杂剧在内的明清中长篇戏曲剧本的总称。

"传奇"作为一种独立的文学样式,对中国的文学发展研究起到了一定的推动作用。在今天的故事会里,"传奇"这一门类也是必不可少的。

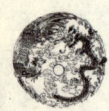

"字母"是怎么形成的?

"字母"是汉语音韵学术语。音韵学家用"字母"作为汉字声母的代表字,简称"母"。"字母"一词来自梵文"摩多"(梵文作mata)。

这个词传入中国后,当时的音韵学家只用它来表示声母。在中国古代汉语中声母是没有专门的名称的。在这之前,人们都是用双声来表示声母,"反切上字"与"被切字"双声,都表明两字有相同的声母。

唐末僧人从梵文字母受到启发,给每一声母规定了一个代表字,此时共有三十个代表字,宋代人增加了六个汉字,共得三十六个,于是就有了三十六个字母。他们是以唐宋语音为基础归纳出来的声母系统,与上古语音和现代语音都有很大的不同。

原始人发明的图示和表意符号是如今现代字母的原型,比如楔形文字和象形文字。最早的字母,是东闪米特人使用的一种早期的象形文字的组合;而罗马字母则是从希腊字母中衍生出来的,所有的西欧语言(包括英语)都使用这种字母,同时罗马字母是最广泛应用的字母之一。

字母能够使人们将历史和思想书写下来,因此,字母在文明的发展中有重要的意义,字母的形成也对人类的语言、发音和文化的发展起到了最基本的推动作用。

古代的"酒令"是怎么形成的?

"酒令"是中国世代相传的一种在宴饮和郊游中助兴取乐的游戏,也是一种具有中国特色的酒文化。

饮酒行令的由来与西周礼仪有关,产生于西周,完备于隋唐。唐代诗人爱用写诗作赋来表达各种情怀。如白居易诗曰:"花时同醉破春愁,醉折花枝当酒筹。"从汉代开始,才出现了"酒令"这一名词。如《后汉书》记载:"朱卢……令章为酒令,章曰:'臣请以军法行酒令'。"这里的"军法行酒令"就是宴会中饮酒助兴为乐,君臣不分,同遵游戏规则。后汉贾逵撰写《酒令》一书。到了宋代,人们不但沿袭了酒令习俗,而且还丰富发展了酒令文化。清代俞敦培编的《酒令丛钞》卷一,列举的酒令多达三百种。

古代人常常欢聚到一起,因此饮酒助乐的活动很多,而且酒令花样也在不

断地发展创新。他们把饮酒作为一大习俗。最初,酒令以鸣鼓、投壶、赋诗、吟词等形式居多,继而发展到跳舞、听曲、骰盘、莫走、鞍马、打令、狎妓等。

"杂技"是怎么形成的?

在我国最常见的舞台表演形式里,"杂技"给人的感觉就是变幻莫测、危险惊奇。

中国杂技的萌芽是在新石器时代。原始人在自然生态环境中锻炼出了超常的技能。他们会在娱乐时展现出各自的技艺,久而久之,就形成了最早的杂技艺术。杂技在中国已经有两千多年的历史。

早在春秋战国时代,就有杂技艺术的创造者。他们身怀绝技,以一技之长,辅佐自己的主人,既为自己获得一席之地,也为杂技艺术的形成提供了坚实的基础。

汉代将"杂技"称为"百戏"。汉代的刘彻特别喜欢杂技艺术。一次,他召集了国外的杂技表演艺术家,举行了空前盛大的宴会。在宴会中,艺术家们表演了戏狮搏兽、吞刀、吐火、屠人、解马等非凡的技艺。

在隋代和唐代,"杂技"成了宫廷和民间共盛的艺术,唐代乐舞杂技艺术尤为繁盛。如白居易在《新乐府·五部伎》中记载:"舞双剑、跳七丸、袅巨索、掉长竿",元稹也有"前头百戏竞撩乱,丸剑跳掷霜雪浮"的诗句,这些都生动地描写了杂技表演者的高超技艺。

在宋代,"杂技"逐渐形成了它独立的技术,在当时还有一些专门的演出场所。元、明、清时期的杂技艺术也在这些传统技术上进行了借鉴和发展创新。清代的艺人生活极其艰苦,使得杂技艺术发展到了极高的水平。

"小说"经历了怎样的发展历程?

作为一种大众化的文学,小说在一些读书刊物中是比较常见的。读小说既是一种休闲娱乐的方式,也是一种获取文学知识的途径。"小说"是如何流行至今的呢?

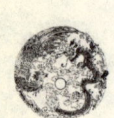

"小说"是通过塑造人物、叙述故事、描写环境来反映生活、表达思想的一种文学体裁。这个词最早见于春秋战国时期《庄子·外物》中的:"夫揭竿累,趣灌渎,守鲵鲋,其于得大鱼难矣;饰以小说以干县令,其于大达亦远矣。"庄子认为这些都是微不足道的言论,于是就说是"小说",也即小道理,这是小说的本来含义。

东汉班固的《汉书》中的观点是:"小说仍是小知,小道。"清末民初的小说倡导"小说界革命",小说被奉为"国民之魂"、"正史之根"、"文学之最上乘",而再也不是什么琐碎的言论了。

据有关文献记载,最初的神话传说中就有故事情节和人物性格这两种重要的小说因素,如《穆天子传》和《燕丹子》等;然后是寓言故事,如《孟子》、《庄子》等;再然后是史传,如《左传》、《史记》等。

我国古代的小说在先秦时代萌芽,两汉魏晋南北朝时期发展极为迅速,当时被称为"笔记小说",包括志人小说和志怪小说。在唐代,小说已经基本成熟,当时的小说被称作"传奇",宋金时期流行话本小说,元末明初小说发展到了最高峰。

其实,小说的起源有很多种,形成的因素也很多。但无论如何,小说作为文学的重要组成部分,它的发展是必然的。

中国的"书法"是怎么形成的?

中国的"书法"举世闻名,它是中国汉字特有的一种传统艺术形式。

"书法"最早起源于古汉字。书法艺术的第一批作品不是文字,而是一些刻画符号,即象形文字或图画文字。汉字的刻画符号首先出现在陶器上,它是一个模糊不清的概念。在距今八千多年以前,这些符号是先人们用来交际、记事与装饰的,虽然不是真正的汉字,但却是汉字的雏形。随着这些符号及人类文化发展的进步,逐渐出现了花纹图案,这是文字的起源。随后出现了殷墟甲骨文字,这就是史前书法。

从夏商周开始,历经春秋战国,再到秦汉王朝,依次出现了甲骨文、金文、石刻文、简帛朱墨手迹等,而篆书、隶书、草书、行书、楷书等字体也是古代书法文人在数百种杂体中总结出来的。在春秋战国时期,人们将秦统一后的文字称为秦篆,又叫小篆,是由著名书法家李斯在金文和石鼓文的基础上删

繁就简整理而来的。到了西汉，完成了由篆书到隶书的蜕变，结体由纵势变成横势，线条更加明显。东汉时期出现了专门的书法理论著作，最早的书法理论提出者是东西汉之交的扬雄，第一部书法理论专著是东汉时期崔瑗的《草书势》。汉代创草书，草书的最初阶段是草隶。到了东汉时期，草隶进一步发展，形成了章草，后由张芝创立了今草，即草书。三国时期，隶书始由汉代的高峰地位降落，并演变出楷书，楷书又名"正书"、"真书"，由钟繇所创。晋时，在书法史上最具影响力的书法家当属王羲之，人称"书圣"。王羲之的行书《兰亭序》被誉为"天下第一行书"。两晋书法的兴盛，主要表现在行书上，行书是介于草书和楷书之间的一种字体。南北朝时期，中国书法艺术进入北碑南帖时代。碑帖之中代表作有《真草千子文》。隋朝的楷书上承两晋南北朝沿革，下开唐代规范的新局，居书史承先启后之地位。唐代可以说是"书至初唐而极盛"。宋代书法一改唐楷面貌，直接晋帖行书遗风。元代书法的特征是"尚古尊帖"，其成就大者还在行草书方面。清代书法的总体倾向是尚质，同时分为帖学与碑学两大发展时期。

如今的书法已经发展到更加多元化的阶段，也将朝着更加专业化、艺术化、精神化方面发展。

"文人画"有什么独特的艺术风格？

不难理解，"文人画"是文人画家借以抒发自己个性、性情的一种中国画。那么"文人画"有什么独特的艺术风格呢？

"文人画"指突出人文情趣、表述文人思想境界的艺术画作。文人画家重视美学思想、文学、书法修养，画的意境，也讲究情趣，这使得文人画具有文学性、哲学性、抒情性。而且文人画家追求"雅"性，崇尚自己的绘画艺术，鄙视民间画工及院体画家，这使得"文人画"与传统绘画有所区别。

"文人画"的特征是追求不同的思想内容、笔墨情趣和画法技巧等。其中，山水画和水墨写意画法盛行，并涌现出许多不同的风格和流派。

"文人画"基本都以梅、兰、竹、菊、高山、渔隐等为题材，文人画家借此描绘自己的心灵感受。他们眼中的梅、兰、竹、菊、高山、渔隐不再是简简单单的自然景物，而是君子的化身。如陶潜的"采菊东篱下，悠然见南山"。他向往自然，崇尚归隐的生活，借自然之笔描述自己不与世俗纷争的态度。

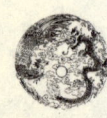

"文人画"重在写意,如杜甫的"意匠惨淡经营中",可谓是笔墨之意,匠心独运。又如,倪赞的"画者不过意笔草草,不求形似,聊以自娱,写胸中逸气耳"。

"文人画"讲究"简",甚至可以简到"零"。"零"即是白,即是空。空、白是为了"多"、为了"够"、为了"满足",空、白能给人以想象,好像"此地无声胜有声"。

"文人画"重书,张延远在《历代名画记》中说"夫骨气形似皆本于立意而归乎用笔,故能书者皆能画"。赵孟頫诗云"石如飞白木如籀,写竹还需八法通,若也有人能会此,须知书画本来同"等。这些都能看出,书画相通、能书能画的文人画功底。

"文人画"重墨趣,运用墨干、湿、浓、淡、浑、厚、苍、润的微妙变化,以渲染出具有更深层次的意蕴和自然的景观。

"音乐"是如何起源的?

与其他类型的艺术类型相比较,"音乐"可以说是最抽象的艺术。

"音乐"是什么时候开始的呢?这个问题已经无法查考。在远古时代,人类在产生语言之前就已经通过自己音带发音的高低、强弱来表达自己的思想和感情。随着社会的发展,人类参加了许多劳动,并积累了不少经验。于是,人们发明了号子以及互相交流的呼喊,因此,原始音乐的雏形就从这个时候形成了。

关于中国音乐的文字记载,开始于周朝。在春秋时期,我国出现了五声音阶,分别为宫、商、角、徵、羽,相当于简谱中的1、2、3、5、6。在《管子·地员篇》中,记录了用数学运算方法获得"宫、商、角、徵、羽"的科学方法,这就是我国音乐史上著名的"三分损益法"。"宫、商、角、徵、羽"五音又作"五声",最早出现在《周礼·春官》中。

后来,我国音乐发展到"七声调式",此时出现了清乐、雅乐和燕乐。清乐中的七音指宫、商、角、清角、徵、羽、变宫;雅乐中的七音指宫、商、角、变徵、徵、羽、变宫;燕乐中的七音指宫、商、角、清角、徵、羽、闰。

中国古代音乐与诗歌是分不开的,这就是说文学和音乐是相辅相成,紧密联系的。现存最早的诗歌总集《诗经》,当时都是配有曲调的,为当时人们所传

唱。直到今天，仍然有一些音乐家为古诗谱曲演唱，如苏轼的《水调歌头》，李白的《静夜思》等。

"打油诗"起源于什么朝代？

"打油诗"的内容和词句通俗诙谐，不拘于平仄韵律，是一种比较口语化的诗歌。它有相对固定的格式，是旧体诗的一种，即俳谐体诗。

"打油诗"最早起源于唐代民间，据说是唐代一个姓张的打油人创造的。

这是一个很有趣的故事：相传在唐朝，有一个参政看到有人在墙上写了一首诗："流出飘飘降九霄，街前街后皆琼瑶，有朝一日天晴了，使扫帚的使扫帚，使镐的使镐。"参政非常愤怒，立即命令手下缉拿写诗的人，结果手下把一个姓张的打油人抓了出来。参政问他会不会作诗，打油人说会。参政不相信，决定当场考考他，要他以南阳陷于敌军重围，请求派兵支援为题作诗答对。打油人思考片刻立即吟诗一首："天兵百万下南阳，也无救援也无粮，有朝一日城破了，哭爹的哭爹，哭娘的哭娘。"参政听了大笑，不但没有将他治罪，反而把他放走了。

于是，这种格调诙谐幽默，轻松易懂的诗歌很快被人们流传开来。后人把类似风格的诗歌叫做"打油诗"。